# 今天做一个
# 智慧的班主任

王淑琴◎著

世界图书出版公司

图书在版编目（CIP）数据

今天做一个智慧的班主任 / 王淑琴著 . -- 北京：
世界图书出版公司 , 2022.6
ISBN 978-7-5192-9466-3

Ⅰ . ①今… Ⅱ . ①王… Ⅲ . ①中小学—班主任工作
Ⅳ . ① G635.16

中国版本图书馆 CIP 数据核字 (2022) 第 041727 号

| | | |
|---|---|---|
| 书　　　名 | 今天做一个智慧的班主任 | |
| （汉语拼音） | JINTIAN ZUO YIGE ZHIHUI DE BANZHUREN | |
| 著　　　者 | 王淑琴 | |
| 总　策　划 | 吴　迪 | |
| 责 任 编 辑 | 王林萍 | |
| 装 帧 设 计 | 包　莹 | |
| 出 版 发 行 | 世界图书出版公司长春有限公司 | |
| 地　　　址 | 吉林省长春市春城大街 789 号 | |
| 邮　　　编 | 130062 | |
| 电　　　话 | 0431-86805551（发行）　　0431-86805562（编辑） | |
| 网　　　址 | http://www.wpcdb.com.cn | |
| 邮　　　箱 | DBSJ@163.com | |
| 经　　　销 | 各地新华书店 | |
| 印　　　刷 | 长春市赛德印业有限公司 | |
| 开　　　本 | 787 mm×1092 mm　1/16 | |
| 印　　　张 | 14.25 | |
| 字　　　数 | 234 千字 | |
| 印　　　数 | 1—3 000 | |
| 版　　　次 | 2022 年 6 月第 1 版　　2022 年 6 月第 1 次印刷 | |
| 国 际 书 号 | ISBN 978-7-5192-9466-3 | |
| 定　　　价 | 45.00 元 | |

# 序

　　班主任是学校教育工作中最为重要的角色。说他们的工作单纯却繁杂、快乐而艰辛、安宁亦癫狂、痛苦并幸福，一点也不为过。事物的两面性、矛盾的对立与统一，在班主任的职业生涯中屡见不鲜。据调查，我国中小学班主任每天工作都要超 8 小时，而且呈常态化。那些日常授课、批改、管理之外的隐性工作——观察、沟通、协调、解决问题等几乎都要在休息时间和班后进行。作为有着多重社会担当的个体，班主任老师必定是充满智慧的，或者正走在探索智慧的路上。

　　有人说，随着智能时代的到来，传道、授业、解惑的行业或将消失，终由智能手段取而代之。2017 年，计算机打败围棋高手的画面令人惊呼：人的作用被人工智能超越了？！那么，班主任的工作真的会被智能机器所取代吗？

　　当然不会。先不谈人类生命体的有机结构高于硅基芯片多少个层级，只要智能机器不能与人的心灵碰撞与情感共鸣，它就永远代替不了人师。两千多年前，孔子与他的弟子或席坐于杏坛，或奔走在周游列国的路上，"时时处处皆课堂"诠释了一段段因材施教、有教无类的千古佳话。即便如诞剧一般成功穿越到了今天，智能软件又怎能复制得了孔子的思想与相机而授的大师智慧呢？

时间回溯到二十世纪末，被誉为"中国的苏霍姆林斯基式的教师"李镇西，曾经写过一篇感人至深的文章《罚站任安妮——我永久的痛》。作为一名特级教师、出色的教育专家，李老师为什么要背负"永久的痛"？因为他要把职业生涯中的痛化作对今后每一位学生的尊重与善待。这种职业反思、奋起担当、一诺千金、矢志不渝的师者智慧与胸襟，有着化腐朽为神奇的力量。一个人的一生如果能遇到这样一位班主任老师，何其幸运啊！

　　不可否认，校园里最有故事和传奇的人物非班主任老师莫属。击溃学生成长路上的"小怪兽"，完胜他们前行路上的"拦路虎"，解除的麻烦多了，阅历自然就丰富了。特别是随着城市化进程加快，班级中流动儿童问题已经不再是个案，原有的独生子女青春期教育问题，现今二胎家庭孩子心理失衡问题，新型自媒体自娱自乐式教育弊端等等，都一桩桩排列在班主任工作日志里，更别说备课、辅导、培训、班级日常管理、安全保障这些常规任务了。靠体力打拼？让自己湮灭在没完没了的事务长河里？有智慧的班主任明白重点和症结在哪里，更有信心做好一切。他们不满足于做"麦田的守望者"，更要做"麦田的开垦者"，改变自己的行走方式，品尝思考的乐趣，体味智慧管理的魅力，贮满专业提升的动力，与学生共同成长，享受班主任专属的幸福，愉快而自豪地接受时代赋予班主任教师的神圣使命。

　　感化、温情、慈爱仍然且永远是教师实施教育的主流方式，本书呈现的案例与反思是众多一线班主任工作者的宝贵经验，希望这些教育智慧能够给予大家前行的力量。在立德树人背景下，在全社会对学校及教师提出更高期望的时代，提升自己的教育智慧是每一位班主任专业发展的新风向。以此与大家共勉。

# 目
## contents
# 录

# 序篇
## 智慧班主任的几项修炼

引言：智慧之于灵魂犹如健康之于身体。智慧班主任，指在以人为本的教育理念下、以学生终身发展为目标、能够遵循教育规律和学生成长规律组织教育活动；积极构建和谐的师生关系，以正确的价值文化引领学生自主成长；善于运用科学的教育管理方法，根据班级发展特性巧妙地运用教育智慧妥当管理班级事务，促进班级整体健康发展，促进每一个学生健康发展；善于通过各种途径去充实自己，发展自己，以良好的师德师风、扎实的专业素养、独特的人格魅力影响学生的终身发展。智慧班主任的修炼是深入灵魂的锻造，是孜孜以求的信念，更是不离不弃的坚守，拥有了智慧的班主任生涯才更接近幸福。

# 智慧班主任应形成与时俱进的教育理念

古今中外，关于教育和办学，思想流派繁多，理论观点各异，但在教育必须培养社会发展所需要的人这一点上是有共识的。培养社会发展所需要的人，说具体了，就是培养社会发展、知识积累、文化传承、国家存续、制度运行所要求的人。

——习近平（2018年5月2日，在北京大学师生座谈会上的讲话）

人类社会在不同的发展阶段（农业社会、工业社会、信息社会）对人才的认知和需求是不同的，教育是培养和造就社会所需要的合格人才以促进社会发展和完善的事业，应该进行相应变革以应对时代发展需求。任何变革首先是理念变革，班主任了解并形成与时俱进的教育理念，工作起来将事半功倍。

## 一、智慧班主任的教育理念

### 1. 以人为本

21世纪的今天，社会由重视科学技术为主发展到以人为本的时代。随着人工智能（AI）、自动化和产业结构转型重塑全球就业格局，面对越来越不确定性的复杂世界，培养高素质适应性高的创新人才显得尤为迫切。国家提出以人为本的教育理念，把育人为本作为教育工作的根本要求。新课程改革顺应世界范围内"以学生发展为本"的课程改革潮流，提出了使学生"在普遍达到基本要求的前提下实现有个性的发展"的目标。学校教育从以课程为中心转变为以学生发展为中心，强调全员化发展，即每个学生都是重要的；同时强调个性化发展，即每个学生都是不同的。在以学生发展为本的教育中，教师把学生作为学习的主体而赋予学习的自主性和主动性，关注学生的全面发展，注重学生的差异；关注学生的情感，尊重学生的人格；关注学生的现实需要和未来发展，更注重开发和挖掘学生自身的禀赋和潜能。

智慧班主任应该把个性差异当作一种优势和资源来看待，注意发现学生身上的闪光点，帮助学生树立信心，鼓励、激励学生成才。没有不合格的学生，只有不合格的教师。教师要把学生真正当成人，当成正在学习做社会人的人，当成正在逐步走向成熟、走向自觉的学习主体，当成正在学习选择、学习提高社会责任感的未来国家主人。发展只能是他们的主动行为，没有个性就没有发展。每个学生都有某些方面的优势和爱好，珍惜这些特点，发展每个学生的优势，是培养学生全面发展的关键，要充分尊重学生的选择权，承认学生的智力差异。实施素质教育的根本意义是促进全体学生全面、和谐的发展。"国运兴衰，系于教育"，不仅仅是因为教育能够培养出具有各种知识和能力的社会建设者，更是因为教育能够造就出具有健全人格、诚实、正直、追求真善美的"人"，真正的"人"。只有以"人"为本，让"人"成为教育的出发点和归宿，关注"人"的丰富、和谐、完美的发展，才能准确把握教育的生命意义，才能让教育焕发出生命光彩。

2. 终身学习

未来的社会是一个学习化的社会，终身学习对教育工作者而言更加重要。为了适应现代社会的挑战，为了学生的未来，教师需要不断"充电"。若不学习掌握先进的教育理论、现代教育技术的能力，就不会走出传统迈向现代，就无法顺应现代教育。班主任应清晰地认识到，教育在历史上第一次为一个尚未存在的未来的新社会培养人。教育面向未来，首先要有高瞻远瞩的意识，培养人才要着眼于社会未来以及个体发展的思想品德素质、道德情感素质、意志素质，使他们具有广泛的可持续发展性，从而培养适应变化快、自主能力强的"未来人"。智慧班主任不仅自身要具备终身学习的能力，更应该在教育教学中培养学生终身学习的能力，让学生热爱学习，掌握学习的方法，树立终身学习的观念。

3. 创新精神

美国心理学家格齐伊认为："明日的文盲不是不能阅读的人，而是没有学会学习的人。" 未来的发展，人的创新能力将会受到空前重视，善于创新的人将成为知识经济最主动、最积极的力量。因此，班主任要充分认识到创新教育的重要意义，认真学习创新教育理论，树立以创新精神为价值取向的人才观、教育观和质量观，把创新意识、创新精神与创新能力的培养放在班级工作的突出位置，并在教育活动中大胆实践，不断总结创新教育的成果。新课程倡导"自主、合作、探究"的学习方式，它能够唤醒学生沉睡的潜能，激活封存的记忆，开启幽闭的心智，放飞囚禁的情愫，这为我们打开了创新教育的思路。智慧班主任应根据自身优势和学生特点，富有创造性地开展班级活动，不断寻求新的工作内容与工作方法，形成风格鲜明的班集体。智慧班主任这种创造性的工作观念与工作方法必然对学生的创造性人格的形成产生巨大作用。

4.公共目的

2021年11月，联合国教科文组织发布了成立以来的第三份报告——《共同重新构想我们的未来：一种新的教育社会契约》，报告提出："教育可以视为一种社会契约——一种社会成员间为了共享的利益而合作达成的默示协议"。这一契约源于一种共享愿景，即教育具有公共目的。教育不是特定的某一个人的事，而是一项涉及全人类、全社会的公共性事业和一种共同利益。作为一项公共事业，教育建立了共同的目标，使个人和集体能够共同繁荣。在二十世纪，公共教育的主要目的是通过对儿童和青少年展开义务教育培养公民身份和促进国家发展。今天，当我们面临着人类未来和地球本身的严重风险时，我们迫切需要变革教育以帮助我们应对共同的挑战。

中国教育科学研究院研究员储朝晖指出：在全球化的大背景下，教师要以长远的眼光审视未来教育。这一长远的眼光就是要明确人类文明的前进方向。人类文明是有一个追求方向的，这个追求方向要求每一个个体在充分了解人类历史的基础上理性分析、判断和选择。在这一过程当中，教师发挥着关键作用。不要把孩子封闭在一个狭小的空间里，不要蒙上孩子智慧的双眼。

智慧班主任应该心怀天下，以整个人类的发展为育人的根本目标，引导学生以开放、包容、平等的心态拥抱世界，关注人类命运，培养有理想信念、有高尚品德、有奉献精神、有爱心、有公共意识与精神、有人文情怀、善于合作与团结的人才。新冠疫情抗疫战斗中很多医务工作者充分展示了他们的专业素养、职业道德、奉献精神、人文情怀和国际担当，班主任可以此为契机，培养学生的品质与精神。

## 二、新理念促使班主任转换自身角色

### 1.班主任角色由限制型向发展型转换

传统教育意义上的班主任在班级管理中经常要求学生"不能……""不

要……"，用规章制度去限制学生。这种做法固然对于学生形成良好行为、矫正不良习惯起到一定的积极作用，然而现代教育意义上的班主任不应仅满足于此，而是更着眼于发展、挖掘学生的潜能。"人类正是在不断失败中才不断进步的"，一位哲学家如是说。新理念下的班主任不应把学生的失误看得太重，他们对学生不是简单地训斥与限制，而是与学生一起商讨如何改进与发展，进而去创造。

2. 班主任角色由权威型向对话型转换

传统教育的显著特征之一便是以教师为中心。班主任在班级管理中拥有绝对权威，学生对班主任必须绝对服从。权威型班主任培养出来的学生固然守纪、顺从，但他们亦步亦趋、依赖性强、独立性差，缺乏主动性、创造性，更谈不上具备时代所要求的创新精神。时代呼唤一种新型的民主平等的师生关系，这就要求班主任抛弃原来绝对权威的角色形象，代之以"对话者""引导者"角色，提高学生在德育过程中的自主性与参与程度，树立起新时代"生活导师"的形象。

3. 班主任角色由单一型向多元型转换

传统观念下，班主任的角色只是学科教师的一种自然延伸，似乎任何教师只要在自身专业方面有所长，都可担任。这种观念今天看来显然是片面的。新理念下的班主任，其角色内涵是丰富的：他不仅是"学科专家"，而且是"组织者""管理者""模范公民""父母代理人""学生的朋友与知己""学生人际交往的指导者""学生心理健康发展的咨询者"等等，而所有这些内涵对新时期班主任素质提出了新的要求。

4. 班主任角色由高耗型向高效型转换

传统教育意义上的班主任信奉的是"只要功夫深，铁杵磨成针"，把班主任本来极富创造性的工作简化为简单的重复劳动，结果适得其反，导致学生逆反心理，耗费了很多时间与精力，但收效甚微。而新理念下的班主任则不同，他充分认识到班主任工作的创造性与复杂性，把工作重心放在了解研究学生，根据学生的心理特点采取行之有效、灵活多变、富有创造性的德育方法上，用最少的时间、精力去获得最佳的教育教学效果，实现德育过程的最优化。

5. 班主任角色由经验型向科研型转换

班主任应充分意识到：教育经验固然重要，但经验不等于科学，某一教育措施在某一时刻对某一教育对象（或群体）是有效的，但另一时期对另一教育对象可能是无效的，甚至是有害的。因为教育对象是不断变化的，学生是活生生的具有不同个性的发展着的主体。现代班主任工作是一种艺术性与科学性高度统一的复合体，是教育机智与教育原理的高度统一。在现实条件下我们强调的是掌握教育科学、管理科学，在了解学生心理特点的基础上去教育学生，运用科学的管理理论与现代的教育思想创造性地指导班级工作，努力使自己成为一名"科研型"的班主任。

6. 班主任角色由被动适应型向主动创造型转换

新课程理念下的班主任，应是积极能动的富有创造性的主体。能够不断寻求新的工作内容与工作方法，根据自身优势和学生的特点，富有创造性地开展班级活动，形成风格鲜明的班集体。同时班主任的创造性工作观念与工作方法又必然对学生的创造性人格的形成潜移默化地起着巨大的作用。

7. 班主任角色由封闭型向开放型转换

传统教育意义上的班主任倾向于把自己的班级看作是一个单元，并把它与外界隔绝开来，管理班级自己一人包干，管理范围只局限于学生在班在校的时候，结果往往导致"狭隘的集体本位主义"。而新课程理念下的班主任则不同，他首先认识到自己是班级各种教育力量的协调者，是联结任课教师与学生、学生与家庭的一个重要纽带，他主动联合任课老师、学生家长共同商讨班级管理的教育对策，以便形成教育合力，最大限度地发展教育系统的整体功效。班主任应以"教育社会化"的新视角看待班主任工作，强调主动了解、研究家庭教育、社会教育，把学校教育扩展到全社会，争取更广泛的教育力量的支持。

## 三、智慧班主任的角色定位

"教师的职责现在已经越来越少地传递知识，而越来越多地激励思考；除他的正式职能以外，他将越来越成为一个顾问，一位交换意见的参加者，一位帮助发现矛盾论点而不是拿出现成真理的人。他必须集中更多的时间和精力去从事那些有效果的和有创造性的活动：互相影响、讨论、激励、了解、鼓励。"现代教育意义上的智慧班主任，其角色内涵是丰富的：他不再仅仅是"学科专家"，而且是"活动组织者""班级管理者""模范公民""学生的朋友与知己""学生人际交往的指导者""学生心理健康发展的咨询者"等等，而所有这些内涵对新时期班主任提出了新的要求：学会倾听学生，重视学生的内心世界，让学生有话敢说，消除师生间的心理紧张气氛，将学生不同的观点联系起来，积极与学生的想法共舞，让学生从自己的经验里悟得知识和道理。这样，班主任才能摆正位置，转变好角色，使班集体走向成熟、走向成功。

1. 设计师

新课程理念下的班级管理提倡自主化的班级管理。所谓"自主化"是指在法律规定的范围内，不凭人为的外力作用，主动按照自己的意志活动。"自主化班级管理"是指在创新教育理论的指导下进行的教师自主管理班级、学生自我管理自主发展的以培养创新型人才为价值取向的教育管理实践。因此班主任要把班级管理的立足点从直接管理转移到设计管理上来。班主任的这种设计师角色，是由学校教育的特点决定的。我们倡导多让学生自主管理。每一届学生的特点不一样，班主任就要设计针对性很强的远期、中期、近期培养目标。要设计规划班级的每个学年、每个学期、每个月乃至每个星期的教育管理重点。

2. 学习者

在原有的教学体系中，班主任是班级工作的管理者，是班级事务的权威，凡事居高临下，班主任的意见就是唯一正确的。此时的班主任，常会让学生有一种敬畏。而新课程的实施，有关班主任工作的很多不足马上暴露出来了。无论是知识上、能力上，还是控制学生的方式方法上，都明显地感受到力不从心。学生已不再是班主任手中的一颗棋子，任由班主任摆布，他们都是一些有血有肉的、活生生的、有思想、有自己见解的人。也正因为如此，仅仅满足于原有水平已不能完全胜任班主任工作，应重新学习，在课堂中、在学生中、在活动中、在教育生活中学习。

3. 咨询者

青春年少是人最宝贵的黄金年代，是身心发育、励德睿智的关键时期。生命规律决定了学生成长过程中，身体与心理的发育是不同步的，这便导致了学生成长过程中出现的一些心理困扰。心理健康，如同人的身体健康一样，对青少年学生的发展是至关重要的。但是，它与身体健康相比，更容易被成人世界忽视。一些成年人，包括班主任，往往简单化地把青少年学生的心理健康问题看成是人的"本性""品德"和"智力"方面的问题，而用南辕北辙的手段来对待；或者，嘴上喊重视学生的心理健康教育，而行动上却又往往摆花架子，走形式，结果于事无补。另外，学生的心理困扰，还算不上是心理问题，只要策略科学，学生就能够摆脱心理困扰。智慧班主任不仅应该同所有教师一样成为学生的良师益友，而且要成为学生成长的引路人。首先要做到关心学生的全面发展。就学生的整体发展而言，班主任要关心学生的身体发展和心理发展；就心理发展而言，班主任要关心学生的智力因素的发展和非智力因素的发展。班主任应该通过有效的形式，对学生进行学习目的的教育，引导他们全面发展，真正成长为道德优秀、智力卓绝、体魄强健、美感丰富的一流人才。

### 4. 组织者

在新课程中，班级教学更重视的是小组合作学习，探究性学习，甚至还有一些实践活动课根本不可能在教室里完成，而是到广阔的社会中去体验。因此，班主任的组织协调能力显得十分重要。随着课程改革的实施，小组讨论在课堂教学中得到了广泛的应用。这种形式能够体现当前新课程改革强调的主体参与思想，能让更多的学生参与课堂教学，调动学生学习的积极性和主动性。在小组讨论中，强调学生的独立思考、自主活动，在独立思考的基础上进行充分的合作，让学生在既定的教学目标下齐心协力、优势互补、相互借鉴，产生参与探索、乐于质疑的动力和灵感，产生"1+1>2"的合作教学效果。合理的小组组合非常重要。如何分组？能不能真正地合作？这些都需要班主任的组织和协调。必须不断地提醒小组成员，小组一旦确定下来，小组成员应荣辱与共，告诉他们如何磨合，让学生学会倾听别人、尊重别人，在互相合作中学习对方的长处。同时通过班主任对小组的表扬或鼓励，促进小组成员间的集体荣誉感，使他们更好地合作，取得共同进步的良好效果。小组学习中，还应考虑如何处理小组间的矛盾，班主任应和学生一起分析状况，确定如何把学生因矛盾产生的压力转变为动力促进大家共同发展。

### 5. 研究者

"教师是教室的负责人，而从实验主义者的角度来看，教室正好是检验教育理论的理想的实验室。对那些钟情于自然观察的研究者而言，教师是当之无愧的有效的实际观察者。无论从何种角度来理解教育研究，都不得不承认教师充满了丰富的研究机会。"研究是一种意识、态度，不是简单的方法，是教师的主体意识、主体精神、社会责任感的重要体现。它是一种自觉的教育精神，是教师成长、发展的"同义词"。传统意义上的班主任，其工作往往是以经验为主，凡事从做中学，摸索前进，这期间不少人需要走过许多弯路才能获得理论层面的教育观念和科学的操作规程。班主任的实践经验固然重要，但经验不等于科学，因为教育对象是不断变化的，学生是活生生的具有不同个性的发展着的主体。班主任要掌握教育科学、管理科学，在了解学生心理特点的基础上去教育学生，运用科学的管理理论与现代的教育思想创造性地指导班级工作，努力使自己成为一名教育专家。

6. 外交家

班主任作为课程改革的宣传者与践行者，在班级管理的过程中要接触学生家长、任课教师、学校各种管理人员、社会上的各种人士等等。班主任的工作开展，实际上就是在与不同的人群打交道，从这个意义上说，班主任是协调多方关系的"外交家"。

## 话题二　智慧班主任应具有良好的师德师风

其身正，不令而行，其身不正，虽令不从。

——孔子

古往今来，教师不仅传道授业解惑，更以自身的师德师风浸润着代代学生的道德养成。著名教育家叶圣陶先生说过：教育工作者的全部工作是为人师表。教师的职业特性决定了教师必须是道德高尚的人。而班主任作为班级工作的指导者和参与者，其道德品质、思想境界对学生思想品德和世界观的形成都会产生潜移默化的影响。从这个意义上说，班主任的影响力是一种重要的教育资源，而良好的师德师风是班主任影响力的核心。所谓"德高为师，身正为范"，智慧班主任要不断提升自己的品行修养和道德水准，时时处处严格要求自己，做学生的表率，用人格去塑造人格。

### 一、良好的师德师风对学生的积极影响

1. 良好的师德师风对学生的激励作用

班主任的一言一行、一举一动，都是班主任人格的具体体现，都在潜移

默化地影响着学生，成为学生模仿的对象。班主任品质越高，学识越渊博，身心越健康，班主任人格魅力就越强，班主任对学生的吸引力也越大，班主任的育人效果也就越好。这样的班主任能让大家尊重、理解、关怀、信任，如同阳光一样照耀在每一位学生的身上，使学生倍感亲切和温暖，从而产生心灵的和谐共振，学生自然会产生向上的心理效应。班主任就会牢固树立起在学生心目中"精神父母"高尚而可亲的形象，学生自然会认同班主任的价值取向和行为准则，不断增强自我教育、自我修养的主动性和自觉性，从而促进学生的自我发展、自我提高。鲁迅先生为什么总是时时记起仅教过他两年的藤野先生，并对他充满感激之情呢？原因就在于藤野先生没有狭隘的民族主义，对鲁迅毫无民族偏见、一视同仁的爱，使鲁迅深切地感受到藤野先生人格的崇高与伟大。这种崇高而伟大的人格时时激励着鲁迅以笔为武器，为民族的新生而摇旗呐喊，为祖国的光明而奋斗终生。这一事例印证了班主任的魅力品质对于班级学生个性、品格的深远影响。

2. 良好的师德师风对学生的陶冶效能

在教育实践中，班主任对待学生要热情、真诚，要始终保持良好的情绪。同时，班主任还必须注意理智感、道德感、美感等高级情感的养成。因为，这些情感不仅对学生的学业发展有激励价值，对信念、价值观的形成具有重要作用，而且也对学生的情感有陶冶价值。此外，班主任还必须具备良好的情绪调控能力，能及时合理地排解自己的消极情绪，也能引导学生调节情绪，为成功的教育创造健康的环境，用班主任的人格魅力和健康的环境陶冶学生的情感。如果班主任成了学生的对立面，便无法走近学生的心灵，无法与学生达到感情的沟通，也就无法遵循现代教育"以人为本，以学生为本"的教育原则。

3. 良好的师德师风对学生的感染作用

如果班主任有强烈的求知欲，热爱自己的专业，以饱满的情绪带领学生去探索知识的奥秘，就会对学生的学习兴趣和情绪产生巨大的影响。正像赞可夫所说的："如果班主任本身'燃烧着对知识的渴望'，学生就会'迷恋'于获取知识。"所以，班主任上课要全身心地投入，将自己对所教学科深深热爱的激情融于每一节课中，去吸引学生听课，激发他们学习这门学科的兴趣，并使他们建立起持久而牢固的学习兴趣。对于学习基础较差的学生，更要通过班主任良好的精神状态和生动、有趣的教学内容吸引学生，利用他们的心理动力因素去加以补偿，以取得较好的教学成果。

4. 良好的师德师风对学生的隐形教育功能

热爱学生，关爱每一个学生，是当好班主任的必要前提，也是班主任的神圣天职。热爱学生，做学生的良师益友，让每一个学生在温馨的充满爱的大家庭里幸福快乐地成长，是班主任工作追求的目标。作为班主任，时时刻刻关注着班内每一位学生。与他们谈心，关心他们的学习和生活，成为学生的知心朋友。教师主动架起通向学生的爱的桥梁，用情感这把钥匙开启学生的"心灵之锁"，才能有利于真正地了解学生。久而久之，学生们有什么知心话，也喜欢说给老师听——与父母之间的矛盾、与同学的关系、内心的苦恼等。在交流中，班主任就能及时地把握学生的思想脉搏，从而有利于教育工作及时地开展，有利于耐心细致地做好思想工作。谁进步了，给予表扬和勉励；谁退步了，给予提醒和鞭策；谁生病了，给予关心和爱护；谁有困难，给予帮助和安慰，班主任成了他们的朋友。只有深入了解，才能真正帮助学生解决一些学习和生活中的困难。教师送出的是真情，收获的是真心回报。

5. 良好的师德师风对学生启迪心灵作用

作为班主任还应具备的能力有很多，如观察、分析、判断能力，组织协调能力，个别谈话和谈心的能力，口头和书面表达的能力，发现、培养和使用人才的能力，总结工作的能力，良好的人际交往能力等等。新时期还要求班主任应有体察学生的思想、情感、需求，捕捉学生的思想信息，把握他们的真实态度，以达到知人、知面、知心的效果。除此之外，班主任还应有启迪学生心灵的能力，教育和管理相结合的能力，较高的演讲与对话能力等。具备多种能力的班主任，不仅在教学上让学生敬佩，而且能善于协调师生之间的关系，他能用幽默的语言，让学生在高雅的幽默中拉近与老师的距离，增强学生的向师力和对集体的归属感。他能与时俱进，接轨新课程改革，全面推进素质教育，他从不把学生看作知识的容器和考试的机器，他相信学生的能力，并在实践中不断提高学生的能力。这样，学生在体味获得成功的喜悦时，也会感叹老师的伟大。一个只会教书而不会做工作的班主任是不完整的，也是不称职的，只有提高能力，才能达到启迪学生心灵的作用。

## 二、智慧班主任的师德修养

1. 用正确的理想信念指引方向

陶行知先生说，教师是"千教万教，教人求真"，学生是"千学万学，学做真人"。正确的理想信念是教书育人、播种未来的指路明灯。班主任承担立德树人的神圣使命，要有"为谁培养什么人"的追问，心中要有国家和民族，要明确意识到肩负的国家使命和社会责任，这是立德树人成败的关键。智慧班主任应该做中国特色社会主义共同理想和中华民族伟大复兴中国梦的积极传播者，帮助学生筑梦、追梦、圆梦，让一代又一代学生都成为实现我们民族梦想的中坚力量。

2. 用高尚的道德情操引领做人

教师的职业特性决定了教师必须是道德高尚的人群。教师是学生道德修养的镜子，是引领班级群体价值观形成的关键人物，他的为人处世、于国于民、于公于私所持的价值观直接影响学生价值观的形成。所以，教师要率先垂范，以身作则，做一个高尚的人、纯粹的人、脱离了低级趣味的人，带头弘扬社会主义道德和中华传统美德，引导和帮助学生把握好人生方向，扣好人生的第一粒扣子。

中小学生的价值观具有很强的可塑性，智慧班主任必须注重文化引领，用正确的价值观引领班级群体积极向上的价值文化，激发学生自我生命成长的内在动力；用自己的行动向学生倡导社会主义核心价值观之公民个人层面的爱国、敬业、诚信、友善；用自己的学识、阅历、经验点燃学生对真善美的向往，使社会主义核心价值观润物细无声地浸润学生的心田、转化为日常行为，增强学生的价值判断能力、价值选择能力、价值塑造能力，引领学生健康成长。

3. 用仁爱之心滋润心灵

列夫托尔斯泰曾经写道："如果一位教师把事业和对孩子的爱集于一身，他才是一位完美的教师。"我们的教师首先应该要爱孩子，爱是一切教育的前提。师爱不同于父爱、母爱与情爱，师爱是理性的爱，一种严慈相济的爱，一种无私的、一视同仁的爱。师爱是教师教育学生的情感基础，学生一旦体会到这种感情，就会"亲其师"，从而"信其道"。只有这样，教育才能实现其根本的教书育人、立德树人的功能。

智慧班主任要尊重学生、理解学生、宽容学生，因为尊重学生是爱的前提；对学生充满爱心和信任，在严爱相济的前提下晓之以理、动之以情；应该把自己的温暖和情感倾注到每一个学生身上，用欣赏增强学生的信心，用信任树立学生的自尊，让每一个学生都健康成长，让每一个学生都享受成功的喜悦；热爱生活，爱一切美好的事物，以教师的五彩生活和快乐人生感染学生。

## 话题三 | 智慧班主任应持续提升专业素养

　　教师们把自己的全部精力和血汗，把他所有的一切宝贵品质都贡献给自己的学生，贡献给本国的人民。但是，同志们，既然你们今天、明天、后天就得把你们所有的一切都贡献出去，但同时你们若不日新月异地补充自己的知识、力量和精力，那么你们就什么也不会剩下来了。所以，教师们一方面要贡献出自己的东西，另一方面又要像海绵一样，从人民中、生活中和科学中吸收一切优良的东西，然后把这些优良的东西贡献给学生。

——加里宁

　　教育部《关于进一步加强中小学班主任工作的意见》指出：班主任岗位是具有较高素质和人格要求的重要专业性岗位。《关于进一步加强中小学班主任工作的意见》和《中小学班主任工作规定》中明确了班主任的职责与任务：抓好班级思想道德教育；做好班级日常管理工作；组织好多种形式的班集体活动；关注每一位学生的全面发展，组织做好学生综合素质评价工作；协调好多方教育力量，善于利用各种教育资源。从文件中可以看出，具备专业素养是做好班主任工作的必要条件，如果教师自身水平不足，何谈将自己不具备的东西传授给学生。一个智慧的班主任，必定是一个能够终身学习的教师，像海绵一样不断吸收新知识，持续提高专业能力，才能在教育工作中源源不断地向学生提供养分。

### 一、智慧阅读，训练专业思维

　　班主任的工作可以是琐碎枯燥的，也可以是充满创新与挑战的，这要看班主任的个人智慧。在现实工作生活里，很多班主任无法坚守本心，在日复一日的重复工作中消磨自身的才华与理想，成为没有个人思想的教育机器。对班主任来说，不断更新知识结构、革新教育理念，是适应工作岗位、有效完成工作任务、向更高目标迈进的最佳途径。在知识爆炸的时代，阅读作为提升班主任专业素养的突破口，是获取新知识、新理念最便捷的方式。

广泛深刻的阅读可以解决班主任工作中的很多问题，从阅读中学习创新班级管理的方式，学习与学生和家长沟通交流的技巧，了解学生身心发展规律，从而能够冷静面对学生出现的各种情况。阅读还能够拓宽班主任视野，训练专业思维，让班主任在处理具体事件时能够高瞻远瞩，不拘泥于眼前的小问题，探索更深入更开阔的专业领域。

（一）有目的地阅读

智慧阅读是有目的、有选择、有思考地阅读。盲目开卷，会让人沉迷于虚假的满足感，甚至丢失思考的能力。智慧的班主任，应该有目的地进行阅读，选择对自身专业素养提高有帮助的书目，结合班主任教学和管理工作中产生的问题阅读，用书中的观点、经验反思自身实践工作，对班主任工作进行改进。

1.读专业著作

作为教师，班主任首先要学习的应该是教师职业规范和相关法律法规，提高对职业的认识，指导今后教育工作。《教师法》《未成年人保护法》以及最新修订的《中华人民共和国教育法》等是所有教育工作者必须要了解的法律，《关于进一步加强中小学班主任工作的意见》和《中小学班主任工作规定》等是指导班主任工作的重要文件。

班主任工作围绕学生的生活与学习展开，故与班主任工作相关的专业主要有三类：教育学、管理学和心理学。教育学是一切教育工作的基础学科，班主任必须具备教育基础理论；管理是班主任日常最主要的工作，只有掌握先进的管理学知识并应用到班主任工作中，才能实现专业化的班级管理；智慧的班主任要了解每一个学生，具备心理学知识是认识学生成长规律、开展心理工作的保障。这三类学科知识内容繁多并不断更新发展，要选择权威专业读物阅读，掌握了专业理论知识，班主任工作才能够有的放矢。

班主任同时肩负着学科教学的工作，作为授课教师，想要学生喜欢自己的课，具备扎实的理论知识和专业能力是关键。新时代的学生从小接触各种信息资源，所见所想甚至远超过教师的知识储备。要想学生认可教师的学科专业能力，教师本身也需要不断地学习进步，阅读学科专业书籍，了解最前沿的理论和技术，才能够在课堂上树立学科权威，顺利开展教学工作。

2.读教育经典

要理清班主任工作发展动态，把握教育发展走向，还要阅读经典书籍。

古今中外的教育经典是经过时间检验留下来的宝贵财富，读教育经典，就是与教育家对话，穿越时空进行思想碰撞，这是班主任教育思想形成的基石。如卢梭的《爱弥儿》，作为教育工作者必读著作，提出不同年龄段的儿童都有独特的教育原则、内容和方法，为教师教育工作打开了新思路。

不可否认，任何教育思想的发展，都有其时代背景和社会环境，读教育经典，班主任从中汲取优秀教育智慧的同时，也要思考书中阐述的教育理念是否适用于现代教育，去粗存精，形成个人的教育思想脉络，并将这种教育理念应用到班主任工作中。在教育经典阅读中获得激情，工作中转为智慧，在教育经典阅读中获得提升，工作中付诸实践，形成班主任专业的良性发展。

3. 读感兴趣的任何书籍

新时代教育目标的价值取向，有一个非常重要的变化，即由重视科学知识技能教育转向了既重科学又重人文的教育，教育目标开始关注学生综合素质的全面发展。学校教育不仅要在智育上发力，教授学生科学知识与技能，也要在德育、美育、体育、劳动教育方面给予重视，培养学生的创新精神和实践能力，将学生塑造成有健全人格、全面发展的人。相对应的，班主任作为陪伴学生时间最长的人，在各方面影响着学生，自然也要拓展自身素质，科学素养、教育能力和人文精神全面发展。找到感兴趣的书籍进行阅读，从阅读中获取丰富的自身专业知识和人文知识，形成专业素养深厚、文化知识广博的知识结构。

未来已来，创新能力受到空前重视，善于创新的人正成为知识经济最主动、最积极的力量。班主任要转变观念，把创新意识、创新精神与创新能力的培养放在班级工作的突出位置。博览群书是培养创新精神的重要途径，在文山书海中打开思维、启迪智慧，正如培根在《论读书》中说的："读史使人明智，读诗使人聪慧……伦理学使人高尚，逻辑修辞使人善变。"不同种类的书籍对人有不同的影响，于班主任来说，除了教育专业、经典书籍，文学、史学、美学、科学、哲学等方面的书也很重要，这对于唤醒人文精神、培养创新意识有重要作用，也能让班主任的专业素养建立在深厚的人文知识和扎实的科学基础之上，成为真正智慧的班主任。

（二）有计划地阅读

做事贵在有计划，读书更是如此。有了完善的计划，并能够严格地按照计划执行，就能取得事半功倍的效果。学生在学习初制定学习计划，接下来一学期的学习就有了条理；教师在开学前制定工作计划，详细安排设计课程课时，提前备课，才能更好地完成学期工作。在读书前也应该制定一个阅读计划，不仅为了完成阅读目标，也能让阅读效果翻倍。

1. 列阅读清单

根据班主任工作需要，列出读书清单。按照不同专业将书籍进行分类，可以制作书目一览表，将阅读书目分门别类排好，随着时间推移，可以不断填充新的书目。在旁边做上标记，区分出哪些是作为专业基础必读书籍，哪些是教育生涯中值得阅读的经典，哪些是为了解决眼前工作难题急需了解的内容，哪些是闲暇时读来增长见识的。阅读过的书籍可以标记出来，为阅读增添成就感，激发持续阅读的动力。

2. 订阅读计划

新形势下教育对教师和班主任的要求越来越高，班主任的工作量也在无形中增加，其中大多是复杂烦琐的工作，这让很多班主任无暇阅读。因此要制定一个阅读计划并尽量按计划实施，养成良好的阅读习惯。当阅读成为习惯，就不再感到负担，而成为繁忙教育工作后身体和心灵的放松。

阅读计划不必复杂，也不必过分严苛，只需制定一段时间内的阅读目标，达到督促目的即可。如每天晚上读一篇与工作和专业发展相关的文章，每月读一本专业著作等。无论多忙，每天抽出一点时间读书，即使只有三十分钟，也能够读上两三篇论文，或者几页书籍，一个月下来就能完成一本近三十万字的著作了，一年累积下来十余本高质量的书籍，也是不小的收获。

3. 即时阅读

苏霍姆林斯基在《给教师的建议》中说：一些优秀教师教育技巧的提高，正是由于他们持之以恒地读书，不断地补充他们知识的大海。时间每过去一年，学校教科书这一滴水，在教师知识的海洋里就变得越来越小。智慧的班主任会充分利用各种时间进行广泛阅读，随时有书籍带在身边，当感到困惑时，就去书中寻找答案，利用碎片化时间提升自己的同时，教师的行为示范作用也能对学生产生潜移默化的影响，让学生养成珍惜时间努力学习的好习惯。

利用零碎时间，积沙成塔，也可以完成大事，关键在于持之以恒，不能半途而废。《但丁：地狱篇》的翻译者，美国著名诗人朗费罗就是每天利用煮咖啡的十分钟，在等待咖啡煮熟的时间里进行翻译工作，直到这部巨著的翻译工作完成为止，一直坚持了很多年。对于班主任来说也是如此，掌握了零碎的时间，就掌握了提升专业素养的主动权。

（三）有方法地阅读

明确了阅读目的，制定了阅读计划，还要有效的阅读方法做指引，才能够达到高效的阅读效果。阅读不是把全文通读一遍，走马观花，而应该跟随作者的思维思考，批判的接受文章思想，这样才能实现高质量的阅读。

1.摘抄积累

摘抄是阅读中的重要手段，准备好笔记本，边读边记，摘录下书中精彩的内容、有参考和使用价值的材料、作者的重要观点等，在记录的过程中进行思考，也为以后做教育研究积累素材。摘抄只是第一步，重点在于摘抄之后的分析整理，要将记录下来的内容进行分析归纳，这是一个总结的过程，记录过的内容经过思考更容易被记住，在以后使用时也能够快速提取。

摘抄不仅可以记录精彩的内容，遇到不清楚的概念、观点、典故，不了解的人物、事件，也要记录下来，有条件的立即查阅学习，没有条件的可以标记出来等有时间的时候详细学习。在信息时代，摘抄并不一定是要执笔记录，可以利用手机、电脑等多媒体设备，用自己最擅长的方式存储资料，善于运用信息技术手段也是班主任智慧的表现。

2.批注评点

阅读是一种个性化行为，在阅读中会产生个人的独特思维和情感活动，这些心理活动很多极具价值却昙花一现，需要及时记录下来，以便能够深入思考。批注评点的方式能够最快速地抓住这些思想火花，实现思想的深化。

把文章的主题思想简单概括标注出来，在后续再次阅读的时候能够迅速掌握要点，提高阅读效率。把文中重要的观点、精彩的论述、生动的案例用笔标注出来，在旁将个人的所思所感用简单的词或句子记录下来，既是与作者对话，也是与自己内心进行对话。在阅读过程中可能也会出现疑问和思考，甚至是产生了新的观点，将这些灵光一现的想法标注下来，之后再进行整理，说不定就能写出一篇好文章。

3.主题阅读

阅读要有针对性，从自身需要考虑，以班主任工作中迫切要解决的问题为出发点，检索相关书籍，通过挑选确定书目。这些书不需要全篇通读，根据要解决的问题针对性地选择内容阅读了解即可。

主题阅读是比较的过程，针对一个问题，不同的名家名师、研究者可能有不同的见解，这就要班主任充分发挥个人智慧，基于自身专业能力对书中观点进行比较、思考，批判地吸纳，选择适合自身工作实际的方法解决问题。有效的阅读方法不仅能提高阅读效率，提高班主任专业水平，也会对学生产生积极的影响。

阅读与班主任的专业成长存在一种内在的联系：阅读让班主任拥有科学、理性的专业思维，积累专业知识，吸收先进思想，借鉴优秀经验，进而改变自身的观念态度，成为有思想、有能力、有智慧的班主任，站在专业的视角尊重生命的特质，理解课堂和教育的奥妙。

## 二、智慧写作，养成反思习惯

阅读与写作相辅相成，阅读引发人思考，有思考才能转变为文字，写作反过来能够激发继续阅读的欲望。阅读与写作结合起来，思想才能落地生根，精神才能开花结果。写作对于帮助班主任更新教育观念、形成工作理念有重要作用。班主任的工作也对写作能力提出了一定的要求，做学生的综合素质评价和学生操行评定都是对班主任文字能力的考验。智慧的班主任能够通过多元全面的评价、公正又有温度的评语激励学生，让学生感受到来自班主任的关爱与期许。

### 1. 正视写作，寻求专业发展

具有较高专业素养的优秀班主任，一般也都具有对教育专业的执着追求和创新精神。但现实中，绝大部分班主任仍然墨守固有教育理念，始终坚持过去在师范院校中学到的教育观点和教育方法，或是用自身工作过程中积累的经验管理学生，不愿改革推新，因为他们只满足于当前的工作状态，缺乏成长的勇气，遵循陈规旧制，不停在原地徘徊。

智慧的班主任应当摆正角色，要树立一辈子做班主任、一辈子学做班主任的信仰，把专业写作当成职业发展的重要内容，在写作中寻求自身专业发展之路。明确自身的理想追求，随着时代和形势的变化与发展，不断调整自身职业目标。不同时代国家教育方针不同，培养学生的目标不同，学生的身心特点也不同。班主任应当有改革的信心与意愿，在写作中，探索新理念、新思路，形成新智慧。

### 2. 勤写善思，积累教育理念

写心得体会，梳理思想。读书心得是将阅读内容内化于心的证明，也是增长知识、提高素养的有效方法。心得体会必然是在读懂文章内涵、领会作者思想的前提下，才能结合自身思考进行二次创作。写心得体会还能提高班主任的综合分析能力和文字表达能力，在写作过程中将书中观点归纳总结，用自己的语言表达出来，下笔成文的能力也会逐渐练成。

写教育随笔，总结经验。教育随笔是班主任及时记录工作中发生的教育事件、教育方法、教育反思的快捷方式。养成写教育随笔的习惯，可以及时反思自身工作，改进工作思路、方法，积累工作经验，锻炼思维能力，也能为今后的教育研究积累素材。上海特级教师于漪认为教育随笔，一是写"自己的一孔之见"，二是写"教学中的疏漏失误"，三是写"学生中闪亮的光点"，这三条总结颇有见地，值得借鉴。日常的教育教学工作、班主任与学生之间发生的精彩故事、在工作中产生的快乐与烦恼，都可以用随笔的方式记录下来。每个班主任都有其独特的专业成长经历，这是一个持续发展的过程，具有动态性和不确定性。将个人的专业成长经历记录下来，留住成长路上的重要人物和事件，见证从新入门的"菜鸟"班主任成长为专业名师的过程，也是另一种形式的教育财富。

反思是实现班主任专业成长的不可缺少一步，写作则是反思的重要手段。李镇西老师曾经说过"对教育的爱大家都是一样的，对教育的执着大家也是一样的，如果说我有什么不一样的地方，仅仅是对这份爱与执着多了一点思考并用笔将其记录下来了，也许恰恰是写作使我现在拥有了有的老师所羡慕的所谓成功"。班主任要在教育实践中成长，就必须对自己的教育经验和失误进行反思。写作过程就是寻找问题、全面反思、改变发展的过程。在班主任工作中遇到的事件、问题，对教育行为、教育现象、教育理论进行反思，以教育理念为着眼点，审视自身工作，思考班主任工作在多大程度上契合教育理念，现存工作中存在哪些不足，以后如何改进等，都通过写作记录下来，最终形成自己的教育智慧。再智慧的班主任在工作中也难免出错，要及时在错误中汲取教训，总结经验，将失误转变成宝贵的精神财富。

3. 规范形式，讲好教育故事

很多班主任在参与课题研究、撰写研究报告时总不得要领，主要是没有掌握写作的基本规范，掌握规范的写作格式并不难，但需要专门的训练，在平时写作时就要开始注重写作规范，尝试用标准格式写作。

班主任常用的写作格式主要有教学工作中的教学案例和教学反思，教育研究中的教育叙事研究报告和行动研究报告。班主任的教育随笔就类似叙事研究，在写作时可以仿照叙事研究的格式进行。标准的格式都可以在文献中找到参考模板，文中不再赘述。这里要讲的是，智慧的班主任要主动学习规范的写作形式，在日常工作中、阅读写作中使用规范形式，有意识地训练自身写作能力。

当然，学习写作的格式不是为了规范而规范，是要分析研究文章体例中所展现出的思维逻辑，这正是教育研究与思考的逻辑。规范写作形式只是第一步，等熟练掌握了经典格式后，可以尝试自由写作，融入个人风格，用自己的语言讲好教育故事。

写作对培养班主任专业素养有重要意义，通过写作，将书籍中的内容内化于心，提升教育理论与实践经验；通过写作，不断训练专业研究思维，提高文字表达能力；通过写作，思考教育问题，映射到日常班主任工作中，提升工作能力。写作还可以将个人的思想与他人共享，在交流碰撞中为班主任工作研究贡献微光。

### 三、智慧研究，提升专业内涵

《中华人民共和国教育法》规定：国家支持、鼓励和组织教育科学研究，推广教育科学研究成果，促进教育质量提高。教育科学研究是指在正确的教育观念指导下，运用科学的方法，通过教育实践，探索教育科学真理，揭示教育的本质和规律，是整理、修改和创造教育理论，开拓教育理论新用途的探索工作。教育研究也是班主任专业发展中不可或缺的内容，不研究的班主任只能是机械地完成日常琐碎工作，拥有工作经验，却很难凝练成理论体系、提升专业素养。智慧的班主任要有研究的意识，主动寻求经验型班主任向研究型班主任转变路径。

1.树立研究意识

在面对新事物时，总有人会选择逃避甚至放弃，在班主任研究工作中，也存在类似问题，面对新的教育理念、教学方法，总是不敢迈出重要的一步。班主任应充分意识到：教育经验固然重要，但经验不等于科学，因为教育对象是不断变化的，学生是活生生的具有不同个性发展着的主体。现代班主任工作是一种艺术性与科学性高度统一的复合体，是教育机智与教育原理的高度统一。新时代教育强调的是掌握教育科学、管理科学，在了解学生心理特点的基础上去教育学生，运用科学的管理理论与现代的教育思想创造性地指导班级工作，努力使自己成为一名研究型班主任。

意识是支配人行为的动力，只有主动地、积极地研究才能产出优秀的研究成果，智慧的班主任，能够自觉地运用教育科学理论指导工作，主动地探寻工作中的问题。专业研究是提升工作能力的关键，需要内在的坚持与努力，激发内心的研究热情，只有源自内心的需要才能迸发出持续研究的激情。拥有了内在的研究热情，就会像种子一样生根发芽、开花结果，有了面对新事物的勇气、探索新理念的欲望、坚持不懈研究的动力。

智慧的班主任要树立终身学习的思想和教育科研意识，确立"问题即课题，教育即研究，成果即成长"的理念，将工作中的难点与教育研究相结合，将管理学生与研究学生相结合，将班主任工作实践与教育实践研究相结合，将教育工作与研究联系起来，不断提高工作能力和研究水平。

2. 确立研究课题

班主任的研究对象是学生，从专业的角度研究学生，就是要弄明白学生是怎么回事，从专业思维和视角做出最科学、最有利于学生发展的决策。研究从问题开始，有了问题才能围绕问题确定实践与研究范围，才能有针对性地学习思考、分析问题本质，并通过实践解决问题，进而才能总结规律。

首先班主任要善于发现问题，增强问题敏感性。班主任工作容易形成定势，遇到问题时常用熟悉的、习惯的方法去解决，往往错失研究的机会。班主任想要提高发现问题的能力，一要加强学习，不断提高学识水平和判断力，二要有问题意识，要勤于思考，发现问题、归纳问题。同时要有持续关注问题的动力，把关注学生生活中出现的问题作为自身工作职责；要耐心地观察学生、理解学生，在平时的课程中、管理中、教研活动中、培训中发现问题。

问题出现后要将其转变为系统的研究课题，要以现代教育理论为指导，从教育理论和教育实践、教育现状和社会发展需要的种种矛盾分析中，提出并形成一个有意义且有创造性的课题。将日常问题转变为研究课题是思维的结果，只有扎实的理论知识做基础，才能进行积极而科学的思维梳理。新时代的智慧班主任要对教育教学事件时刻保持高度的关注和积极的应对态度，把关键事件当作课题来研究，让其发挥应有的价值，持续提升自身专业素养。

3. 形成研究成果

班主任在确定研究问题后，要对问题进行综合分析，可以借鉴同类型的其他课题，拟定研究方法，在班主任工作实践中不断探究试验，找到适合本班情况的最优解决方案。教育本身就是实践的过程。班主任要充分认识创新教育的重要意义，认真学习创新教育理论，并在教育活动中大胆实践，不断总结创新教育的成果。智慧的班主任在实践中学习、成长、反思，在实践中开展课题研究，形成独特的班级管理智慧，这是快速提升班主任专业素养的有效方法。

在教育实践中形成的经验是隐性的，要通过撰写研究报告将隐性经验转变为理论文本，并通过持续不断地研究丰富理论，扩大研究影响力。一方面，班主任要把所拥有的理论性知识、陈述性知识转化为实践性知识、程序性知识，优化班主任工作实践；另一方面，班主任要把知识和个性体验提炼、深化，纳入班主任的理念体系和素质结构之中，能够触类旁通，促进班主任的思想更新和能力提升。

新时代的学生已不再任由班主任摆布，他们都是活生生的、有思想、有自己见解的人。正因为如此，仅仅满足于原有水平已不能完全胜任班主任工作，应持续学习研究，在课堂中、学生中、活动中、教育生活中学习研究。研究是一种意识、态度，不是简单的方法，是教师的主体意识、主体精神、社会责任感的重要体现。它是一种自觉的教育精神，是教师成长、发展的同义词。班主任通过自我修炼，提高自身能力，实现自我专业发展。

时代在变革，对人才的要求不断更新，智慧的班主任一定是紧扣时代脉搏，大量地、高品位地阅读，勇敢地、大胆地思考，自由地、诚实地抒写，深入地、不懈地研究，通过读、写、研的方式让自己成长，持续为班主任工作研究注入新鲜力量。

## 话题四　智慧班主任应具有独特的人格魅力

班主任对学生产生教育影响，不只是由于他的知识，还由于他的道德威望。教育者的人格、道德风貌对学生意识和性格的形成，对他们行为习惯的养成，都能产生决定性的影响。

——包德列夫

班主任要管理好班级，不能只靠权威，还要靠自身的人格魅力，在潜移默化中启迪教育学生。所谓人格魅力，就是一个人在成长过程中形成的性格气质、工作能力、道德品质等综合素质，具有吸引人的力量，对周围人能够产生感染力、影响力和号召力。智慧班主任的人格魅力非常丰富：学生的朋友与知己、学科专家、学生人际交往的指导者、学生心理健康发展的咨询者、模范公民、班级的组织者和管理者等等。每个人都是独一无二的，每个班主任也都有其闪光点，具有独特人格魅力的班主任能够把学生凝聚起来，向着共同目标努力，团结起来做好班级管理和建设，对学生心灵产生巨大影响。

**一、真诚平等，做学生的知心朋友**

传统教育的显著特征之一便是以教师为中心，班主任在班级管理中拥有绝对权威，学生对班主任必须绝对服从。权威型班主任培养出来的学生固然守纪、顺从，但他们亦步亦趋，依赖性强，独立性差，缺乏主动性、创造性。时代呼唤一种新型的民主平等的师生关系，这就要求班主任抛弃原来绝对权威的角色形象，代之以平等的朋友角色，提高学生在德育过程中的自主性与参与程度，树立起学生的"知心朋友"形象。

1.用学生思维思考

人的大脑发育过程贯穿整个青春期，生理发育的不完全直接影响了学生思维方式的连贯性。因此，青少年时期大多表现出爱冒险、易冲动、自我中心等特点，这些特点外在反映为他们处理问题时的不成熟，以至于经常在与同学、与教师、与父母交往过程中产生各种矛盾。

学生在成长中会遇到各种各样的苦恼：学生之间的学业竞争，威胁着朋友交往的亲密关系；青春期有了美的认知，但是对自己的外貌存在这样或那样的不满；性格内向，不擅长交朋友，甚至和父母交流都存在困难等等。这些问题在成人看来或许无足轻重，发生在青少年身上却足以让他们忧心忡忡，从而影响学业。班主任要站在学生的角度，体谅他们的困惑与不安，从学生的角度去考虑问题，帮助其有效解决问题。

共情能够设身处地体验他人的处境，感受并理解他人的需求。智慧的班主任要学会与学生共情，用学生的思维思考，用发展的眼光看待学生，充分相信学生。遇到问题时把自己当成学生，想象如果我是学生会怎么考虑这个问题，体会学生的真实感受，帮助学生寻求更好的问题处理方式。具有同理心的班主任更容易与学生打成一片，给学生情绪上的支持和鼓舞。用学生的思维考虑问题，也能更恰当地把握情感，不会过分迁就学生，达不到教育的效果，也不会过度刺激学生，起到反作用。

### 2. 依学生兴趣感知

教育教学要遵循学生为本的理念，在班主任工作中能够真正顾及学生的身心发展特点，在教学和管理过程中尊重学生的意愿。如果班主任以朋友的身份来到学生中间，那就会使学生在精神上获得满足感，会使他们感到老师不但可敬可信，而且可亲可爱。朋友间重要的契合点就是志趣相投，因此，班主任要善于抓住学生的兴奋点，挖掘他们感兴趣的话题和活动。

在日常班级生活中，学生的个性和兴趣很难表露出来，这就需要班主任多组织活动，在各种竞赛、游戏中，学生往往更能表达出内心的真实想法。在组织活动时，班主任可以多征求学生的意见和建议，来了解学生喜欢的活动形式和内容。班主任可以为每名学生建立个人档案，记录学生的基本信息、家庭情况、兴趣特长、性格特点等，在日常的交流互动中逐渐补充学生信息，加深对学生的了解。

班主任掌握了学生的兴趣爱好，再进行思想教育时，就可以从学生感兴趣的话题切入，先拉近与学生之间的关系，再结合现实案例对学生讲道理，具体事件能够激发学生思考，班主任再给予引导和鼓励，帮助学生形成正确的价值取向。

### 3. 用平等心态沟通

平等是人与人间尊重、理解、信任的前提，平等的沟通能让双方敞开心扉。班主任要转变传统的师生观念，深刻认识新时代平等的师生关系。智慧的班主任会寻找各种机会与学生交流互动，探讨学习中的问题，帮助学生解决生活和情感中遇到的困难。青春期孩子自尊心极强，稍有不慎就会触碰到他们的底线，因此，班主任在与学生沟通时要承认学生的独立性，以平等的态度交流，以一个学习者的姿态和海纳百川的胸怀倾听理解学生。

班主任主要注意沟通的有效性，通过语言和肢体传达情感交流信息，增进了解。在沟通时要讲究语言艺术，晓之以理，动之以情，必要时可以使用幽默含蓄的语言，用富有情感的交流达到教育目的。交流时身体向学生倾斜，朋友般的拍肩握手、竖起大拇指表达赞赏，都能够拉近班主任与学生的距离。

班主任与学生沟通时要注意场合，根据不同的内容选择合适的地点。表扬赞赏时可以在班级内当着全体学生进行，批评时选择私密的环境，调节情绪时可以在视野开阔、环境安逸的操场或公园进行。与学生沟通也不必一定要面对面进行，可以根据学生特点选择多种交流方式，利用信息技术手段，在网络上与学生交流，或使用传统的书信交流方式，加强沟通环境的私密性。学生感觉到班主任的真诚与平易近人，就更容易卸下防备，积极回应班主任的问题，并能主动向班主任求助，配合教育工作的开展。

## 二、博学多闻，做学生的百科全书

夸美纽斯曾说过："不学无术的教师，消极地指导别人的人是没有躯体的人影，是无雨之云，无水之源，无光之灯，因而是空洞无物的。"班主任想要做好学生工作，就要持续提升个人智慧，不断地往头脑中装入新知识、新技能，向学生展示出独特的艺术技能和专业的教学管理能力，才能得到学生的尊敬与崇拜，提高在班级中的号召力。

1. 用一技之长吸引学生

班主任拥有广泛的兴趣、特别的技艺，可以更快地吸引学生，拉近师生距离，持续和学生保持密切交往，产生共同语言，更利于了解、帮助、教育和改造学生。如果班主任是位科技迷，就能带动本班的课外科技活动，让学生们爱上科学知识；如果班主任能在球场上大展拳脚，就能团结一批球迷学生，带动班级体育锻炼；如果班主任能歌善舞，就能多组织文艺活动，创造朝气蓬勃的班级精神面貌。

因此，智慧的班主任应主动自觉地培养自己科学、文体活动的兴趣，能够在学生面前展示特长，成为学生中间的风云人物。每个人在学生时代都有各自感兴趣的爱好或特长，可以将这些兴趣重新拾起来，闲暇时多加练习，无需过分精通，只要足够在学生面前展示即可。没有特长的班主任要主动培养兴趣爱好，参加一些相关的兴趣班，不仅对班级管理和学生教育有帮助，也能陶冶个人情操，提升生活志趣。班主任的一技之长可以起到抛砖引玉的效果，带动班级开展相关的文体活动，班主任的展示能够调动学生的参与热情，助力学生全面发展。

2. 用专业技能促动学生

马卡连科说过："如果教师在工作上、知识上和成就上有光辉卓越的表现时，那你自然就会看到，所有的学生都会倾向你这一边。相反，如果教师表现出无能和平庸，那么不论你如何温柔，在谈话时如何耐心，如何善良、殷勤，不管你如何关心体贴学生，仍然不会博得学生真正的尊敬。"通过调查发现，学生认可的好老师除了德行的要求外，在能力方面普遍应具备出色的专业知识和高超的教学艺术，学生最容易、也最愿意被这样的教师促动。

教学是班主任的本职工作，亲其师才能信其道，要让学生喜欢班主任的课，树立班主任的学科权威，提升专业技能是关键。首先班主任自身要有扎实的专业课理论知识和熟练的实践操作技能。要有终身学习的觉悟，未来的社会是一个学习化的社会，终身学习对教育工作者而言更加重要。为了适应现代社会的挑战，为了学生的未来，班主任需要不断充电，牢固掌握基本概念的同时，不断拓展知识视野，时刻关注前沿内容，学习掌握先进的教育理论和现代教育技术，并能够在教学中融会贯通，设计创新课程案例，提高学生的学习兴趣。班主任自身不仅要具备终身学习的能力，更应该在教育教学中培养学生终身学习的能力，让学生热爱学习，掌握学习的方法，树立终身学习的观念。

另外，智慧的班主任要拥有发散的思维，充分将个人技能应用到教学中。很多看似与教学无关的技能，巧妙地运用，也能发挥巨大作用。例如，擅长书法的班主任，可以在板书设计上下功夫，用新颖的形式、趣味的展示吸引学生，学生会更想欣赏、研究板书，在欣赏、研究的过程中，学生就学习了知识。有的班主任善于唱歌，就可以把知识点编到歌词里，课上唱给学生听，既提高了记忆效率，也让课堂充满趣味，起到很好的教学效果。学识渊博、才能出众的教师既能够让学生感受知识世界的无限广阔，又能体验学习的种种乐趣。

3. 用学习动机引导学生

新课程改革顺应世界范围内"以学生发展为本"的课程改革潮流，提出了使学生"在普遍达到基本要求的前提下实现有个性的发展"的目标。发展个性的理论是素质教育的要求，这就需要教师把学生作为学习的主体而赋予学习的自主性和主动性。学生的学习状态、学习品质和学习结果都与学习动机有密不可分的关系。赞可夫提出，教学法一旦触及学生的情绪和意志领域，触及学生的心理需要，这种教学就会变得高度有效。可见，形成良好的学习动机对于引导学生全面发展有至关重要的作用，如果班主任有强烈的求知欲，热爱自己的专业，以饱满的情绪带领学生去探索知识的奥秘，就会对学生的学习兴趣和情绪产生巨大的影响。

班主任上课要全身心地投入，将自己对所教学科的热爱融于每一节课中，吸引学生听课，激发他们学习这门学科的兴趣，并使他们建立起持久而牢固的学习兴趣。对于学习基础较差的学生，更要通过班主任良好的精神状态和生动、有趣的教学内容吸引学生，利用他们的心理动力加以补偿，以取得较好的教学成果。激发学生学习动机的方式有很多，比如成立学习小组，组内学生互助互学，班主任定期举办活动交流小组学习成果，对表现好的小组进行表扬，激发小组的集体荣誉感，学生在活动中体验成功的喜悦，增强学习兴趣和学习动力。

就如第斯多惠所说的："教学的艺术不在于传授的本领，而在于激励、唤醒与鼓舞。"班主任要了解班级的学生，随时关注学生变化，及时纠正错误的动机，针对每个学生的情况，帮助其找到自身最现实的学习目标，然后将个人的小目标纳入爱国的大情怀之中。

### 三、体贴关怀，做学生的心灵驿站

苏霍姆林斯基曾说："我们的工作，就其本身的性质和逻辑来说，就是不断地关心儿童的生活。请你任何时候不要忘记，你面对的儿童是极易受到伤害的、极其脆弱的，学校里的学习不是毫无热情地把知识从一个头脑装进另一个头脑里，而是师生之间每时每刻都在进行的心灵接触。"学生是公正的，更是感性的，他们衡量教师的好坏，不是成绩的高低，而是教师是否与自己心灵相通，是否真心关爱自己。现代教育更多的应该是爱与情感的教育。在学生眼中，班主任不只是知识与技能的传递者、班集体的管理者，更应是一个能够抚慰心灵、教学生做人做事的咨询者。

1.细致关爱学生

作为班级管理者的班主任要看重一个个鲜活的生命个体，看重一个个需要开发的生命个体，并从班级管理中发现生命的保存、延伸、发展和增值，来阐释教育的本质。班主任对学生的爱是一种丰富的情感，包括理解、宽容、公正等等，要在生活上、学习上、思想上关爱学生，平等对待每一个学生，帮助学生树立信心，鼓励、激励学生成才。不因学生的学习成绩、家庭情况等外在因素歧视或冷落任何一个人，以深沉的师爱温暖每一个学生。

作为班主任，要时时刻刻关注着班内每一位学生，与他们谈心，关心他们的学习和生活。学生在学习生活中遇到的难题各种各样，有的因为学习困惑，有的因为挨批评苦恼，有的因为身体缺陷、家庭不幸而困扰。班主任应该及时发现问题，要善于观察学生，抓住学生日常学习生活中的小细节，关注学生的每一句话、每一个表情、甚至是一个手势，只要用心观察，学生的喜怒哀乐都逃不过班主任的眼睛，深入挖掘行为背后的情感，找到教育的突破口。为学生排忧解难，与学生深入交流，了解学生的困难，帮助学生想办法解决问题，学生在困境中感受到班主任的温暖更容易铭记一生。

学生的内心都是很敏感的，就如加里宁所说："天地间再没有什么东西，能比孩子的眼睛更加精细、更加敏锐、对于人生心理上各种微妙变化更富于敏感的了，再没有任何人像孩子的眼睛那样能捕捉一切最细微的事物。"班主任的细微举动，可能会影响学生的一生。因此，要平等对待每一个学生，对学生进行生命关怀和生命教育，用语言和行动关爱学生、感召学生。发现学生的闪光点，表扬学生的进步，在学生犯错误时多给予建设性的建议。关爱的重要对象是那些被称作后进生的学生，他们在日常学习生活中会出现层出不穷的问题，在面对他们时要永葆善意，用班主任的爱包容学生，这对学生以后的人生会有很好的作用。

2. 走进学生内心

根据马斯洛的需求层次理论，学生成长中的精神需求是尤为重要的，满足学生精神需求是创建良好班集体、教育好每个学生的前提。尊重，是人与人交往的重要准则。班主任的管理工作就是与学生建立人际关系，尊重学生，不讽刺挖苦、歧视学生，学生才能接受班主任的亲近。白居易有言："感人心者，莫先乎情。"任何人都希望得到别人的关爱，要热爱学生，对学生发展寄予良好期待，以爱的情感，对学生的发展给予全身心的投入。要公平对待学生，与学生保持民主平等的师生关系。

班级中总不乏性格内向、敏感的学生，不擅长与同学交往，在团体中常常受到冷落。作为班主任，要重点关注这类学生，观察其情感变化，主动了解学生内心想法，创造环境让学生参与团体活动，鼓励其多与其他人交流，表达个人看法，促进其融入集体中。面对所谓的问题学生，班主任要尊重他们，保护其自尊心，用诚挚的爱去感化他们，并真正地信任他们，用情感上的交融消除他们心理上的障碍与负担，不吝于表达对学生的理解与赞赏，拉近与学生心灵的距离。爱是双向的，对孩子付出满满的爱，也会获得孩子满满的爱。

3. 进行心理疏导

智慧的班主任应是学生的心理保健师，能够了解学生心理发育特点并对症下药，帮助学生实现身心健康发展。积极的情感能量不仅会影响学生的学习，它还影响着学生的生活、人际交往等方面。学生时代会遇到很多困扰，性困扰、学习困扰、人际交往困扰、情绪困扰等，学生自己不懂得如何解决问题，稍有不慎就会造成严重影响。班主任要教会学生有效调控自己的情感，让学生掌握心理健康知识，学会自我心理保健。班主任要用具有感染力的语言和情感对学生进行爱的教育，与学生讲道理时要有说服力，不要激化矛盾。面对不同类型的学生，要选择不同的表达方式；针对不同的环境，也要选择不同的表达方式。帮助学生认识、接纳、面对自己的情绪，引导学生宣泄和表达情绪，增加积极的情绪体验，教学生掌握调节情绪的各种方法。

班主任要及时发现问题，与学生探讨问题，对学生的行为、思想进行深入分析。教学生遇到不幸遭遇时学会否认、排斥，用排斥心理去战胜自怜自卑；教学生在心理痛苦时学会转移、排除情绪的困扰；动员学生积极参加文体活动，指导学生科学规律的生活，注意科学用脑，劳逸结合，保证生理与心理和谐健康发展。班主任要经常表达对学生的赞赏，用闪光点去激励学生，用智慧去化解矛盾。必要时班主任也可以主动寻求心理咨询的帮助，学习专业心理咨询知识，用专业的方法解决班主任工作中出现的问题。

## 四、人格濡染，做学生的引路明灯

在一个班级里，班主任是学生成长的范本，学生是班主任的影子，影子中反射出班主任的智慧、精神、人格与道德。丰富、有情趣、积极向上、全心投入做事的班主任，才能全方位的浸染学生。班主任在班级中要时刻注意个人言行，以教师的情怀、担当、行为去影响、培养学生，学生才能以自身的情怀、担当、行为去支撑未来社会。

### 1. 人生态度示范

班主任的工作对象是可塑性大、模仿力强的青少年学生，班主任的一言一行、一举一动，都对学生的成长产生潜移默化的影响。班主任如果有牢固的、正确的思想及工作动机，就会凭借个人对动机意义的理解，随时强化或引导学生学习、生活、工作的动机。例如，班主任根据学生思想、学习的表现，抓住时机进行理想信念教育，并创造条件满足学生需要，就会使学生保持一种朝气蓬勃的精神状态。

人生态度是一种意识形态，是随着一个人的社会认识不断深化，社会实践不断积累，逐步形成并巩固的政治立场、生活理想和奋斗目标。首先就要求班主任有正确的政治立场，拥护中国共产党和社会主义，热爱国家和人民，有坚定的教育信仰。班主任只有把实现素质教育作为自己的理想和信念，才能真正形成健康的心理素质。尤其在新形势下，金钱至上成了很多人的信条，包括很多学生家长也将金钱和权力当作判断成功的标准，这对学生的价值观形成造成了严重影响。面对这种形势，班主任要有正确的认识，为学生树立健康积极的榜样，教学生批判地看待问题，以身作则帮助学生树立正确的人生观和价值观。

班主任的人生选择，对学生未来有重要影响，是满怀希望、不懈奋斗，还是安于现状、享受当下，这是班主任的理想信念，也是学生价值观形成的参照，班主任正确的人生态度是十分重要的。

2. 品格熏陶感染

乌申斯基说过："在教育工作中，一切都应该建立在教师人格的基础上。因为只有在教师人格的活的源泉中才能涌现出教育的力量。没有教师对学生直接的人格方面的影响，就不可能有深入性格的真正教育工作。只有人格能够影响人格的发展和形成。"青少年的品德形成具有可塑性和模仿性，班主任的一言一行、一举一动，都是班主任人格的体现，都在潜移默化地影响着学生，班主任的优良品格能够帮助学生形成良好的人格修养，班主任处理班级问题时表现出来的道德标准也会影响学生的道德塑造。

培养一个孩子，胜过反哺一个成人。对中小学生来说，他们非常需要那些热情、富于同情心，言行具有感染力的班主任成为导师或朋友。在教育实践中，班主任要努力培养自身宽容、无私、谦逊等优秀品质，这些情感不仅对学生的学业发展有激励价值，对信念、价值观的形成具有重要作用，而且对学生的情感有陶冶价值。班主任在工作中做到平等对待学生、正确认识自己、主动承担责任，这样才能得到学生的尊重与信任。这样的班主任能够在孩子的心灵上播下"美的种子""爱的抚育"，营造"精神的星空"。

学高为师，身正为范。如果班主任有美好的情操、高尚的人格，那么他的学生也会拥护、效仿他，班主任的威信也随之提高，如果班主任独断专行、心术不正，他在学生心中也会渐渐失去威信，无法管理班级。班主任作为学生的榜样，要有值得崇敬的品格修养，用自身的优秀品格感染学生。此外，班主任还必须具备良好的情绪调控能力，能及时合理地排解自己的消极情绪，也能控制和掌握学生的情绪、情感，为成功的教育创造健康的环境，用班主任的人格魅力和健康的环境陶冶学生的情感。如果班主任成了学生的对立面，便无法走近学生的心灵，无法与学生达到感情的沟通，也就无法遵循现代教育"以人为本，以学生为本"的教育原则。

3. 工作风格引领

班级精神风貌的塑造，对于形成积极向上的集体和班级整体的可持续发展有重要作用。班主任的个人特质和工作风格对塑造班级精神氛围具有引领性的意义。教育的意义就在于抓住每一个契机将孩子带向美好，带向规范，将他们教育成遵守规则，具有公共道德意识的现代公民。每个班主任，都应该具有教育的生命自觉。班主任在班级管理中，不要直接运用权威发号施令，而应该依靠自身的模范行为进行引导，带着微笑进课堂，柔声说话，语气亲切，不轻易发火；呵护学生的每一个善心、善行；经常与家长沟通，告诉孩子的点滴进步；课上课下真诚地与学生交流。榜样的力量是无穷的，在班级中，班主任就是一面旗帜。

新课程理念下的班主任，应是积极能动的富有创造性的主体，不断寻求新的工作内容与工作方法，根据自身优势和学生的特点，富有创造性地开展班级活动，形成风格鲜明的班集体。同时班主任的创造性工作观念与工作方法又必然对学生创造性人格的形成有着巨大的作用。很多新班主任在工作中会向名班主任学习，如学生犯了错，也学着魏书生那样，让学生写说明书或给全班同学唱歌，但效果却不尽如人意。这是因为不同的班主任有不同的人格，外显为独特的工作风格，生搬硬套的方法未必能取得良好效果。智慧的班主任应该从整体上培养个人的品格、理念和精神，形成独特的个人教育精神境界，外化为教育管理方法和技巧，用工作风格影响学生。

班主任要处理好同各科教师的关系，常和其他教师沟通，达成一致的教育目的，建立坚实的协作关系。班主任与科任教师的关系会影响到学生对科任教师的态度，进而关系到学生因为对学科教师的喜恶而是否喜欢一门学科。班主任的交往方式也会被学生效仿，直接反映到学生的人际交往情况中。

班主任要树立健康向上的优良班风。良好的班风是一种无形的力量，制约着全班学生的思想行为，通过班风能够熏陶问题学生，让其在环境中不自觉地遵从班级规范。班主任要避免树立班风过程中的大包大揽，要激发学生群体的欲望，班主任通过引导，征询学生意见，与学生一起拟定、民主选择、最终确立班级规范和公约。让学生具有主人翁的使命感，更好地发挥规范的效力。

就如马卡连柯说的："不要以为只有你和儿童谈话的时候，或教导儿童的时候、吩咐儿童的时候才在执行教育儿童的工作。在你们生活的每一个瞬间，都教育着儿童……你们态度神色上的少许变化，儿童都能看到或感受到。你们思想上的一切转变无形中都会影响到儿童。"智慧的班主任，不是看他出版了多少部专著，做了多少次讲座，获得了什么样的荣誉，而是能把才华、热情不断倾注于日常工作中，以春风化雨般的爱去成全每一名学生，用智慧启迪智慧，用情感陶冶情感，用思想影响思想，用人格塑造人格。

# 实践篇
## 智慧班主任的工作方略

引言："在我们的教室里，表面看上去坐着的是学生，站着的是先生，而在精神上这种局面却恰恰相反——站着的先生占据着至尊地位，坐着的学生的躯体内，却隐藏着一个战战兢兢地站着、甚至跪着的灵魂。"育人是世界上最困难的工作，每个人都是独一无二的个体，具有独特的性格特点和行为方式，班主任承担着班级管理和教书育人的重要责任，如何运用教育智慧去帮助学生解决心理或学习上的各种问题，关爱学生成长，是班主任工作的巨大挑战。智慧班主任要把班级管理和学生教育工作当作一生的追求，用智慧和艺术开展班主任工作。

## 话题一  有效沟通的智慧

### 班级管理中的严与爱

严在当严处，爱在细微中。

——《爱的教育》

**智慧导引**

教育是一门艺术，班主任工作更是一门管理学生的艺术。班主任对学生成功的教育，都是严爱相生、刚柔相济的。严，即班主任要严格要求，严格管理，有原则、不放松，不迁就；爱，是一种复杂而高尚的精神境界、教育情操。班主任要真心实意地关心学生，充分尊重、信任学生，给予学生真诚、宽容的爱。作为班主任既要在思想、学习、行为规范上严格要求学生，又要对学生付出真诚的爱心和真情的关心，在任何时候都要把"严"和"爱"结合起来。怎样把握好对学生恰当的"爱"和适度的"严"，做到爱中有严、严中渗爱呢？

### 一、严而不厉，爱透其中

俗话说，"没有规矩不成方圆"。严格要求学生，引领学生人生发展的正确方向，是班主任义不容辞的责任。但严格不等于严厉。严厉意味着班主任态度的强硬、武断和偏执，会使学生产生惧怕、退缩心理。在日常的班级管理中，班主任要做到严而不厉。这里的"严"，是对学生提出目标要求，班级制定各项管理制度，建章立制，并确保贯彻到底；坚决纠正学生违反纪律的行为，直至彻底改正；对学生不良习惯的纠正常抓不放，坚持不懈；对培养学生自主学习能力、养成良好的学习习惯方面严谨认真，一丝不苟；注重学生多元化的个性培养，张扬个性，促进学生全面发展。

但严的前提是尊重学生，真心爱护学生。作为班主任，最主要的是有一颗爱心，没有爱的教育是不成功的教育。教育教学的整个奥秘就在于热爱学生。"谁爱孩子，孩子就爱谁，只有爱孩子的人才能教育好孩子"即只有"亲其师"，才能"信其道"。对学生的爱更重要的是要关注学生的心理层面，当学生出现心理问题时，要和学生促膝谈心；当学生遇到困难时，要给予特别的关心；在学生需要激励时，给予充分地激励；班主任应做到眼中有生，心中有爱。

## 二、严而有格，爱而有度

"格"就是范围和分寸。班主任对学生的严不能超过一定的范围，要严的有分寸。同样的错误——作业未做，一贯表现好的学生一定有其客观原因；而普通学生就很难说了，班主任对待这样的学生，就不能简单、草率批评完事，而应深入了解。严格的界限是能够让学生接受并且学生经过努力能够达到的一个标准，而不是盲目认同教师。对于新学生入学，首先应注意培养良好的习惯，大到未来理想的教育，小到坐、立、行、走，都要严格要求，规范其行为使学生养成良好的行为习惯，形成良好的班级秩序。无论在任何场合，学校的规章制度、班主任的"师道尊严"都必须维护，对于违纪、违规学生，班主任为了达到警戒全班学生的目的，必须对其严肃处理，做到"有法必依"，以此正班风、树正气。

同时，班主任对待学生的错误，不能只是粗暴的批评和惩罚。批评后，一定做好被处理学生的安抚工作，以和缓的语气与其沟通，挖掘学生日常行为的闪光点，鼓励其改正错误并理解班主任的良苦用心。因此，班主任对学生的严格要求必须以最大限度的理解、宽容、善待学生为前提，做到严而有格。爱，不讲原则就会变成放纵，容易使学生为所欲为、没有规矩，要让学生在爱中懂得感恩、懂得敬畏、懂得规则。在教育学生的过程中，应掌握好分寸，将严与爱科学地结合起来。

## 三、严而有方，爱而有法

俗话说："治人治病，得其方，药到病除，不得其方，适得其反。""严而有方，爱而有法"，体现为对班级要进行科学管理，班主任要制定班级发展目标、班级公约，细化班级管理条例，用以约束管理学生。平日里对学生要讲清道理，处理事情要合理。信任和被信任，是人与人之间互相尊重的表现。教师的职责在于用爱和智慧为学生的成长创造条件、搭建舞台。

所以班主任不仅要对学生关心、爱护、帮助、鼓励、鞭策、指引、开导，使师生关系融洽、自由、和睦，而且还要对学生严格要求、严加管教，使师生之间保持一定的距离。唯有做到宽严适度，严爱统一，方能有效地培养学生良好的思想品质和行为习惯。

## 案例呈现

### "严"需有情有度有方

#### 一、问题

2020年9月份，带着对上一届学生的依依不舍，又迎来了新的一届学生。记得我刚接手这个班级时，一个漂亮的小女孩A同学引起了我的注意，她看上去很讨人喜欢，白皙的脸庞、大大的眼睛，眼神里透露着灵动、好强，但是经过一段的观察，她的行为让我大跌眼镜、头疼不已。她做事拖拉、注意力不集中，同时又很任性，不允许别人说一句不是，一听到批评甚至是不同的建议时，就会坐在椅子上一动不动，或者钻到椅子下不出来，甚至是大声哭闹、摔东西、夺门而出等等，记得在一次英语课上，她突然将同桌推倒在地，嘴里还大声喊着，老师去阻止，甚至用手去扑打老师，胆子小的女同学都被吓哭了，这是往届学生中从未有过的现象，等孩子情绪平复后，问她原因时，她竟然说，什么事也没有，就是自己的心里不舒服，所以冲着同桌发泄出来啦！针对孩子的情况，与其妈妈进行了多次沟通，了解到孩子从小性格、脾气就不太好，偶尔在家或者在幼儿园时，也会时常出现这种打闹、要脾气的情况，虽然妈妈自己一直在强调平日对孩子不娇惯，但言语中却透露出家里的物质条件比较优越，妈妈全职在家带她，舍不得让孩子吃一点苦，平时尽量地满足孩子物质上的要求，以鼓励、表扬为主；同时，自己对孩子的要求很高，想让她在同龄人中能够出类拔萃、脱颖而出，当孩子达不到她预期目标时，妈妈便会变得很暴躁、发脾气。

#### 二、原因分析

随着社会的发展，物质生活水平日益提高，现在处在信息化时代，所以现在的学生思维活跃，有一定的见识、眼界。但同时在成长过程中也会出现一定的弊端，孩子在物质需求方面能够得到极大的满足时，他的潜意识中认为没有什么可要的，慢慢地衍变为没有什么可追求的，导致现在的孩子做事拖拉，对自己要求不高！在家里，往往都是四个大人围着一个孩子，可谓众星捧月，物质上尽量满足孩子，表扬多，批评少！家长自己对孩子的娇惯、一味满足，导致孩子不能够以正确的心态对待批评，不能接受批评或不同的声音。同时家长的过高要求，过度的培养等等导致孩子莫名地焦虑，于是，孩子通过哭闹、喊叫、出走来发泄自己的不良情绪。

三、问题解决

1. 促膝谈心，以"情"拨动心弦

在日常生活、学习中，让 A 同学感受到我的关心，如妈妈般的爱。天冷了，叮嘱她戴帽子，她能够以平和的心态处理问题时及时鼓励她，和她谈心，进行思想教育，让其明白爱不是你要什么就给什么，而是约束，让你严格要求自己，使自己成为受欢迎的孩子。与此同时，我组织几名同学跟她一起玩，跟她一起学习。让她感受到同学对她的信任，感受到拥有朋友的快乐。从而意识到不能把自己不良的情绪传递给别人。

2. 充分配合，以"度"规范行为

我争取和家长充分配合，改变家长的教育理念，得到了家长的认可与支持，告诉家长不能因为疼爱孩子就答应孩子所有的要求，更不能把自己的意愿强加给孩子，增加孩子的负担，要把握好爱的度，要做到宽严相济、严慈同体。同时，在家里经常和孩子如朋友般的聊天，了解孩子心理变化，有针对性地采取措施克服孩子任性性格。

3. 人尽其才，以"方"提升耐挫能力

充分发挥班集体的力量，在班级通过班级主题课进行思想教育，让她认识到任性的害处，用实例、故事说明任性会使人做错事、会碰壁，久而久之，在集体中成为一个不受欢迎的人。同时，安排一定的劳动任务、职务让 A 同学去做。任务由易到难，通过做事，减少孩子的娇气。并采用跟踪观察、及时鼓励与指正的方法。让 A 同学在做事、承担班级工作时感受到成就感，让孩子明白在困难面前一定要坚持，学会调控自己的情绪。经过一段时间的训练，孩子有了很大的改变。

四、反思总结

"教师只有真心实意地爱学生，才会精雕细刻地塑造他们的灵魂。"作为一名人民教师，我深知自己的职责是教书育人，相信每个学生都是可塑造的。在班级管理中，要把"严"与"爱"相结合，倾注"真情"，对学生的"爱"，把握好"度"，不迁就放纵，不娇宠溺爱，在严格、公平、公正、平等中实现；

尊重其身心发展规律，细心、耐心指导，挖掘每一位学生的潜能，人尽其才；尊重学生的选择，倾听他们的心声，让他们在自由的空间里，自由地思考、学习、生活。严爱统一，宽严相济，学生的自律性自然会增强，才能真正由他律实现自律、自主。

（长春市第一实验东光学校　薛英秋）

### 拓展研讨

常言道：严师出高徒，不打不成材。这都突出了"严"在教书育人中的重要性。但过分严格就会出现对学生苛求有加，包容不足的现象。教师在日常管理中应如何把握好对学生恰当的爱和适当的严，做到爱中有严，严中有爱，让班主任成为一个"管如严父，爱如慈母，亲如朋友"的三重角色呢？

## 深度了解学生的途径

如果教育家希望从一切方面去教育人，就必须从一切方面去了解人。

——乌申斯基

### 智慧导引

了解学生是教育好学生的先决条件。在班主任的教育工作实践中，要经常通过资料分析法、观察分析法和谈话辅导法等六种途径，循序渐进地、全方位地了解学生，以求在全面、深度了解学生的基础上收到更好的教育效果。

### 一、资料分析法

表格调查法。每次新接一个班的时候班主任首先都要让学生填一个基本信息的登记表，包括学生的年龄、担任过的班级职务、毕业学校、毕业考试成绩、家庭基本情况、父母的工作单位联系电话及教育水平、学生的兴趣特长、身体状况、对班级的期望等。通过这项调查，可以尽快地熟悉学生的基本情况，特别是对家庭、身体、心理、学习、生活等情况特殊的学生，都一一做了记录，并思考具有针对性的教育方法。做到每接任一个班级，首先对每个学生的基本情况了如指掌，这样，教育才会得心应手。同时还可以根据学生个人的基本情况来确定班干部，做到人尽其才，为开展班级工作奠定基础。

问题调查法。由于班主任不可能时刻都待在教室里，当班级中出现某些问题时，往往不知道存在的问题及问题存在的原因，这时候就需要进行调查。调查法是深入了解班级学生的重要方法。从调查内容看，有一般情况的调查和专门问题的调查两种；从调查对象看，可以向班干部、科任教师、学生家长调查，也可以向学生的朋友、邻里群众调查；从调查方式看，有个别访问、开座谈会、书面问卷等方式。无论采取何种方式，都应把工作做细，解除被调查者的思想顾虑，力争调查上来的材料能如实反映客观实际。

## 二、观察分析法

行为是学生的内心外显。观察学生的行为是了解学生的有效途径。如何去观察呢？首先，班主任要做一个有心人，平时观察学生上课时听课的状态、穿着打扮、完成任务等情况；其次要借学生来观察学生，班主任所借的学生一定要是心腹，能客观地将情况反映给你。用这种内外结合的方法更能全面地了解学生。然后，班主任通过对信息的分析，把握学生思想的动态。如学生爱美过胜，则有发生早恋的可能；如上课不集中精力，可能心存杂念、迷恋网络游戏等；如喜欢打架，可能有暴力倾向等。学生的行为折射出他们的思想动态，班主任应多深入学生，多去观察。

高中阶段，学生有了更强的自我意识。如逐渐摆脱成人评价的影响，独立性逐渐增强；独立意识开始觉醒，渴望参与成人决策，要求有一个自己独立使用、有"安全保障"的小天地，不希望成人时时刻刻地管教约束；他们与同伴之间有更多的共同语言，在同龄人和知心朋友面前有安全感和归属感，愿意向对方倾诉内心的秘密，希望得到理解等。根据高中生的心理特征，班主任除了通过平时的课堂进行观察外，更应该有目的、有计划地通过课外活动、劳动、共青团和班级活动等契机，深入细致地观察学生，了解学生的真实情况，经常深入到学生的学习、生活中去，特别关注学生在自然状态下流露出来的言行举止，洞悉他们的内心世界。

## 三、谈话辅导法

谈话辅导法是通过与学生沟通，了解其内心世界，并给予正确的思想、学习、生活指导，是班主任经常采用的一种重要方法。传统的谈话教育方法，过分注重灌输和说教，难以使学生表达自己真实的情绪和情感，说出自己真实的想法。因此，班主任在谈话的过程中应注意转换角色。班主任将自己的角色从教育者转变为辅导者，师生之间以朋友的关系、平等和谐的对话、讨论问题。对每个学生要有恰当的评价，表达对学生的欣赏和肯定，以此来营造宽松、真诚、和谐的氛围，使学生在没有心理压力的情况下，毫无顾虑地向老师吐露自己的心声。通过启发、暗示和创设情景等方法使学生明白自己身上存在的优缺点，进而在老师的指导下，去探索和寻找不断自我完善的途径和方法。

班主任在与学生谈心的过程中要注意方式方法，要调动起学生的参与动机和积极情绪。首先要求班主任在谈话活动中情绪饱满放松，充分运用语言的感染力调动学生的积极情绪，创设有吸引力的情景和宽松的心理环境，引入正题，鼓励学生自我表露。在新接手一个班级的工作时，由于还未能很好地了解学生情况，可以主要采取集体聊天的方式。每次谈话都要有明确的目的和主题，事先做好充分的准备，创造轻松和谐的气氛，使学生不感到拘束、紧张、害怕，引导学生大胆地说出心里话，融洽师生间的感情，更能了解到学生内心真实的情况。在与学生谈话中应做到因人而异，对于优秀生，帮其找出缺点不足；对于中等生则鼓励他们立大志，力争上游；对于待进生，善于积极发现其闪光点，给予更多的关怀，培养其自尊和自信。

与学生谈话，要选择适宜的环境，创造良好的谈话气氛，选择谈话的适当时机，要考虑问题的性质和迫切程度，如遇到一些紧迫而严重的情况，抓紧时间及时找学生谈话，把不良的苗头消灭在萌芽状态；与学生谈话还要考虑谈话对象的思想水平、个性心理特点，对不同对象提出不同层次的要求。性情温和性格内向的学生要早谈；而性情暴躁、性格外向的人，要选准机会谈。与学生谈话更要考虑当时的心境和气氛，师生双方心境良好，气氛和谐宜谈，反之，宜调整心境和气氛后再谈。

## 四、家长访谈法

学生在家里及在之前学校中的学习状况和表现，班主任一般是不清楚的，这就需要通过家访或者与家长进行沟通，了解掌握学生的学习习惯与能力、家庭的教育方法、父母对孩子的要求与期望等。有时学生在某个时期出现学习退步或者行为异常，往往都会从家访中找出一些原因，这样教师在教育学生的过程中就会更有针对性。

## 五、网络交流法

网络是一个虚拟平台，为师生交流提供了一个平等空间。网络的开放性营造了一种非常宽松的沟通环境，交流双方没有了明确的身份对应，从而可以畅所欲言。班级管理中采用的网络应用形式主要是班级博客、电子邮箱、班级 QQ 群。班级博客主要分为班内公告、高考信息、学习指导、班级相册等版块，分别发布班内事务（包括出勤作业情况、考试情况、班级荣誉、学生心得和班主任心声等），高考相关信息（包括高考政策、志愿指南、考试心理、分数查询和分数线等），各科学习方法和资料汇总以及班级活动和个人照片。任何人都可以针对博客里面内容随时匿名或实名发表留言和评论；电子邮箱则是接收和回复学生和家长的电子邮件，为进行一对一的交流所用；班级 QQ 群主要是实时沟通和群体讨论时使用，所有发言即时呈现，平等交流，集思广益。

## 六、任务考察法

班级骨干分子，往往是在学生自己组织的活动中展露才华脱颖而出的。为了了解学生，可以给他们创造一些表现自己的机会，如在组织音、体、美、劳活动时，让其单独或牵头去完成某项任务；在组织过程中征求学生合理化建议和意见，从而达到正确认识学生和充分发挥其特长的目的。

班主任了解、研究、理解学生的过程是建立良好师生关系的过程。转变教育观念是了解学生的前提，了解学生是班主任工作的基础。了解学生的需求，进而理解学生在刻苦学习中取得成功的喜悦和遇到的各种苦恼与挫折，理解他们在成长发展过程中的需求和困惑，才能感同身受，清楚学生需要怎样的关心、帮助和引导。从而在与学生交往过程中，逐渐拉近彼此的距离，同时学生也愿意向班主任敞开心扉。这样，班主任就可以有的放矢地去解决问题，同时，班主任也在了解学生、帮助学生的过程中自我完善、自我成长，从而逐渐成为一个更受学生欢迎的老师。

### 案例呈现

### 少年没有乌托邦　心向远方自明朗

一、问题

在还没有见到小文同学时，我就听说了他的家世，因为他的姐姐是五中

2020届的高三毕业生，我的师姐是他姐姐的班主任，从她的口中我了解到了小文和他姐姐生活的艰难。这对姐弟俩好像从出生就一直被忧虑和痛苦包围，爸爸酗酒，妈妈性格偏激经常家暴，对两个孩子不分青红皂白就动辄打骂，甚至生气后会离家出走一段时间，爸爸身上也经常会出现各种伤，妈妈对爸爸恨铁不成钢，终于有一天失望积累成绝望，在两个孩子还上小学的时候就离开家，从那以后杳无音讯。爸爸之后更加消沉，患上了肝硬化，无法工作，家里失去了唯一的劳动力，乡下的爷爷奶奶也束手无策，拿出了全部积蓄也无力支撑高额长期的医药费，只能让爸爸回家养病，两个孩子看着爸爸日渐消瘦，最后瘦成皮包骨头失去了生命。奶奶也是肺癌晚期，还要照顾患精神疾病的爷爷，无法分身照顾小文和他姐姐，只能对着姐弟止不住地流泪。

带着对小文的心疼和担心，我在开学时见到了他，瘦小虚弱的身材，苍白憔悴的脸庞让我心头一颤，姐姐和他的学费、爷爷奶奶的医药费压得他喘不过气来，我当即为他申请了困难补助，虽然对他来说也只是杯水车薪，但这是我当下能想到对他最实际的帮助。出于对他的了解和体谅，每次他以家里有事为由请假我都允准，只是随着次数越来越频繁，请假时长越来越久，我的担忧也逐渐加深，小文在苦难的淬炼下已经习惯了凡事自己承担，不会轻易向他人吐露心迹，和身为班主任的我也没有完全敞开心扉，由此，我下定决心要尝试走进小文，成为他苦难生活里有力的支柱，为他的成长保驾护航。

二、原因分析

小文同学之所以会把自己封闭起来是因为自幼经历了太多的生离死别，见识了过多的人情冷暖，心中积聚了许多怨恨和苦闷，情绪得不到释放，想法无处交流，快乐痛苦得不到肯定或分享。小文的身边没有父母的陪伴和关爱，难以体验家庭的温暖，不安、烦恼、孤独、离群等障碍随之而来，小小年纪就要操心家里的柴米油盐，扛起爷爷奶奶治病的重担，日复一日没有止境的操劳让他看不到未来，对生活的美好也丧失了憧憬的动力。高中是青少年成长的转折期，孩子的思想和主观意识逐步形成，由该生的家庭状况所导致的心理问题如果不及时疏导，很容易对他的学业乃至之后的成长产生严重影响。

三、问题解决

1. 先共情，再共鸣

经过了长时间细致的观察，我对他的生活习惯作息时间和处事风格都有了一定的了解，大致能够通过他的微表情对他的心理活动进行预估，之后我经常在下课、上学前及放学后值日的时间里，假装在班级备课，听同学们和他的对话，感受他的想法和近期的情绪变化，做好充足的准备后，我约小文来到操场散步，一边走，一边和他说我观察到的他的表现，并且说出他的难处和顾忌，将他欲言又止欲说还休的情绪准确地表达出来，通过他的神态，我判断我们产生了共情，之后我通过 NVC 觉察法引导他说出了自己的感受和需要，在他讲述时，我认真地倾听，眼睛坚定地看着他，像是要把他整个人都装进眼睛里，让他有安全感，让他觉得踏实和被信任。逐渐地他说出了自己请假的真实原因。原来，他不是请假回家照顾爷爷奶奶，而是请假去干零活赚钱，听到这里，我既心酸又庆幸，为他的懂事和勇于承担感到骄傲的同时，我也庆幸自己及时发现了他的困境，能够有机会拉他一把，助他一臂之力。

2. 达共识，明方向

既然小文可以将他的困境和情绪向我正向表达，那么事情就成功了一半，接下来我们要一起想出解决办法，达成共识。我比他年长，生活经验更丰富一些，涉猎领域更广一点，经过深思熟虑，我想到了"三步走"策略：不动声色救急；脚踏实地指路；选择权利归还。幸运的是，恰好赶上期中考试，小文的物理成绩是班级第一，我就以颁奖的名义为小文颁发了一个学科之星红包，不动声色地帮他度过眼前的困难；之后我又邀请了科任老师助力，让语文老师经常鼓励他在写作上的进步，并为他争取更多写征文的机会，在小文的一次征文获奖后，和他推荐"投稿天地""投稿征稿世界""投稿空间站"等可以通过写文章赚钱的公众号，他很感兴趣，并跃跃欲试，在我看来，这种方式比他去社会上找杂活干零工要安全得多，在赚钱的同时还能提升自己的文学素养。最后，我把选择权交给了他自己，让他自己做主之后的安排，令人欣慰的是从这之后，小文再也没和我请过假。

3. 切实施，常修正

为了确保他确实能通过这样的方式解决生活上的困难，拥有完整的校园生活，全身心地投入到学习中来，我经常与他奶奶沟通，了解他家里的状况，适时地给予帮助；并且我会搜集写文章的方法，以及一些比较经典的短文发给他，为他写作提供思路，避免他遇到困难无法解决而中途放弃，我们之间也因为有了这样一个沟通的桥梁而更加信任彼此，他愿意和我分享他的进步和收获，我也会时常和他一起描绘他光明的未来，保证他在高中阶段走的是光明而且平坦的学习之路。

四、反思总结

通过引导小文同学自我觉察、同理心倾听和正向表达，他从自卑和封闭中走了出来，对他来说，虽然生活的苦难不曾减少，但是他面对苦难的心境早已发生了翻天覆地的变化，过去的他沉溺在痛苦之中不轻易展露自我，现在的他活在阳光下，敢于和老师以及同学们表达自己，甚至在有困难的时候能够主动寻求帮助，能够信任他人，对他人的善意给予正向的回应，并且对自己的未来充满希望。在日复一日的学习生活中，他坚忍不拔吃苦耐劳的品格也逐渐凸显了出来，学习成绩不断进步，校园活动也积极参与，成了学校的电子屏幕负责人，还作为物理课代表在自习课为同学们答疑，多年来积聚在他内心深处的无助和苦闷逐渐消散，取而代之的是一个明朗的少年，前路浩荡，未来可期。

（长春市第五中学　仲博文）

**拓展研讨**

对于学生的了解过程实际是师生间的互动过程。师生间的互动是值得提倡和推崇的，但是凡事过犹不及，师生之间的互动过于频繁也是有害无益的。一方面，互动的多了，学生本身就不会非常重视每一次跟教师互动的机会，师生互动的效果可能会被削弱；另一方面，学科学习中引导学生安静思考才是更关键的。所以，教师和学生之间的互动不在于多、而在于精，教师应如何把握好师生互动的尺度呢？

# 师生交往中教师口语艺术

语言是一块琥珀，许多珍贵和绝妙的思想一直安全地保存在里面。

——理·特伦奇

**智慧导引**

教师向学生传道、授业、解惑，以及师生之间信息的传递和情感的交流，都必须以语言作为凭借。教师口语，是指教师在从事教育教学活动的过程中所使用的专业用语，它是教师进行教育教学最基本、最重要的手段，是教师的劳动工具。它有别于哲学、自然科学等用语，也不同于电影、话剧、相声等文学语言。它既不是纯粹的书面语言，也不同于普通的日常用语。它是口头语言与书面语言的"合体"，是独白形式与对话形式的紧密配合。教师口语是多种语言风格的融合，是科学性、教育性、情感性等的有机统一，是广大教师在教育教学实践中探索、研究、创新的结果，是大家智慧的结晶。下面，我们就谈一下师生交往中的"有情语""微笑语""幽默语""应变语"的教师口语艺术。

## 一、"有情语"艺术

在教育教学的过程中，师生之间不仅是知识的传递，同时还伴随着心灵的接触、情感的交流。因而，教师的语言表达应当充满情感的色彩。语言表达的情感，是指教师在运用语言教育学生、沟通师生关系时，体现出丰富的情感色彩，以表达教师对学生的深厚的爱。如：对学生正确的回答、富于创造性的举动，用热情洋溢、发自肺腑的话语加以肯定和赞赏，将会激励学生探求知识、积极向上的热情。即使在对学生的批评语言中，也应该饱含深情，让学生在教师的批评中感受到的不仅是合乎情理的严厉，而且是对他充满人情味的关心和爱护。从而引发学生的情感潜势，使学生为之所感，为之所动，产生共鸣。营造出一个真诚、理解、信任、尊重的认知场，让班主任和学生们在轻松愉悦的氛围中，品味真情，享受感动，体验成功。

## 二、"微笑语"艺术

微笑是教师在教育教学中的重要体态语，在师生交往中我们要善于运用"微笑语"吸引学生，温暖学生。尤其是面对那些教师讲了好几遍他还说不懂的学生、回答问题"牛头不对马嘴"的学生、调皮捣蛋的学生；还有那些当面顶撞过你，朝你乱发脾气的学生时，你仍能控制住自己的情绪，保持会心微笑。教师的微笑可以展现出温馨、亲切的表情，能有效地缩短师生的距离，给学生留下美好的心理感受，从而形成融洽的交往氛围。

## 三、"幽默语"艺术

幽默，属于艺术性的口语。它能用生动形象、鲜明活泼、委婉、含蓄、风趣、机敏、睿智的口头语言，友善地提出自己对现实问题的见解，使人们在愉快的情境中、欢乐的笑声中接受批评教育，从而改正自己的缺点和错误。在教育过程中，班主任可以艺术地运用幽默语言消除尴尬、嫉妒心理，滋润学生的心灵，放松学生的心情，给学生一种亲密感，使学生愿意把自己的想法表达出来，增强教师对学生内心世界的了解程度，让学生喜欢你、进而喜欢你的课，创造出和谐融洽的师生关系。师生关系融洽，学生才能"亲其师"而"信其道"，教育管理才会有效。对于班主任来说，平时注意积累，收集富有幽默感的格言、警句、故事、笑话等材料；培养自己敏锐的观察力，丰富的想象力和语言驾驭能力，学会灵活运用夸张、借喻、影射、双关等修辞手法去实践幽默。如：一位生性耿直的学生被邻座招惹气的一时火起，不管不顾地扯开嗓子在课堂上喊叫起来，我发现后并没有马上训斥，而是走进他跟前，用手轻轻拍他的后脑勺，略带笑意地说：你的嗓子真不错啊！然后再以目光示意他的邻座，表明他也有错。这样，两个学生马上就不好意思地安静下来了。

## 四、"应变语"艺术

机智应变是一种综合素质，它需要有丰富的知识，敏捷的思维和出色的言语表达。当意外情况发生时首先要镇定自若，头脑冷静，然后快速思考如何摆脱窘境。用语注意态度坦诚、话语平和，于应变中显示出智慧与师者风范。提高应变语言艺术的几种方法如下：

1. 因势利导法

对于一些表现好、纪律性强的学生，在集体场合发生的偶发事件，在没有弄清也不便立即弄清违纪原因时，严厉批评往往会造成一起"冤假错案"，伤害其自尊心，但若听之任之或轻描淡写，也会给全体学生留下"执法不严"偏爱好生的印象，使班主任的威信大打折扣。正确的方法是能够因势利导，褒贬合一，既批评了错误又为最终妥善处理突发事件留有余地。

2. 随机应变法

教师在正在进行的教育教学活动中，依据不同的特定环境，因景而发，灵活地将自己的语言转变成应变语言，贴切自然，成效显著。例如，某个班主任在班会上讲如何改进学习方法，提高课堂效率，培养有意注意的时候，突然发现某个学生正随着校外广播的乐曲轻轻哼唱。此时，班主任便随机应变地举例说："大家听到了吧，当这位同学听到窗外美妙的乐曲，情不自禁地跟着哼唱，这种没有预定目的、不需意志去努力的'注意'，就叫'无意注意'；如果他想到自己在听课，能自我控制，坚持听课而不听广播，那么，这种有目的、需用意志努力的'注意'，就叫'有意注意'。我们在课堂上必须培养有意注意而克服这种不利于课堂学习的无意注意。"这位老师讲话内容的举例，既丰富了课堂内容，又巧妙地批评了学生，使全体学生直接受到了教育，高明之处，令人叫绝。

3.心理沟通法

人与人之间如果有过相同的经历，尤其是经历过某种巨大的困难，彼此的亲密程度就越深，心灵就越易沟通。教师在必要的情况下，可以说出自己的感受和成长历程，给学生以真诚的感受，这样学生把教师看成知己，双方由此而沟通，教育必然走向成功。

## 案例呈现

### 教师口语艺术的下中上策

一、问题

小 A 开学第一天见到我时，微笑着同我打招呼，并询问我，他能帮我做些什么，给我留下了非常好的印象。每当我突击检查纪律时，都发现小 A 在认真学习，这也加深了我对他的肯定。可是当值的班长却屡屡向我报告"小 A 上课睡觉了""他上课说话了""他课间打闹了"，听了这些报告，我目瞪口呆，这怎么和我看到的不一样呢？于是我私下找了小 A 周边的几名同学了解情况，孩子们纷纷说道："老师，小 A 当面一套，背后一套"，"是的，只要你检查纪律，他就装模作样地学习，你不在班,他是最能扰乱课堂纪律的"。"那他怎么知道我检查纪律的时间啊？"我好奇地问道。"他偷偷记下了你的课表啊，你哪节有课他都知道""上课时能听到你高跟鞋的声音……"，听着孩子们的话我感受到了工作中的疏漏。于是，我偷偷改变了突击检查的时间，也换上了无声的平底鞋，结果每次都发现小 A 确实不在状态，原来他是一个只做表面功夫的孩子。

二、原因分析

小 A 这么做，说明他希望得到班主任的认可和表扬，不希望被老师批评也不想让家长失望，这说明他是一位很在意"面子"的学生，也说明他其实有很强的自尊心。对于这种学生，如果引导不好，他总会习惯做表面工作，对于他以后的成长极其有害。所以如何引导他正确扣好人生第一粒扣子迫在眉睫。

三、问题解决

1.教师口语艺术之下策——一针见血

刚知道小 A 如此做表面功夫，我非常生气，在一次突击检查到他在课上偷看课外书的时候，我严肃地批评道："小 A，你怎么能课上看小说呢！原来刚开学时你表现出来的认真学习都是假象啊！原来你是这么一个表里不如一的孩子啊！你这种做法是欺骗谁呢？这样只能害了你自己……"听完我一针见血地批评，小 A 低下头哭了。

2.教师口语艺术之中策——声东击西

一针见血批评完小 A 后，我自己也深深地自责并反思，这种严厉地批评并不能使他发生本质的改变，而且也不利于师生之间的交往。于是，在一次我突击检查看到他正在做出认真学习的样子的时候，我马上又和他进行了一次交谈。"小 A，你今天表现得真好啊，学习这么认真，你将来有什么远大的理想目标吗？"听我这么说，小 A 可高兴了，和我滔滔不绝地谈起了他的理想目标。其实小 A 的成绩在班级是中下游水平，他的理想目标很不切实际，可是我却附和他说："你有这么高的目标啊，那我对你要求可就要更高了，那你上次语文课怎么又睡觉了呢？数学作业为什么没完成呢？课间还和别的同学打闹呢？这样下去，可达不到你理想的目标啊！学习和做人都是容不得半点虚假的，你学习可不是做给老师看的，你要学会真正对自己负责。"通过这次交谈，小 A 有了明显地改变，但是这种改变维持的时间却极其短暂。

3.教师口语艺术之上策——润物无声

学生不良习惯的改变是一个漫长的过程，这需要在每天的学习生活中潜移默化地加以影响。在小 A 稍微有了改变之后，我每天都要找到他的一个闪光点及时地夸赞一句。"你今天回答问题的思路很特别""你今天的书写非常工整"……每周还要找时间总结一下他存在的问题，但是在指出他需要改正的缺点的时候，我奉行一条原则，那就是一定要找出他的三条优点先加以表扬，然后再指出他需要加以改正的缺点，比如"小 A，你上课积极回答问题，回答问题时声音洪亮，老师觉得你又进步了，如果你自习课不再疯闹而是把时间用到写作业上那你就更上一层楼了！"就是在这种天长日久润物无声的口语攻势之下，小 A 从只做表面功夫的"装"，变成了一个真正德才兼备的优秀生。

四、反思总结

在和小 A 交往沟通的过程中，在由口语艺术的下策到上策的递进过程中，在由一针见血到润物无声的策略改变过程中，小 A 开始思考自己的行为，进而内心认识到自己的错误，最后到良好习惯的真正养成。这个过程也使我深刻地认识到班主任与学生交往的口语艺术要以爱心为基础，要以责任心为主干，要以智慧为血肉，要以教育规律为灵魂，这样，才能用智慧的口语艺术把班级管理得更好！

（长春市第四十五中学  赵铁华）

## 拓展研讨

应变语艺术，是高超的教育机智和娴熟的教学经验以及灵敏的语言对策的统一。当我们课堂上出现突发情况时，教师应如何摆脱困境，立即采用适当的语言来处理和应答呢？

# 激励学生的方式

教学的艺术不在于传授本领，而在善于激励、唤醒和鼓舞。

——第斯多惠

## 智慧导引

班主任在进行班级集体建设的过程中，要实现预期目标，必须通过学生的积极参与，才能调动其潜在能力，而学生的潜在能力一旦被调动，就会形成内心的愉悦，产生一种愿意接受老师教育、积极参与班集体活动的强烈动机。这种动机，就是激励的效应。所谓激励，就是通过激励学生的思想、情感和行为，调动其积极性、主动性而促其行动。学生的积极性、主动性的调动，主要是通过班主任善于运用各种形式的激励技巧，激发学生的内在动力，开发学生的潜在能力，从而激起每个学生健康的、向上的求知热情，促进学生心理和智力的全面发展。

激励是学生成长的助推器。在班级管理中，激励要遵循适时、适度、面向全体同学的原则，通常采用以下五种激励手段。

## 一、目标激励

目标是人们行为的向导、动力，明确的目标始终是自觉行动的前提。每一个班级的学生，无论从工作能力，还是学习成绩等方面都是呈梯形结构。面对这种情况，班主任要根据每位同学的各自特点，制定相应的目标。但也要注意以下几点：第一目标要适当，既不能太高，也不能太低，制定的目标应当是学生经过努力可以达到的；第二要引导学生将个人目标与班级目标结合起来；第三要引导学生把长远目标与近期目标和实际行动结合起来；第四要引导学生在实现了低层次目标之后立即追求更高层次的目标，激励学生和集体不断进步。

## 二、责任激励

管理心理学研究表明：团体成员以不同的形式参与集体各方面的管理工作，对于提高成员的士气、改善心理氛围、拉近人与人之间的关系、提高学习与工作效率，有着十分重要的激励作用。在我的班级管理中，构建了"自主管理，全员参与"的班级管理策略。制定了各项管理制度，在制度约束下，学生们都积极主动地学习、生活，而且养成了良好的习惯。在班级干部选举中，让学生量体裁衣，自己递交做班干部的申请，并进行就职演说，班级每个同学都各负其责。班级上出现了板块结合、全员参与、分工负责的局面。为了更好地执行管理制度，我还构建了相应的评价激励机制。如：通过"优点卡"、成长档案、喜报等方式及时表扬、鼓励和表彰。并开展"送你一句话""和你交朋友""你成长、我快乐"等一系列活动，有意识地对学生进行广泛持久的鼓励。为了调动学生自我管理、自我学习的积极性而创设了"成长银行"。全班学生一起讨论研究班级积分奖罚细则，将"拍卖会"引入班级管理中，与成长币有机结合。管理制度与激励评价机制的配套实施，使学生从被管理状态变为主动自我管理，增强了班级的凝聚力，全面提高了学生素质。

## 三、表扬激励

班主任运用表扬激励方法要掌握好度，切实注意以下几点。第一要实事求是，恰如其分，不能夸大拔高，也不能把集体的努力做出的成绩归功于某个学生或学生干部；第二要因人而异，比如对比较骄傲和容易自满的学生进行表扬时，应同时指出其不足，以防止其沾沾自喜，产生骄傲情绪。对于那些比较自卑的学生，即使他们取得一点点成绩也应充分给予肯定，使其看到自己的长处和进步；第三要注意表扬一般学生，在一个班级中，处于一般状态的学生较多，班主任表扬一般学生能影响、激励大多数学生；第四要注意表扬对象的多样性，对品学兼优的学生要表扬，对乐于助人的学生要表扬，对学习态度严谨的学生要表扬，对后进变先进的学生更要表扬。表扬不仅使学生的心情愉悦，增强学生的信心，振奋学生的精神，激发学生的潜能，也使学生与老师相互尊重、友好合作、关系融洽，营造出和谐的班级氛围。

## 四、竞赛激励

学生都有积极进取的劲头，因此班主任可通过组织各种有益的竞赛活动，激发、鼓励学生力争上游的意识，培养学生的竞争意识、集体观念等。竞赛的形式可以是多种多样的，如学习竞赛、体育竞赛、专业技能竞赛等，通过竞赛可以造成一种外在的压力氛围，激励学生你追我赶，有利于学生的快速成长。

## 五、关怀激励

关怀是一种情感行为。"感人心者莫乎情"，激励要充分考虑学生的情感因素，采取切实可行的情感激励手段，促发其内驱力，这是激励教育的前提。现代心理学认为情感对人的行为具有激励的功能，班主任对学生的关怀本质上是一种师爱，其激励作用往往是十分强大的。班主任的关怀是对学生全面的爱。关怀本身就是一个教育、培养的过程。关怀体现在班主任的日常行为之中，一个亲切的笑容、一个爱抚的动作、一个不经意的问候，往往都是激发学生内在情感的火花。关怀体现在对学生的严格要求之中，班主任切忌对学生溺爱和护短。班主任更应该注重对学生精神的抚慰和智慧的启迪。关怀是对学生真诚的爱，是对学生的感染和感化。

### 案例呈现

"攒人气 攒人品"
——有效激发学生学习动机

一、问题

张同学在班级里担任学习委员，根据我的了解，她从小就刻苦学习，学习成绩一直很优秀，升入高中以来一直表现的都很好，没有发现什么不妥当的地方。但随着高中生活的深入，我会时常发现她有些郁郁寡欢。她有一个关系较好的女同学，最开始形影不离的，但有一次班级"义卖"活动之后，两个人的关系好像就不那么亲密了，张同学的成绩也出现了下滑，我及时对这种情况做了解，也适时地发现了问题所在。

二、原因分析

张同学生活在单亲家庭，生活相对比较清苦，所以在班级生活过程中与人交往，表现出不是很有自信，而她的好朋友恰好家庭条件相对较好，所以两人在交往过程中出现了一些不适。

张同学在和其他同学们一起学习、生活的时候，不太知道应该怎样与人相处，这也可能与她一直以来的生活环境有关系。鉴于以上对张同学的了解，我重新审视了自己高一阶段的育人理念，那就是由初中到高中，是一个孩子"三观"形成的重要时期，其实张同学的例子并不是一个个案，很多同学都会在学习与生活的过程中产生一定的迷惘与困惑，在这种情况下，怎样的思想教育才是真正深入人心的呢。其实很多发生在青春期的问题，无论是情感问题，还是学业成绩问题，如果能学会做人，形成正确的"三观"，坚守自己正确的做人原则，都可以迎刃而解。张同学的学习和生活状况其实和长期以来的家庭生活是分不开的，但如果有了班集体的思想导向的引领，有了良好的班级氛围，会对张同学以及许多初入高中感觉不适应的同学起到非常好的引导作用。

三、问题解决

1.思想引导

"以德立身，泽己及人"，在班级倡导"我的立班之本，人品存在感"教育，我有一句话在学生中影响深远，"攒人气、攒人品，用奉献打造成功的基石"。强调在这个班级中要"不求回报讲奉献"，用班级温厚包容的整体班风来影响所有人。

2.差异会谈

我分别与张同学和她的好朋友谈心，发现其实她的好朋友虽然家境优渥，但也是一个善良可爱的女孩，所以我从互相关爱、彼此付出的角度，引导两个人交心，两个人的共同认识越来越多，关系也越来越好。张同学在这个过程中非常快地明确了自己与同学交往的原则，也重新认识了自己，改变了自己，学习更加顺利，人也变得开朗且自信起来。

3. 活动践行

在班级活动中，热情倡导"攒人气、攒人品"的奉献行为，值日时，同学们会及时补位没到位的同学；扫雪时，班级学生会主动帮助其他兄弟班级。同学们相亲相爱，劳动付出的事，从不用人操心。我用一次次小型或大型的活动，证明做人做事原则的正确性，引导学生认知"我奉献，我快乐"。

四、反思总结

××年毕业典礼那天，我照了一张珍贵的照片，是毕业典礼水枪大战后的操场，已经没什么人了，我班一名男同学，一名女同学自发地在操场的两侧，分别拿着塑料袋在满操场捡垃圾，这名女同学就是张同学，在考前的中午一直不间断地为同学们在黑板上抄自己从各个渠道弄来的数学题，而张同学在当年的高考中考出了她求学生涯中第一个第一名。另一名自发捡垃圾的男同学则考出超出自己平时水平近一百分。

我班有一个学生××，刚毕业的半个学期内回学校三次，原因是他在初入大学遭遇了诸多不适，问我怎么办，我和他聊了很多，特别强调了我的"人品存在"做人理念，后来他发微信给我，很兴奋，原话是"老师，你说的'攒人气、攒人品'，好使啊！"

一种正确思想的引导，形成一名学生正确的人生观、价值观，对学生而言是受益终生的大事，我想张同学和好多同学的事例便证明了这一点，教书育人，育人功在千秋！

（东北师范大学附属中学　王迎新）

### 拓展研讨

根据美国心理学家斯金纳的激励强化理论，可以把激励行为分为正激励与负激励，也就是我们通常所说的奖惩激励。所谓奖激励就是对学生个人符合班级目标的期望行为进行奖励，使这种行为更多地出现，提高学生个人的积极性；所谓惩激励就是对学生个人违背班级目标的非期望行为进行适当的惩戒，使这种行为不再发生，使学生个人的积极性朝正确的目标方向转移。在班级管理工作中，奖惩激励都是必要而有效的，但教师应如何把握激励的"度"，进而产生无形的正面行为规范，使整个班级的行为导向更积极、富有朝气呢？

# 培养学生竞争意识的方式

*物竞天择势必至，不优则劣兮不兴则亡。*

——梁启超

## 智慧导引

"适者生存，优胜劣汰。"教育要面向社会，就不可避免地要面对竞争。从教育心理学角度来看，竞争是人在心理能动状态下的行为表现，它主要包括三个方面：努力向上的方向、强烈的求胜欲望、领先的行为活动。随着社会的不断进步与发展，知识和信息的多元化要求有个性和特长的人才，竞争成了选拔人才的必然形式。

班级是学生个性绽放、施展才华的舞台，是学生成长的摇篮。班级管理中竞争可以努力激发学生对学习、活动的动机、兴趣、态度、意志等心理因素，充分调动学生的主动性、积极性及创造性，从而培养其实践能力和创新精神，以实现育人目标；在班级管理中引进竞争机制，是培养学生学会学习、学会生活、学会创造的新型人才的有效途径。那么如何培养学生竞争意识，主要可从以下三方面来进行。

## 一、在班干部任用上引入竞争机制

建立一支责任心强、素质高、工作大胆的班干部队伍是班级管理必不可少的。班干部是班级核心，是凝聚班集体的纽带，有了一支强有力的班干部队伍，班级管理就成功了一半。在班干部任用上引入竞争机制，能够让学生主动参与班级管理，班主任可以不必事事躬亲。比如我刚接手一个班时，开学的第一天，我把班干部的职务写在黑板上，并提出竞争上岗，要求自愿报名，每个同学都可以报名当班干部，同时也都有机会当选班干部。然后是由老师公布报名的情况，在给大家一段互相观察讨论的时间后，民主选举产生班干部，这样使很多同学不会因为当不上班干部闹情绪，同时符合公平公开公正的原则。对于那些不能入选的同学也可以培养其抗挫折能力。小干部们选出来之后，我告诉他们，作为一名班级干部，要严格要求自己，为同学们做出表率，要有服务的意识，一旦有给班集体抹黑的行为，都一票否决，无条件退出班干部队伍。让小干部产生"忧患意识"，极大地提高他们的工作积极性，"火车跑得快，全靠车头带"，小干部的积极性感染着同学们，榜样的作用激励着同学们。

为了增强学生竞争意识，我还制定了"每日班长"制度。"每日班长"是临时班长，每位同学"轮流执政"，一人一天，负责当日班级的日常事务。这种形式为每一位学生提供了参与班级自我管理的机会和条件，锻炼了每位学生的能力，增强了学生的自我约束力和竞争意识。

## 二、在常规管理上引入竞争机制

为了在班级常规管理各项中达到较好的成绩，必须加强班级的基层组织——小组的管理。小组长都是通过推荐产生的。班主任给小组长以"组阁"——在全班范围内选自己的组员的权利。于是出现一些暂时落后的学生没人选的情况，使得这些学生认识到了自己的不足，也认识到了竞争的残酷性。这时，要及时对他们进行帮助引导，在这种情境下，这些学生基本都能意识到自己身上的不足，并虚心接受；班主任借机动员小组长接收这些暂时落后的学生，给他们弥补不足的机会。小组内，学生个性不同，能力、学业等方面的情况也参差不齐，开展合作时，可以相互帮助、相互学习、取长补短，在竞争、互帮互助的氛围下，暂时落后的绝大多数学生都有所进步。同时，组与组之间进行每周竞赛，周末把一个星期以来的竞赛得分情况向全班学生公布，每月一次，对优胜小组和进步明显的学生个人进行奖励、表彰。同时也面向家长反馈。每月的评比、每学期的评比结果出来以后，班主任给进步明显的学生家长发喜报，通过喜报形式与家长沟通。由于竞争中目标明确，及时的反馈，形成了一个有利的竞争强化环境，促进学生的成长，提高学生的竞争意识。

## 三、在学习上引入竞争机制

合作学习最能体现的就是团结、协作和团队精神，在合作学习中，适当地引入竞争机制能恰到好处地激励学生，激发他们的集体荣誉感，并由此内化为自主学习和实践各项学习任务的动力，在各项小组活动中创造性开展学习活动，可以收到意想不到的效果。首先，将"超级小老师"竞争机制引入课堂。每节课，都有一位超级小老师和老师共同上课。超级小老师的评选标准有两条：一是上课能做到全神贯注；二是声音响亮会管理。同时超级小老师也是竞争产生的。先由学生自我推荐，再由教师和全体学生表决通过，每周选出一名学生当超级小老师。超级小老师有如下工作：预备铃领着全体学生激情励志，根据教师指令给不同团队加星，像老师一样给全体学生讲解题目或领读，等等。通过引入"人人当小老师"的竞争机制，学优生能力更突出了；中等生比以前更加积极投入学习，更加自信了；"待进或沉默"类学生在"保镖"小老师的帮助下也得到了锻炼，自信心增强了。竞争让人人积极参与学习活动，同时学生的自主投入让课堂呈现出生命的活力。其次，合作学习中引入"团队"竞争机制。我们要求学生个体为所在团队服务，将学生个人的成绩记入他所在的团队。根据课前准备、学习状态、课后完成作业等情况的表现，增减记载成绩的积分卡，每天总结，该队中表现最出色的学生给以精神或物质上的奖励。"团队竞争"机制的引入，特别是每队积分卡数量的变化，牵动学生们的心，学生在这样的竞争与挑战下你追我赶，人人以为团队争光为荣，以为团队抹黑为耻，学生主体突出了，呈现出精彩纷呈的局面。

## 案例呈现

### 百舸争流千帆竞，乘风破浪共远航

一、问题

C 同学是一位性格温和谦逊，为人彬彬有礼的同学，待人宽容和气，从一年级入学起，就交到了很多好朋友，同学们都喜欢和他一起游戏。唯一需要提高的地方在学习方面。学前基础一般，课堂上发言态度不积极，课前预习和课后作业完成度不高，对知识的掌握有所欠缺。但随着年级的逐渐升高，学生对于成绩的日渐重视，同学间对 C 同学的评价开始有所降低。C 同学自己也意识到了这个问题，但百思不得其解，因为在他的认知中，这并不是一个非常重要的因素。在一段时间内接受老师的建议尝试过努力学习，但由于短期未见成效而半途而废。

二、原因分析

缺乏竞争意识的问题在当下学生中广泛存在，但 C 同学较为明显。

1. 个人原因

C 同学的行为其实属于"不作为"状态，被动地接受新知识，对事物缺乏兴趣，不求提高，是缺乏竞争意识的表现。在使用手机、平板电脑等现代技术媒介时，多为点播综艺节目、闯关电子游戏，对客观世界没有真实了解。由于视野狭隘，不了解上到科技发展、国力提高，下到个人发展、工作就业都是在竞争中完成的，因而浅尝辄止，安于现状。

2. 家庭原因

C 同学的家庭虽不是大富大贵，但可以称得上小康富足。祖父祖母因为自己的奋斗颇多辛苦，导致在孙辈的教育上只强调"主观快乐"，从小对孩子没有学业、工作上的高标准和严要求；其父母正处于事业的攻坚阶段，经常性加班出差，在管教孩子上分身乏术，对孩子的关注和培养微乎其微。在其他缺乏竞争意识的学生中，家庭成因占主要地位。

三、问题解决

1. 交流谈心，营造竞争氛围

我多次与 C 同学进行谈心，了解他的思想动向，清楚他在自我认知和同伴认知中的定位，以鼓励和表扬为主，发掘他宽容大气的优点，带动他事事敢为人先的竞争态度，带领他明确"优秀"的定义，并把他每一次在学业上的进步、体育锻炼方面的提升都记录下来，让他的成果有据可查，在某个懈怠懒惰的阶段回顾，促使他振作精神，不断进步。

每次班会课用 10 分钟时间探讨关于竞争的话题，上到竞争对于科技进步、民族崛起、中华复兴的作用，下到竞争对于班级整体学习成绩进步，体育项目比拼奋进的作用。借助夏季奥运会、冬季奥运会等时事契机，观看比赛项目，体验成功喜悦，在班级营造竞争的氛围，令 C 同学感受到竞争带来的魅力。

2. 拓宽视野，激发竞争意识

其一，关于自己的未知世界。我邀请了多名已经毕业的曾经教过的学生来到班级，与学生们交流。学长学姐们现在的生活正是 C 同学以及其他同学所羡慕和期盼的，由他们来讲述升入初中后的所见所闻，所听所感；讲述自己二十乃至三十个平行教学班的校园人数及学习环境；讲述面对高中升学的学习竞争氛围，学生们更容易接受。

其二，关于祖国的未知世界。在建党 100 周年的系列活动中，融入对国家富强、民族振兴的思想教育，并以此为载体，让 C 同学了解中华大地曾经经历的苦难。若想不重蹈覆辙，则必须在与世界各国的各个领域的竞争中走到前列。国家尚是如此，个人安能苟且。

3. 树立目标，注入竞争活力

有了竞争意识，则需设立恰当的竞争对手。班里有一位 H 同学是 C 同学的幼儿园同学，两人在幼儿园时即为好友，学前基础相当。升入小学后，H

同学的竞争意识变强，学习渐有起色，但与 C 同学距离尚未拉开。属于 C 同学"跑一跑"即能"追得上"的范畴。因而在与 C 同学的个人谈话中，我为他确立了 H 同学作为竞争对手，互相学习，共同进步。

4. 团结协作，把握竞争尺度

为了避免 C 同学对竞争过度解读，把竞争对手看成敌人，影响伙伴关系，我在教育教学中适机渗透齐心协力、精诚合作方能成就大事的理念，同时在 C 同学期竞争稍显逊色时给予宽慰和指导，让 C 同学能够在竞争中全力以赴，但在面对结果时坦荡大气。

四、反思总结

尊重学生的天性，张扬学生的个性，培养学生的社会性。作为社会属性必不可少的一环，竞争意识是需要培养的。理解关爱的理念、张弛有度的方法下，C 同学的成绩逐渐加强，在班干部的竞选中亦崭露头角，丝毫看不出是一个从前各种竞选都直接弃权的孩子。

历史的滚滚洪流中，百舸争流，奋楫者先；时代的滔滔大潮中，千帆竞发，勇进者胜。正视竞争方能笃行致远，不懈努力方能乘风远航！

（东北师范大学第二附属小学　翟语佳）

**拓展研讨**

竞争作为激发自我能力的一种形式，对激励学生努力完成学习任务、保持适度紧张状态、提高学习成绩和自我控制能力是有积极意义的。但是任何事情都有其两面性，如果竞争超过了适当的限度，就会使学生过分紧张和焦虑，反而对学习不利。在日常的班级管理中，如何引进良性竞争，引导学生正确定位，乐于竞争呢？

# 赏识教育中的思与行

人性最深刻的原则就是希望别人对自己加以赏识。

——威廉·詹姆斯

**智慧导引**

赏识，是欣赏、赞赏的意思；赏识教育就是要努力挖掘学生身上的亮点和闪光之处，从而激发、调动他们的内驱力，使不同学生都能在愉悦的状态中成长，都能在原有的基础上获得进步的一种教育方法。赏识教育是由"中国第一位觉醒的父亲"周弘老师首创的，属于在中国本土上生长出来的一种教育方法，在班级管理中尤其适用。

## 一、什么是赏识教育

1. 赏识教育意味着尊重个性，关注差异

差异是一个哲学名词。唯物辩证法认为，世界上没有任何两个事物是绝对相同的，既有外部的差异，又有内在的差异，人也同样。赏识教育就是在承认学生之间有差异这一客观事实的基础上，尊重学生的个性，用真诚去温暖"这一个"，用言语去激发"那一个"，用行为去转化"一个个"，从而让每个人都能获得成功的体验。

2. 赏识教育意味着耐心等待，允许失败

孟子说"人恒过，然后能改"，俗语也说"失败是成功之母"。按照人才成长规律，每一个成功者几乎都经历了无数次的失败；按照客观规律，任何事情都要经历一个从陌生到熟悉的过程。因此，允许学生试错，在他们跌倒时给予协助和适当的鼓励才是最正确的态度和做法。"只有找到了长处，才算找到了错误的克星，才帮他找到了战胜错误的信心根据地"。

## 二、怎样实施赏识教育

1. 让学生了解自我，发现潜能

没有谁是完人，也没有谁会一无是处。即使是一滴水珠，也能反射太阳的光芒；即便是一棵小草，也在用满怀的绿意装点春天。所以要让学生相信，自己一定有独一无二、不可替代的优势，发现它，发挥它，发展它，定能重建信心，远离自卑。具体如何去做呢？博多·舍费尔给出的答案是写成功日记：用一个本子，把所有成功的事情都记录进去，每天至少写5条，任何小事都可以。这一做法帮助很多名人实现了梦想，同样也能让学生重拾自信，重塑价值观，进而重塑人生观——相信自己能获得成功，相信期望中的未来一定会来。

与此类似的方法，还有让学生列出自己的优点清单，设置互相点赞的平台，在班级成立"责任分工委员会"等等。

2. 用言语激励学生，拉近距离

言语激励分为口头表扬和书面鼓励，目的都是为了及时巩固学生的进步成果，让他们知道自己在被关注着，所有的努力没有白费。其中，写在作业上的、操行鉴定上的温馨评语这种书面鼓励方式最受学生喜欢。因为这是一种可以留存的赏识，是看得到的赏识，是可以成为回忆的赏识，是可以温暖心灵的赏识。温馨评语具有个性化、情感化等特点，体现教师对人性的解读、对生命的真爱、对生活的感情和对教育真谛的诗情守望，能够缩小师生间的空间距离、心理距离和情感距离，"既能激发学生学习的欲望，又能促使学生冷静地分析得失，提高学习成绩，起到一种'润物细无声'的效果。"

3.给学生提供机会，展示才能

学校里，静态的舞台随处可见：在走廊的橱窗中摆放手工，在班级的展板上展览书法，在转弯的角落里张贴绘画，在班级群里发布摄影、剪纸……动态的舞台则是可以配合学校，积极为演讲、诵读、歌唱、舞蹈等各项活动选拔人才，发展学生特长。

赏识教育是世界著名的教育方法之一，是可以触及学生心灵的教育，是能够影响学生人生的教育，是必将点亮学生未来的教育。它建立在真正热爱教育，热爱学生的基础上，因为热爱，你会为问题找方法，不为失败找理由；你会练就一双慧眼，挽救无数人生。要相信，你的每一次驻足、微笑、认可、礼赞，都是带给那片贫瘠土地的阳光、雨露，助他们萌芽、成长、绽放！

**案例呈现**

### 赏识学生，从挖掘潜能开始

一、问题

小L，是一个"学商"不佳的孩子。初一入学时的他，几乎可以用"不学无术"来形容：学习基础差，几乎所有的科目都不及格，尤其是英语更加"惨不忍睹"。因为听不懂老师讲什么，所以他上课时经常"自作主张"，或是睡觉，或是看课外书，或是捣乱，或是抄袭作业。

而与此同时，小L又是一个情商极高的孩子。他经常主动帮助各科老师取送教学备品和作业，不是值日生也把黑板擦得一尘不染，放学后会在打扫班级卫生的同时"顺便"拖净整个走廊……面对这样一个很会讨人喜欢的孩子，老师们怎么忍心让他荒废学业呢？所以大家发现他学业困难的问题后，先是在课堂上对他加倍关注，接着用业余时间辅导他功课，还发动同学、小组带动他参与学习，但都是收效甚微。

二、原因分析

为什么大家都愿意帮助小 L 学习，他的进步却不明显呢？经过观察，我发现这是由于他对学习的信心严重不足，过去长达六年的失败经历让他给自己贴上了"学不好"的标签，加上刚升入初中也没有做好知识上的衔接与准备，心理适应不良，就变成了恶性循环。虽然外界给了他很多助力，但是他主观上却一直很被动，几次肤浅尝试遇挫后，他就果断放弃，宁愿在劳动中发泄郁闷和寻找存在感。

三、问题解决

迷茫中，初一下学期，一则材料给了我很好的启发：

学校的教育要改一改传统。一直以来，我们的班级干部总是班长、学委、团支书等几个人，虽然可以轮流担任，但却不足以调动每个人、每时、每刻的积极性；所以，不妨给每一个学生一个当"长"的机会，组建一个"在责任中成长"委员会：哪个学生"懂事"，就让他当"董事长"；哪个学生能"赢"过自己，就让他当"营长"；哪个学生爱发言，就让他当"课长"……这样的方式，既能给每个学生一个"职位"、一份责任，从而自觉约束自己，又能够体会承担责任的快乐。

这让我想到，可以先从小 L 的身上入手尝试一下。因为这个学生情商非常丰富，人际交往能力和沟通能力较强，有一定的工作能力。如果这种"责任教育"能够让他发现自己的潜能，体验到成功的快乐，进而去尝试更多的成功，那么我们不就找到了一个对未成年人进行思想道德教育很好的突破口吗？一位哲学家曾经教导他的弟子：要想除掉旷野里的杂草，最好的方法就是在上面种满庄稼。同理，要想让未成年人的灵魂纯净，没有纷扰，最好的做法是用美德去占领它，责任感就是美德之一；而能够承担责任，这是小 L 先天具备，但他自己并未觉醒的能力。于是，我决定对小 L 开展责任教育，开发他的潜能，扩大他的存在感，激发他向善向好的欲望。

最初，我让小 L 在班里担任"纪律部长"的职务。我本意是想给他上课找点"正经事做"，以便让他安静下来。没想到他却真的负起责任来。当然，开始的方法并不恰当——他不分时间、地点和场合的"行使职权"，有时惹得同学反感，有时影响了教师讲课，短短几天就让大家怨声载道。在我耐心细致地点拨下，他渐渐地明白"己所不欲，勿施于人"的道理，也认识到自己的做法有点"仗势欺人"。我又告诉他"其身不正，其令不从"，要想真正做好工作，必须要以理服人，以德服人。幸好他是一个非常看重自己外在形象的学生，为了不辜负教师的信任和欣赏，他努力从改变自己做起：按时上学放学、及时交纳作业，上课端正听讲……慢慢地，他的成绩由原来的二三十分逐渐提高到了五六十分。一年后，他的大部分学科都能达到80分左右。到中考时，除了英语以外，其他的成绩都达到了及格以上；语文、政治和历史更是达到了优秀率以上。在工作方面，他已经被同学和老师公认为"董事长"。升入高中后，听说他以高票当选为学生会主席——前途，已经如花一般灿烂起来。

四、反思总结

赏识教育，就是守望学生的生命，放大他们的优点之光去点亮未来。沈从文说："我行过许多地方的桥，看过许多次数的云，喝过许多种类的酒，爱过许多正当最好年纪的人。"而每一个来到我们身边的学生，都正值他们人生最好的花季，都处于学习知识、锤炼人格、辨别是非、形成能力的最好时机。所以，我们赏识学生，就是要从帮助他们把握好当下的每一天开始，从帮助他们珍惜学生时光，守住学生时光开始。而用赏识的眼光看待学生，挖掘他们的先天智能，打通他们的动力源泉，点燃他们的希望之火，定能打破僵局，创造奇迹！

（长春市第三十中学　李百芝）

**拓展研讨**

给学生写操行评语，是班主任老师每学期都要完成的一项工作，也是落实赏识教育的最好阵地。既然必须要做，那么老师们到底怎样写才能让评语发挥最大作用，让学生温暖，让家长感动，让自己热爱，从而实现立己达人的目标呢？

# 师生沟通中对学生的评价

水不激不跃，人不激不奋。

——冯梦龙

## 智慧导引

为落实立德树人根本任务，践行五育并举，培养德智体美劳全面发展的社会主义建设者和接班人，教师在与学生沟通中首要要做的就是改变教育评价，让学生在学习生活中有信心、有兴趣。然而，在实际的教育教学工作中，由于评价观念还没有完全更改，仍然存在着教师的评价没有从学生发展的角度出发等问题，我们必须正视这些现状的存在才能将评价方式真正改变。

其一，没有形成评价体系，导致评价不客观。教师的评价过于强调甄别与选拔功能，忽略了在评价中对学生的激励、引导功能；评价过于重视事件的结果，忽视了在其中被评价者所付出的努力和对比之前的进步。教师这一职业存在着特殊性，所面对的群体都各具性格，学生起点不同，自然在同一过程中收获的成果就不同，往往教师容易以最高标准进行评价，导致评价没有梯度，没有形成评价体系。

其二，没有客观评价学生，导致评价不公平。教师们和学生们朝夕相处，很容易自以为了解学生，或多或少会给学生贴标签，分等次，内心形成了主观性的评价，导致学生即使有改观教师也很难看到，久而久之教师的评价就失去了公平性，学生的发展也会走进不良的循环。

其三，没有多元评价方式，导致评价不全面。在大力倡导素质教育的同时，仍有部分教师过于重视学生的学科成绩，对学生的过程性评价、生活能力、实践能力评价缺失，教师的学科整合意识不够，只关注自己学科范围内学生呈现出来的成绩，这样渐渐会导致学生偏科。还有部分教师不承担班主任的角色，所以更容易只看到有关学科中学生的表现，对学生的综合素质评价、道德品质评价都做得不够到位。

鉴于以上的评价现状，本着着力改变重智育，轻体育、美育、学生综合实践能力问题的初心，只有教师的评价方式多元化，才会大大激励学生的学习动力、学习信心、学习兴趣。

## 一、变学业评价为品质评价

提高教育教学评价难点之一在于评价角度的确立，评价角度犹如"指挥棒"，如果方向偏颇，后面的教育教学就会与目标背道而驰。因此，要想真正实现多元评价就要建立以发展素质教育为导向的科学评价角度，制定义务教育阶段多元的评价标准体系。通俗来讲就是要明确什么才是好的教育，要克服"唯分数、唯升学"的功利化倾向，为学生想得远一点。所以，我们要在平日的评价中转变角度，不要紧盯学生的学业，要看到学生的成长，看到学生的进步，更看到学生思想道德品质的形成。

## 二、变成绩评价为能力评价

作为学科教师一定对本学科学生学习的成绩更为关注，这是常情，但是我们也要考虑，学生学习的不仅仅是我们所教授的学科，那么，学生擅长的也不仅仅是我们所教授的学科。所以，当我们盯着成绩不放时，势必会束缚教师的评价方式。

教师要打开视野，看到孩子多方面的能力，从不同角度去认可孩子。一个写字并不漂亮的孩子，也许表达很流畅；一个朗读不大胆的孩子，也许写作很擅长；一个算数不灵敏的孩子，也许道德品质高尚。所以，当我们从学科成绩去看一个孩子时，一定要考虑孩子能力擅长的领域，这或许能让孩子更有发展潜质。

## 三、变学科评价为特长评价

学生在学校学习期间，每天由课程表中的课程指引着，所以在学生的心里他们所学的内容都是为了酿造成果，考取好成绩。作为教师，我们有义务引导学生，所有学习的内容都是服务于生活，都将成为我们拥有的能力，正所谓"授之以鱼，不如授之以渔"。

当教师的评价方式转变，学生会因为掌握了一项技能而感到高兴，试想语文课上他们学会了怎么给别人写祝福语，是不是会愿意多交些朋友；数学课上，他们学会了整理购物清单，是不是会愿意帮家人计划财务；心理课上他们学会了如何化解心中不悦，是不是会懂得敞开心扉。当这些学科课程都成为学生的技能，当音乐、体育、美术课程所学习的内容都变成能展现的特长，教师的评价不再是简单的好与不好，学生也拥有了能发挥出的特长，那么学生的内心一定充满信心。

## 四、变成果评价为过程评价

虽然在平日的教育教学工作中，教师们有意识改变自己的评价，但是我们的评价观念没有彻底改变，依然重视学生的各项成果呈现，所以只有教师真正地重视过程的评价，才能促进学生的多元发展。

当学生在班级学习、活动的时候，教师首先要清楚每个学生的基础能力，然后细心观察学生在学习、活动中的努力程度，在过程中呈现的变化，及时对比，及时评价，正如皮格马利翁效应给我们的启示，当教师对学生殷切的希望，当教师充分相信学生、鼓励学生、认可学生，学生接受收的是积极向上的能量，这样就能戏剧性地收到预期的效果，所以，如果教师们真的重视了过程的评价多元化，就真的能收到预期的效果。

### 五、变学校评价为家校评价

学校是教育的主阵地，但是家庭对学生的发展也起着重要的作用。也正是因为学校的权威性，所以在评价学生时教师的话语会让家长和学生都很信服，这样也给教师们敲响了警钟，我们的评价一定要从客观的角度，以多表扬、认可为主，委婉地提出不足，让学生和家长都容易接受。

在平日的教育中，教育者也会发现学生在学校和在家里是不一样的状态，一方面是因为学生在家里更放松，更呈现真实的一面；另一方面就是因为学校对学生的评价，学生和家长更重视。所以，不仅我们的评价角度要多元，我们也要考虑对家长评价方式的引导，力争让学生在家里和在学校里的表现一致。

学生到了高年级就进入了青春期，在学校和家里的表现更是判若两人，作为教师可以制作多元评价表，从学生的文明礼貌、为人处世、沟通方式、努力程度等方面进行评价，每天坚持让家长为学生评价，坚持一段时间进行总结、奖励。只有建立家校共同评价，才能真正改变学生的心态。

### 案例呈现

#### 掌握"评价"钥匙，打开"师生沟通"大门

一、问题

A 同学是班级里的"热心肠"，班级里大大小小的事情，无论是课上还是课下，A 同学的存在都是极为"活跃"。在课堂上，别的同学回答问题时，他总是要插上一嘴，还没等到老师判断总结答案的正确与否，只要与 A 心中的答案不符合，他总是第一时间打断别的同学发言，争先恐后地说出自己的想法，在课堂上这一行为引起了很多同学的不满，作为教师在课堂上出现扰乱秩序的现象，我也会及时制止 A 的这一行为。在一次课间的爱眼体操中，负责领操的同学 B 没有做到很好的引导作用，与同学在说笑，A 同学看到班级内做操的同学寥寥无几，于是在我开完会以后把不认真做操的同学名字

一一告知了我，我对不认真做爱眼体操的同学以及没有做到榜样责任的 B 进行了批评，而这些同学联合 B 同学对 A 同学进行了指责与埋怨，认为 A 是"告状精"，多管闲事导致他们受到批评，A 同学委屈地哭了起来，不肯吃午饭，于是我认为很有必要和 A 同学进行沟通，解决这一问题。

二、原因分析

这一问题的出现，不仅是由于 A 同学行为上出现的问题导致，也和 A 同学与同学们相处方式上出现了问题有关。由于 A 同学的性格原因，他不管是在学习还是在班级其他事情上都显得格外积极，但是由于没有一个恰当的"身份"来参与到这些事之中，同学们并不理解他，所以不会听他的，自然 A 就会把不符合班规和他认为错误的现象告诉老师。因此在其他同学的眼中，A 就是他们的对立面，是向老师告状的人。根据以上分析可知，出现这一问题和现状的原因，一方面是 A 同学主观上的问题，另一方面是客观上同学们不理解不接受他。

三、问题解决

1. 单独沟通，解决主观问题

师生之间的沟通是建立在互相信任的基础上的，老师要把自己的大致情况介绍给学生，同时要了解学生的家庭情况、学习情况、学习态度、个人特长、兴趣爱好等。了解了学生，和学生沟通起来才能有的放矢，有针对性，有内容可讲，做到"投其所好"，学生才会感到老师对他很关心、很了解他，有利于沟通的顺利进行。

在单独与 A 同学的沟通时，我没有在班级同学其他人的注视下将他叫出去，而是单独与他沟通谈话。在沟通谈话之前，我充分了解了 A 的相关情况，明白了 A 是一种典型的"表现型人格"，这种表现型人格在 A 同学的身上体现得很明显。在课堂上不允许其他同学有与他相悖的答案出现，想要在老师和同学们面前表现出自己优秀的一面，在爱眼体操的事件中，也是想要让同学们知道不做爱眼体操是不对的。他不仅是想要提醒其他同学这样做是不对的，也是想让老师和其他人知道他是优秀、听话遵守班规的好孩子。

在了解并充分分析了 A 的主观个人问题之后，我与 A 同学沟通时并没有直接指出他的不对，而是对他的行为换了一种评语，与批评类评语相反，我对他的评语是积极的，我肯定了他热心、积极参与班级事宜这一行为，也对他及时指出 B 同学和不认真做操同学这一行为进行了表扬，这是一种正能量的表现。但是在他打断别人发言和与班级同学相处方式上，采用了适当的批评指正，引导 A 正确与同学相处、规范上课一言一行。

2. 集体沟通，解决客观问题

在进行完单独师生沟通以后，我召开了班级会议，主要目的是让 A 同学与班级同学和解，班会主要围绕班级班规的展现、如何正确遵守班规、班规的维护和守护需要正义的化身这些主题，肯定 A 同学的优秀行为，这里对 A 的评语是"正义的化身"，让全班同学知道，A 的行为不是与他们对立的，而是通过老师积极向上的评语引导其他同学，去理解 A 的行为也是为了他们好，这是在维护班规，在帮助老师管理班级秩序。我不会在集体师生沟通时对某一个同学进行批评，现在的孩子自尊心很强，也很聪明，一些"点到即止"的评语已经足以让五年级的孩子明白是非对错。

四、反思总结

通过我用不同的"评语"与 A 同学和全班同学进行个体与集体沟通，A 同学已经不会在课堂上随意打断别的同学发言而表现自己，会等别人发言完毕再举手提出自己的见解，A 与班级里其他同学之间的关系也得到了改善，他作为"正义的化身"会帮助班级干部管理班级秩序，也成了老师的小助手。总的来说，作为班主任，要及时观察班级里出现的问题，对问题进行剖析，找出问题出现的主客观原因，运用不同的评语对学生评价与沟通交流，让学生感觉到老师不仅仅是位高权重的领导者，而是可以春风细雨般与他们做朋友敞开心扉的倾诉对象，只有掌握了"评价"这一钥匙，师生之间的沟通才能更加有效且充满人性的智慧。

（长春市朝阳实验小学　陈姝彤）

**拓展研讨**

学生在不同的成长阶段心理会有不同的变化，在不同家庭教育环境的背后形成了不同的性格，凸显了不同的能力。为了学生更好地成长，作为班主任我们该用怎样的评价方式才能更好地引导学生，让学生找到所长自信成长呢？

# 批评教育中的法与度

人在发脾气、愤怒时，是智能较低下的时候，往往做出愚蠢的判断和荒唐的决定。要做好工作，为了集体，为了国家，也是为了学生，更是为了自己，必须控制自己的情绪，少发或不发脾气。

——魏书生

## 智慧导引

班主任是学校里最基层的教育管理者，直接对学生的日常行为进行规范，对学生的性格和心灵进行塑造。班主任当然对学生要进行表扬和鼓励，以增强学生的自信心和成功感，但是批评也被我们广泛地使用着。"表扬和批评两者都是教育的手段，缺一不可。"在实际工作中，老师们不难发现，不同的批评方式会产生不同的教育效果。这就需要我们不断提升自己的教育水平和批评技巧，力求发挥批评的积极效应，让批评之花绽放出独有的美丽。

## 一、批评要与尊重同行

班主任应该时时牢记，在批评学生的时候，不能伤害学生的自尊心，不能伤害学生的尊严和人格，要坚持"心理换位"的原则。"心理换位"就是人与人之间在心理上互换位置。对犯错误的同学实施批评时，班主任要先站到学生的位置上考虑问题，这样批评的内容和方法就会有针对性，符合青少年的心理特点。如果只有严厉的批评和指责，不能设身处地地为学生着想，就会让师生关系异化，形成对立情绪，导致批评失效。教师若能站在学生的位置上和他们一起去找问题发生的原因，不但容易找到症结，而且能在感情上与学生更加亲近，同时还可以走进学生的内心世界，可谓既治标又治本。

### 1. 变公开为私下

班主任对学生进行批评，最好不要在大庭广众之下进行。如今的中学生多为独生子女，正处于自尊心强而心理脆弱的年纪，如果当众说出其缺点或错误，可能会使学生自尊心受到伤害。有时公开批评还会起到火上浇油的反作用，无助于问题的解决。所以批评要讲究场合，有所避忌，变公开批评为个别批评、私下批评，让学生充分感受到老师的拳拳爱护之心。批评，还要抓住恰当的时机，用好"热处理"和"冷处理"：热问题冷处理，冷问题热处理，冷热并用，让班级管理事半功倍。场合不同，时机不同，效果则不同。

只有把握好批评的场合和时机，及时疏通思想，才能防微杜渐，把问题解决在萌芽状态。

**2. 变直接为模糊**

有经验的班主任都知道，点名批评必须慎重。点名批评之前应考虑：点名之后，被批评者可能有几种反应，应如何对待；其他同学可能会有什么反应，应如何对待。如预感被批评者可能大吵大闹，那就应该先做模糊处理，暂时不批评，待认真核查后再进行处理。常用的模糊语言有"最近一段时间""总体""个别""有些"等等。这样说，既有意照顾了某些同学的面子，又指出了班级存在的问题，没有点名实际上又在各有所指。有时这种方式比直接点名批评的效果更好。因为有类似行为的同学会自动"对号入座"，为了避免以后被老师当众批评，他们会自觉约束言行举止，这就达到了让情况变好的目的。久而久之，还能培养学生养成自我反思的习惯。

**3. 变经常为偶然**

批评学生不能学"婆婆嘴"，整天唠唠叨叨，今天批评，明天批评，大事批评，小事批评。应注意批评的频率，不搞连续批评；要注意批评的内容应少而精，不可多而杂；要善于判断教育效果何时为峰，何时为谷，何时需对学生进言。除特殊情况外，在一周内最好不要重复批评同一个学生，否则会使学生形成"抗药性"——不仅没有达到预期的效果，有时某些学生的态度反而向相反的方向变化，产生逆反心理。因此有节制的、恰到好处的批评，才能如知时节的"好雨"一样，无声润物，促成学生转变。

**4. 变敷衍为真诚**

我国著名教育家、心理学家林崇德教授认为：表扬是爱，批评也同样包含着对学生的爱。要让学生体会到这种"别样的爱"，我们就必须站在学生的角度思考问题，发自内心去寻找让学生转变的方法，切不可敷衍了事，得过且过。老师要根据客观事实说明你批评他的原因，做到批评其行为，而不伤害其本身；要指出学生的行为本身有何错误，对社会、学校、班集体的危害是什么，而不应该对学生进行人身攻击、人格侮辱；要杜绝"你真懒""你真蠢""你怎么这么没教养"之类的言辞。学生只有感受到了老师的真诚，才能积极主动地自我反思，从而树立坚决改正错误的决心；老师只有把批评和真诚联系起来，让被批评的学生理解自己的良苦用心，才能让惩戒成为一种别样的关爱，才能显示出教育批评的作用。

## 二、批评要与公正同在

### 1. 批评的标准和尺度要公平公正

班主任不能对学生有偏见，处理事情的时候更不可有偏心。毋庸置疑，教师都喜欢学习成绩好的学生，所以当好学生与教师眼中的差生同时做了错事时，很多班主任会下意识地偏向成绩好的学生，批评的态度会比较委婉一些，处罚的程度会稍微轻一些；反之，对学习成绩差的学生，往往会更严厉一些，口气会更重一些。这样的批评，往往让学生觉得教师很不公平，即使迫于你的"淫威"而暂时就范，其最终并不能起到"惩前毖后，治病救人"的效果，师生关系也会因此蒙上阴影。学生的心理是敏感的，尤其是学习较差的学生，所以对他们进行批评时，教师更应该注意统一批评的标准和尺度，可以因事施惩、因时施惩，切忌纠缠旧账、因人施惩、因厌施惩。只有让问题学生心理平衡，才会对他们产生最好的教育效果，决心改正错误。

### 2. 批评的对象和时机要公平公正

教育的对象是鲜活的生命，教育是生命与生命的碰撞，无论赞扬还是批评都是为了"成全""润泽"学生生命，促使学生健康成长。每个人都渴望受表扬，每个人也都需要被批评。只有表扬或只有批评的人生都是残缺的、不完美的。应该受到批评的人如果被忽视，就无法明辨是非，树立规则意识；应该批评的行为如果不去矫正，就会恶性循环，导致其难以飞高、致远。

## 三、批评要用宽容保证

爱因斯坦说"谅解也是教育"。这告诉我们，在批评学生时，要持有宽容地、随时随地准备原谅他的态度。如果说宽容优秀学生的偶然犯错是老师的一种胸怀，那么给力求改变的问题学生以宽容的笑脸则是老师的一种风度。从心理学角度来看，问题学生更需要老师的信任和宽容——他们不会像优秀学生那样，把你的原谅看作理所当然。"教育是人和人心灵上最微妙的相互接触，赞扬差生极微小的进步，比嘲笑其显著的劣迹更文明。"所以，学生被批评后只要有了一点点好转，我们就要大加鼓励、公开表扬、广而告之。

当然，宽容也要注意犯错的事件和程度，不是所有的错误都可以被原谅，也不是所有的宽容都能产生良好的效果。

## 案例呈现

### 给每个学生受批评的权力

一、问题

G同学是学校出了名的"精神病"，无论是学生还是老师（所有学生，所有老师）无不惧其三分。稍有一点儿不称心的事儿，他便会哭闹不止。掀翻教室内的桌椅，把同学的书包丢到教室外更是常有的事儿。而且他哭闹起来常常是无休无止、声可震天，连续闹上两三个小时都不带歇气儿的。此时若是谁对他有什么"非分之想"，那迎接你的必定是鼻涕、口水洒满身。因为他，班里先后换了六七位班主任，多者一年有余，少则仅仅几天。

面对这位软硬不吃的"捣蛋鬼"，学校上下束手无策，也曾一度让家长来校陪读，但时间一长，家长也被闹得心力交瘁，干脆撒手不管，避而不来了。

二、原因分析

1. 家庭原因

在接触G同学后，我对他的状况进行了深入的分析：父母离婚后，他跟随父亲生活。后来父亲又进城务工，他便由爷爷、奶奶照顾。爷爷、奶奶觉得孩子从小失去了母爱，着实可怜，所以总想尽力给孩子补偿，不管自己怎样艰难，决不能委屈孩子——这也是现在大多数单亲家庭父母、长辈们的真实想法。就这样，不管孩子怎样无理的要求，他们都会竭力地去满足。直到现在，他们发现自己再也无法承担。

2. 学校原因

孩子上学后，很自然地把在家庭中养成的唯我独尊的性格带到学校里来：自私、任性、随心所欲，不会与人沟通，更不被其他同学所接纳。而在以往的管理和教育中，老师们都和孩子的家长采取了同样的方式方法——只要孩子肯"息事宁人"，他们便不分青红皂白，不计代价地去安抚G同学，满足他的各种要求。没有人问他为什么这样做，希望别人怎样对待他。毫无原则地忍让，对大家是不公平的，正如G同学在犯了错误后，没有得到教师正确的批评教育，没有得到正确的人生观、价值观的引导，这对他来讲也是十分不公平的。老师的做法不当，才助长了他的嚣张气焰。教师班级管理中的不公平、不公正，表面上看来化解了一次又一次的矛盾冲突，其实是埋下了更大的隐患。

三、问题解决

1. 给予学生正确的价值观引导

在对 G 同学的教育上，通过多次谈话，我首先潜移默化地给予他正确的价值观引导：想做的事，想要的东西，要用正确的方式堂堂正正地实现，才会得到别人的尊重和认可；在与同学的交往中要学会换位思考，做事前多想一想，别人这样做会不会让我不高兴？我这样做了会不会伤害到其他人？

2. 在班级贯彻公平教育的思想

我告诉学生，教育的公平不只是享有同样的教育资源，也包括享受同样的被表扬和被批评的权利——你要享受被表扬的快乐，就要承担被批评的责任。我和 G 同学约定，只要他能约束自己的行为，不再无理取闹，我保证不让同学欺负他；但是他如果违反约定，就必须和其他同学一样待遇。为了防止其他孩子浑水摸鱼趁机欺负 G 同学，我发动全班同学来做见证，发现有谁行为不当，我立即就在班级里对他进行公开处理。这让 G 同学切身感受到"公平正义"！后来，在大家一致证明 G 同学在违反班级纪律时，我也对他晓之以理，严厉批评，并且要他在全班同学面前承认错误。因为把他当作班级里普通的一员来对待，给予他同样的要求，同样的希望，这让他感受到了老师对他的尊重，所以，他心平气和地接受了要求。从那以后，他的行为逐渐改善。

四、反思总结

家庭教育的无原则性只会培养出两种性格，一种是毫无主见，而另一种则是任性自私，这对孩子的成长都是毁灭性的。孩子将这些恶习带进学校，必定会出现各种各样的问题。此时的他们是多么需要我们躬下身来走进他们的心灵——不要因顽劣而放弃任何一个孩子。听话的孩子往往能够得到家长和老师更多的表扬、关爱，但其实，让调皮的孩子受到应有的批评和教育才是教育公平公正的底线。公平公正不仅仅是不让孩子受到委屈，更应该是让每个孩子都享有同样被批评、被帮助、受教育的权利。这，才是教育最大的公平，才是对人最大的尊重！

（长春市第一一二中学 郭宝义）

**拓展研讨**

有爱心，才会有耐心，才会愿意在问题孩子的教育上弯下腰来。给他们多一点关爱，多一点关注，多一次机会，或许就可以为他们打开一扇光明的窗。从某种角度说，把一个问题孩子教育成功，对家庭的影响、贡献更大。你是否也有过这样的经历？

# 学困生的成因与改进对策

有信心地踏出第一步，你不需要看到整个楼梯，只要踏出第一步就好。

——马丁·路德 ☒ 金

## 智慧导引

学困生，简言之，就是学习上存在困难的学生。即那些在智力、体力、生理、心理等方面，无任何先天缺陷，由于教育、环境等后天因素的影响，导致不能严格要求自己、行为习惯较差、学习成绩较低的部分在校学生。当下，尽管学困生得到了大家的关注，但是由于评价方式没有得到彻底改观，仍有部分学生长期被压抑，没有得到及时的鼓励和有效的帮扶，长此以往导致学困生的心理变得复杂多样。

## 一、学困生形成的原因

1. 疏管理，缺少自律

一些学困生之所以出现自律性不强的现象是因为家长平日里疏于管理，对孩子没有任何要求、标准，对孩子的表现没有任何的评价，完全让孩子放任自流，导致这些孩子缺少学习目标，没有自我管理能力，在课堂中呈现出散漫的状态。作为教师虽然能去教育引导，但是由于学生长期习惯于自由的状态，教师的惩戒手段又有限，久而久之导致自己的学业等各项能力落在别人的后面。

2. 少关注，缺少自信

这类学生主要是因为家庭成员关注度很少，从小没有接受到心理抚育，当孩子遇到困难时，家长不能及时帮扶；当孩子缺少关爱时，家长忙于工作不在身边；当成长中需要父母做榜样时，由于父母离异等特殊情况，让孩子找不到方向。这些学困学生在家里得不到应有的关怀，等到走进校园以后，不知如何去和别人沟通，性格忧郁、内向，缺少自信心。遇到事情不能大胆说出来，放在内心，天长日久他们会觉得自己是委屈的，是不被别人喜欢的，甚至是多余的，这样不仅影响了学生的自信心，也会让学生的心理、人格发生变化。

3. 欠能力，缺少方法

人出生后能力、智力就是有差异的，正所谓"尺有所短，寸有所长"。每一个家庭，每一位老师都要正确去面对这一现实，用平常心接受这些能力弱的孩子。

这样的学生一般都是因为先天不足，导致了能力和方法的缺失，他们往往在学习上、生活上都会呈现出动作慢于其他同学，课堂专注力低于其他同学，成绩远远低于其他同学，甚至玩耍时的协调性也弱于其他同学的情况。这些学困生一方面是先天能力的缺失，一方面是后天方法的指导不够及时，所以导致了能力越来越弱，成了班级中的学困生。

事实上，我们对学困生的教育也存在着种种误区：第一，严多爱少。古人云："教不严，师之惰"。我们一味觉得严格要求学生是好心，但是他们内心的难题并没有解决，无法走进学生内心的教育并不会发挥效能。第二，罚多教少。一旦学困生出现了成绩低，为班级抹黑，上课溜号等情况，教师有可能会出现简单粗暴的解决方式，或是罚写，或是罚站，或是训斥，或是写检讨，其实都没有起到想要的教育效果，甚至还会产生负面影响。第三，抑多扬少。有的老师教风严肃，对学生总是比较苛刻，对学困生更是表扬少，批评多，常常用一把尺子衡量所有学生。长此下去，学困生就会觉得努力了也不会得到认可，渐渐失去信心，放任自流。第四，堵多疏少。教育如积水灌溉，当遇到堵塞的时候，只有疏导才能起到作用，如果一味地通过让学生写保证，扣分数等直接的手段，学生就会因为遭到另眼相待而失去前进的动力。

## 二、学困生改进策略

没有不好的学生，只有不用心的教育，虽然教育不能绝对转变每一个人，但是只要教育者用心了，教育一定会生根、发芽、开花。为此，择以策略与教育者共研。

1. 目标够得着

学困生本身能力和自律性就较其他同学弱，教师如果用一把尺子衡量他们，他们一定缺少前进的动力。教育教学中要帮助学困生设定符合自身情况的目标，让学生够得着，方能达得到。

在学习方面可以约定从上课至少一次发言，到上课多次发言，最后能达到与老师互动；作业书写先做到干净，再做到规范，最后力争美观；从具有规则意识上循序渐进。在生活上，先做到有规则意识地听从班级、学校管理，再做到在班级里发挥正能量，最后达到能给班集体争光；在和同学相处中，先做到与同学互相谦让，再做到会换位思考，最后做到能主动交朋友。

2. 鼓励跟得上

人的进步，自我努力固然是第一要素，但外界因素也不可小觑。我们都知道一项实验，将两盆花分别以表扬的语言对待和谩骂的语言对待，经过一段时间后，即使养殖方式是一样的，可是每天接受负能量的那盆花早已枯萎。且不说这实验是否夸张，但教师们应相信这是真实的，植物都如此更何况是孩子。当我们的语言充满训斥、谩骂、蔑视，孩子的心灵怎能接受？学困生的标签又怎能摘掉？

教师们的语言里往大了说承载着孩子的未来，承载着社会的发展；往小了说，藏匿着孩子的心灵，决定着孩子的成长。我们又怎能吝啬鼓励呢！

3. 方法引到位

学困生中的确有一些孩子天资不聪颖，但是，勤能补拙。教育中，抓住这些孩子相对擅长的方面，指引他具体的解决方法，渐渐地，他们也能够达到举一反三，把自己的进步迁移到其他学科。

所以，无论是家长还是教师都要对这些先天能力弱的孩子付出百般的耐心去指导，教给他们做事的方法，让他们在学习和生活中少走弯路，增强自己的自信心。比如一些写字有障碍的学困生，照着写都会错，更写不漂亮，教师可以从作业本中挑出他写得漂亮的字，指导他总结成功的经验，让孩子有内驱力，他才会有进步。还有一些数学方面的学困生，当他们计算不准时，允许他们用手指配合，教给他们用草纸演算，渐渐地养成了习惯，他们的计算能力自然会提高。

当然，还要对这些孩子有爱心，他们的能力不是短时间内能建立的。那么，当教育者的付出不能马上在孩子身上得到回报时，要站在他们的角度理解他们，不拿他们与其他学生比较，而是与自身进行比较，当看到一些转变时，及时进行鼓励，增强学困生的信心。

## 案例呈现

### 一只饺子扣动心弦

一、问题

刚接手一个新的班级，发现 A 同学学习能力极差，生活中也极其懒惰，在学习中照着写都不愿意动笔，在班级里成绩被大家远远甩在后面，自己也从来不觉得不好意思，我感到特别奇怪。

起初我很着急，想用其他同学的成绩来激励他，"小A，都是同龄人，你看看大家的成绩，只要你努力一些也不至于落在别人后面那么远，自己要强些……"小A听了我的一番话面不改色，只是目光迷茫地看着我，当然，在谈话后没发现他有任何变化，看来我的激将法失败了。在课堂上，他依然漫不经心，每当写字就目光呆滞，即便偶尔动笔也错误百出。

看他不努力作为班主任的我当然很生气，也更着急，没办法只能拿出班主任的撒手锏——命令。每天中午我把他留下来，先是安排小干部陪伴他写作业，我以为一对一的监督他总能动笔认真写，结果发现，十分钟能写完的内容他能整整磨蹭一中午，完成质量且不说，陪伴的同学也要哭了，整整一个中午耽误了玩耍。怎么办？我心中怒火中烧，不能就这么算了。于是，我决定亲自看着他完成。同学们都午休了，我把他留在班级，一边指导值日生值日，一边看管他，可就在我带领值日的期间他竟然一个字也没写，这在我心中的怒火上又浇了无数桶油，真想劈头盖脸收拾他一番。但是，多年的班主任经验还是让我冷静了下来，决定用心找一找突破口。

二、原因分析

经过的多番考证，我发现小A呈现出来的状态应该是读写障碍，也称为读写困难，是一种最常见的特殊学习困难。根据国际读写障碍协会的定义，读写障碍是一种学习障碍。这是一种特定的语言障碍，源于对文字解码能力的不足，通常在声韵处理能力上反映出来。这种解码能力和年龄、其他认知能力及学业能力并无一定关系，也不是由一般发展的障碍或感官障碍所导致。除了阅读能力之外，读写障碍还会影响其他和语言有关的能力，如书写及拼字的能力。我想好好的一个孩子不能无缘无故患此障碍，于是我决定继续深挖他的家庭背景。

经过一番了解我发现，他的妈妈在他两岁的时候就离开了他，爸爸也外出打工常年不在身边，只有年迈的奶奶平日里陪伴他。而据我观察家长会上需要家长签字的时候奶奶字都不会写，说话也是断断续续、描述不清，于是我终于找到了小A的症结所在。家庭缺少和孩子沟通交流的人，所以他的语言发展迟缓，奶奶的不识字，导致他上学之前没有识字的基础，班级的教学就大多数同学开展，所以他根本跟不上节奏，识字都寥寥无几更别提写字了。

三、问题解决

1. 走进内心，培养情感

了解了小 A 的情况，为了能够改变他，我着实费了一番脑筋。既然他的家庭背景特殊，心理又有一定的障碍，如果硬碰硬，简单粗暴肯定没有效果。于是，我打算先和他建立朋友的关系，生活中我默默地观察他，看看他对哪方面感兴趣。虽然爱玩是孩子的天性，可是我发现他并不是很爱活动，因为他体态稍胖。那我想可能是爱吃，果然，每天他的饭盒兜里都要装满食物——水果、看护时间吃的零食。别看他平时动作缓慢，吃起午饭时那可是豹的速度，添一回又一回，于是我决定，就从吃上下功夫。

一天中午我特意定了饺子的外卖，让他去帮我取外卖，递到我手中时他的眼神就开始放光，于是，我说："小 A，今天这个饺子我谁也不给，但是能给你一个，不过只是一个，为什么呢，因为你能帮助老师所以有奖励，那么你要是能帮助自己，我就能再次奖励。"当时我想如果给多了，让他吃饱了，就不会再馋了，就这样吊他的胃口。他开心地答应了，捧着一只饺子骄傲地回到了座位上。

2. 坚持练习，保持鼓励

从得到饺子以后，我便更细心地观察他的变化，果然，他努力去展现自己的进步。从前他不爱写作业，现在最起码能够每天将作业本交上了，看着他笨拙的行笔，嫁接的汉字我非但没生气，反而看到了他的不易和可爱的一面，而且第二天他也给我送了酸奶，我告诉他收到瓶酸奶我很开心，等他再有进步我们再分享好吃的。

接下来的日子里我一面督促他坚持练习书写，每次都从书写中找到相对写得漂亮的去鼓励他；一面和他分享好吃的，有时是一个橘子，有时是一个小饼干，他总是满足地回到座位上，安静地书写着。

3. 树立形象，建立信心

经过了一段时间的互动、沟通和努力，小 A 的进步已经很明显了，但是他和别的孩子还是有很大的距离。因为他的底子太薄弱，其他同学对他也始终带有蔑视，于是我召开班会，专门就他的情况和大家交流，改变大家的评价方式。在班会上，我告诉孩子们，虽然有些孩子的能力、成绩不如自己，因为人和人之间本身就是有差距的，但是只要我们看到他的进步，就不应该蔑视，要给不如自己的人更多进步的时间。班会后，同学们转变了对小 A 的看法，小A的内心不再有太大的压力，整个人也自信了很多。

四、反思总结

在对学困生小A的转变过程中，我主要采取了走进学生内心的办法，在将心比心的过程中，从根本帮助他调整自己的障碍、压力，让他渐渐打开心扉，一点一点找到学习方法，他也确实取得了一定的进步。

面对学困生，的确需要老师的仁爱之心，最大限度地接受他们的不足，然后帮找到他们症结的原因，同时，还需要老师有极大的耐心，在转变的过程中，看到一点成绩就及时鼓励，当孩子的努力进入疲劳期，进步缓慢时，就想法引起他们的兴趣、激发他们动力，不然一旦放弃了就会功亏一篑。总之，作为老师要永远相信"一支杠杆可以撬动整个地球"，正如这只饺子扣动了心弦。

（朝阳区明德小学　孙薇）

**拓展研讨**

在班级中，我们总会遇到一些先天或后天在学业上有困难的孩子，起初我们可能都拥有一定的耐心，可是渐渐地看不到成绩了，我们或许不会再坚持，作为教师在你的身边如果有这样的孩子，你该如何用智慧的方法持之以恒并改变学困生呢？

# 家校沟通的有效策略

*父母是天然的教师，他们对儿童，特别是幼儿的影响最大。*

——克鲁普斯卡娅

**智慧导引**

为了让班级管理达到更好的教育效果，班主任往往会请家长到学校来共同解决问题。"班主任与家长之间畅通、友好、互补的沟通是教育好学生的一个重要因素。缺乏相互间的沟通，容易导致学校教育与家庭教育的不一致，影响学生发展。学校教育与家庭教育有机地结合起来，才能形成教育合力，取得良好的教育效果。"但是由于每个家长的生活经历、文化程度、思想认知、经济条件等方面存在一定的差异，所以他们的教育观念、处事方式也会有极大不同，老师在与家长沟通交流的时候，应注意分类对待，采取不同的方式方法。

## 一、对溺爱型家长及时沟通

这种家长在独生子女的家庭中比较常见。他们曾经生长在"以阶级斗争为纲"的年代里，切身体会到没有文化的痛苦，有心将自己的子女培养成为"人上人"。但是由于自身缺少正确的教育观念，对孩子重养轻教，总是尽己所能满足他们的所有要求，保证其不受任何委屈和伤害，孩子也是做事听之任之，不加任何的干涉。孩子取得一点成绩就给予物质奖励，确保孩子在班级中的优越感。他们欣赏自己的孩子，对其缺点不够重视，甚至视而不见，听而不闻。接到老师的通报时，他们会先与孩子取得联系，或者四处打听，寻求学生版本的事件过程，并且很快就会把对事件的认识归结到学生的立场上，反过来再与老师讨论问题的原因，最终的结论往往是"问题不大""暂时现象"等，建议老师不要大惊小怪，认为区区小事不会影响孩子的成长。因为家长的纵容，在这种家庭环境下长大的学生都比较自信甚至是自负，对世事的艰难缺乏足够的准备，心理脆弱，很容易在跌倒后一蹶不振。

对这种家长，班主任平时就应主动与其沟通，将学生日常的学习表现告诉家长，使其做到心中有数；用词要恰当，不渲染不回避，多举事实不做评价，并且要人证物证都有，防止学生回家后"翻供"；另外出现问题时，老师的行为不可过激，不要强求家长认同和认可自己的教育理念，否则会把家长越发推向学生的立场。

## 二、对负责型家长把握尺度

与前一种家长相比，这类家长大多重视教育，重视孩子的前途。但是由于个人对孩子有很高的期望，"望子成龙""望女成凤"，所以他们会把一些无关紧要的失误也看得非常严重，草木皆兵，似乎孩子只要出现一点问题，就面临深渊了，因而一旦得知情况，火气很大，对孩子非打即骂，丝毫不顾及孩子的尊严和面子。他们的责任心很强，对学校、班级工作非常支持，只要班主任有需要就会主动配合。他们对学生的教育能起到强大的威慑作用，有利于减少学校教育的阻力，保障教育教学活动的顺利进行。但是由于处理问题的方法过于独裁，充分显示出了家长的威严，却没有对学生进行情感攻势，不仅未起到教育成效，还会产生许多副作用，很多时候学生表面上屈服，内心却不以为然，教育的效果很不理想。

面对此类家长，班主任应该把握好通告信息的度。如果他们的孩子出现问题，老师可以先做学生的思想工作，袒露爱护之心。如果做不通学生工作一定要家长协助的，应该先将家长请到办公室里，慎重分析事件的前因后果，建议家长采用合理的方式来解决问题，不能充当导火线，引发孩子和家长的矛盾。与家长统一口径后，再叫来学生一起进行说服教育工作；学生离开后，老师要再次与家长进行交流，强调家校一致的重要性，不给家长与学生独处的机会，从而保证教育的有效性。

### 三、对冷漠型家长明确要求

班级里一定还有部分家长，由于自身文化水平比较低、工作繁忙，或原生家庭的影响，对孩子的教育很不重视，认为孩子送入学校就不是自己的责任了。放学后，对孩子的学习、作业不闻不问；家长会上，例行来参加但不会询问其在校表现；出现问题后，对老师的通报表现得很不耐烦，敷衍了事，不愿拿出专门的时间来思考孩子的问题，更不会就已出现的问题对孩子进行有针对性的教育。

面对这种家长，老师绝不能"以其人之道还治其人之身"，而要有节制，讲感情——我们工作的目的在于解决问题，而不是逞一时口舌之快！当然，我们也要先做好孤军作战的思想准备。首先，不是特别严重的问题尽量不要惊动家长；其次，应把握好交流的时间和频率，讲话要简明扼要，直奔主题，不可拖泥带水；再次，应多表扬孩子的亮点，这样可以拉近与家长的距离，增加彼此之间的信任；最后，要多强调问题的严重性，强调事件的负面影响，对家长要讲清教育行为的具体要求。一般来说，只有摆明利害关系，击中问题要点，引起关注，才能发挥这类家长的积极性，从而更好地教育学生。

综上所述，学生有千万种，家长也有千万种，与家长沟通的方式也应因人而异、因人制宜。与家长接触前，老师事先应该多方打听，了解家长属于哪种类型。第一次接触时则要多听少说多观察，看准之后再采取相应的策略。无论家长是哪种类型，家校合作的出发点都是为了学生的健康成长。只要班主任在日常的工作中付出真心、诚心和爱心，就一定会赢取家长的信任，与家长和谐相处。

## 案例呈现

### 与只听表扬的妈妈"过招"

**一、问题**

当他的作业没有完成时。

"老师，孩子的作业怎么能写不完呢？我在旁边看着他写作业，可他都不知道写什么？是不是你留作业的时候，他根本就不在教室啊？老师，会不会是其他同学不让他记作业啊……"

当他损坏他人物品时。

"老师，你做事情一定要公正，同学的球是他弄坏的不假，可怎么能让他一个人承担责任呢？球又不是新的，他只是拿来玩玩，坏了就坏了呗，一个玩具而已……你们怎么就看我们家孩子不顺眼呢？怎么处理事情的时候，都站在别人的角度上……"

当你不主动联系时。

"前两天打电话时，我的态度不好，老师，你多谅解。都是做老师的，你也理解，平时的压力挺大的。"有些哽咽地接着说："这孩子，从小都是我一个人带大的，他爸爸总出差，孩子的爷爷奶奶年纪大，我爸爸妈妈带，我还有点信不着，你不知道啊，那几年……"说着说着，声泪俱下。

当听到孩子的优点时。

"老师，你观察得真准，我就发现我儿子这方面特别突出，在家的时候……""其实，老师你要仔细观察，他身上优点还有很多，这孩子不善于展示自己，你……"当听到你向她汇报孩子在校好的表现时，她又是一番滔滔不绝。

**二、原因分析**

身教重于言教。家庭环境对于人的成长影响深远，而父母的言行就是其中的关键因素。随着社会的发展，家长对子女的关注也越来越多，宠爱过深的现象屡见不鲜。

认真梳理小 Z 同学在校园生活中出现的种种状况，不难发现改变他的根源在于其家长。小 Z 母亲是较为典型的溺爱型家长，她认为自己的孩子是最好的，别人反馈的缺点或不足都来自于他人；不能接受批评意见，甚至护"短"；只喜欢听到表扬。长期的思维定式让她对教师和学校形成偏见，影响了孩子的良好发展。

三、问题解决

教育家苏霍姆林斯基说："两个教育者——学校和家庭，不仅要一致行动，要向儿童提出同样的要求，还要志同道合，抱着一致的信念，始终从同样的原则出发，无论在教育的目的上、过程上，还是手段上，都不要发生分歧。"加强家校沟通，尽力将家长团结成教育孩子的同盟军，全力促进孩子健康成长，是非常必要的。

为此，在与小 Z 妈妈的沟通中，我尝试了以下几点做法。

1. 去标签，给予全新认识

正所谓耳听为虚，作为新接班的教师从前任处了解学生和家长的情况是首要任务，我们要做到心中有数，但了解的情况不代表这些特殊的学生和家长就不能有改变的可能，所以我们要做的就是摘掉固有的标签，给自己一个全新了解他们的机会，也给他们一个重塑自己的机会。

虽然了解小 Z 及其家长的种种过往，但我却只字不提。当他的妈妈开学第一天就在教室门外等着向我道出以往时，我微笑着告诉她，我想给他一个全新的开始。当孩子们想用揭发他种种劣行与我拉进关系时，我总是用其他的方式告诉他们，老师想认识一个全新的他。

2. 巧沟通，避免矛盾激化

与家长沟通，要真诚相待。我们要真诚地与家长沟通交流，让家长充分感觉到教师是真心地为学生成长和发展着想，对学生有爱心和责任感。家长与教师一样都是孩子健康成长的引路人，都肩负着教育好孩子的重任，教师与家长加强联系，目的是共同的。所以教师要以真诚与平等的态度对待学生家长，取得他们的信任，争取他们最好的配合，共同探讨对孩子的最佳教育方法，以达到共同的教育目的。

与家长沟通，要善于倾听。成功的老师通常是最佳的倾听者。倾听时，要听明白家长反映的事情和此次谈话的真正用意，有时家长的许多见解也值得教师学习和借鉴。因此，教师平时与家长沟通时，要学会倾听、善于倾听，听取他们的建议，了解他们的诉求，找到问题的症结所在，探寻解决问题的途径。

3. 树自信，形成家校合力

如果教师把注意力都集中在学生的短处和不足上，就会让学生在"我是坏学生"的感觉中沉沦；反之，如果教师关注的是学生的优点，就会让学生在"我是好学生"的感觉中升华。每个生命中都蕴藏着一座丰富的金矿。只要老师肯挖掘，善于挖掘，也能挖出令自己都惊讶不已的"宝藏"。

在与小Z妈妈的沟通中，我经常反馈他在校的优秀表现，使她以往总听到建议的固有印象得以转变，发现孩子是进步的，逐渐找回了自信。反馈优点后，再对家长提出一些短期内易实现的目标，她也能够欣然接受并积极配合。

四、反思总结

虽然"家长"两个字写出来是相同的，但现实中的家长不是千人一面。面对不同类型的家长，沟通的方式也应因人而异，涉及的内容更是林林总总，但只要老师们坚守着关爱、呵护学生健康成长的初心，并让家长感同身受，相信定能得到他们的理解和支持。

学校和家长通力合作，教育效果才能事半功倍。学校与家长的教育目标是一致的，教师和家长只有相互理解、合作，才能形成教育的合力。作为教师我们一定要充分认识到家庭教育问题的重要性，有针对性采取措施，形成家校合力，才能更好地促进孩子全面发展。

（东北师范大学第二附属小学　靳兴旭）

**拓展研讨**

家校合作是一个常说常新的教育话题，苏霍姆林斯基曾热情地赞美家校合作，视其为"最完美的教育"，这给我们进一步指明了通往成功教育的方向——它是一种理念、一门学问，更是一项技能。班主任老师在与家长沟通时，除了要考虑家长类型外，还应注意哪些问题呢？

<br>

**话题二　学习引导的智慧**

## 激发学习动机的有效途径

人类的创作犹如自然的创作一样，真正地说起来，值得注意的主要是动机。

——歌德

**智慧导引**

激发学生的学习动机是班主任工作的重要内容之一。依据布鲁纳的认知心理学理论，学习动机可分为内在动机和外在动机。内在动机是指学习活动本身就能使学习者获得满足，不用借助外力而自愿学习；外在动机是由家长、教师或者其他有影响力的人士灌输给学习者的，如竞赛、表扬、奖赏、惩罚等都属于外在动机的激发手段。内在动机效应强且持久，而外在动机效应弱且短暂。内外动力有机结合，才能使个体的学习行为朝向具体而合理的目标，产生强烈的自我效能感，对学生的学习起到持续的促进作用。

**一、学生学习动机的主要问题及分析**

学生的学习动机存在的最常见的问题是动机不足或过强。学习动机不足主要与学业成就有关。这部分学生，一定是对失败的恐惧大于对成功的期望，因此他们就表现得畏缩不前，不思进取，其实质却是为了避免事后失败的痛苦，在日常的学习中就表现出非常懒惰，拖拖拉拉，容易分心，注意力差，对学习冷漠厌倦，依赖性强等特点。这样的学生一多，就会使班主任感到束手无策。而班主任更多关注的往往是这一类学生。

学习动机过强和动机不足一样，会降低学习效率，并且比动机不足更容易导致心理的困扰和不适，就像绷紧的弦有断裂的危险一样，也有心理崩溃的可能。有些学生在学习上过分投入，不能接受失败，常常自责，以为投入和成绩不成正比，还造成了更大的心理负担。学习动机过强的学生，主要表现为学习过于勤奋、好胜心强、害怕失败、情绪波动、心理脆弱。一般而言，这部分学生不会给班主任造成更多的麻烦。学习动机过强主要源自于过高的学习目标、他人不适当的强化以及不合理的认知模式等。这些不合理的情绪最初看来是学生"要强"，所以并没有觉得是什么不好的事情。

学生不适当的学习动机（不足或过强）都会对学习产生负面影响。通常情况下，班主任们关注的是学习动机不足的同学，容易忽视学习动机过强的学生。从心理健康层面上来说，这一类学生也许更容易受到伤害。

**二、激发学生学习动机的有效途径**

1.了解学习成绩，评估学习能力

一般情况下，在进行成绩反馈时，许多学生因为成绩不理想，接收到的都是负面的信息，班主任们通常会指出学生在态度方面的问题，进行批评教育。

长期下去，有的同学对成绩就麻木了，失去了学习动机。相对而言，期中和期末考试成绩都是能够客观反映学生的实际情况的。在每次作业、测验、考试之后，让学生知道自己的成绩，是会促使学生努力的。通过纵向和横向比较，班主任应该清楚每个同学的学习成绩和学习能力，给予他们客观正确的评价。多关注学习过程、学习状态，少强化结果。只有对分数持正确的观点，分数才能起到良好的激励学习的作用。为此，首先，当众反馈负面信息的形式必须加以改变。绝大多数班主任喜欢在班上公布学生的分数，对一些学习落后的学生而言，这就相当于一种当众羞辱，如果再加上教师不屑的表情、愤怒的声调和讽刺的语气，那么学生的学习动机就必然丧失殆尽。所以，及时反馈成绩的第一要务便是恪守"分数是学生的个人隐私"这一原则，对于成绩较好的同学，当面表扬；成绩落后的同学，采取个别化的方式在私下里与之交流。这样学生就会感到老师是爱护自己的，是给自己尊严的，在这种情况下，教师再与学生探讨改进的方法，他就能够听得进去。其次，引导学生正确归因。一般情况下，低分学生会尽量给自己找一个借口，比如说最近身体不好，或者说自己考试时失误了，或者试题太难了等等。这些学生如此归因的根本心态，是为了试图维护积极的自我形象，说到底还是一个自尊心的问题。所以，班主任和任课教师不能一听学生这种话就火冒三丈，简单地斥责学生强调客观理由，而是在维护学生自尊心的前提下，引导学生认识到自己需要改进的地方，并由此激发学习动机。

2.明确学习目标，规划学习进程

让学生明确学习的目标是激发学习动机的一种好方法。学生知道学习的目标以及活动的价值，就会产生学习的需要，对于学科教学而言，当学生产生了学习某种知识的需求后，再进行教学；或者根据学生的需要来组织安排学习活动，学生就会全力以赴。反之，盲目地学习，效率必然较低，效果也不好。面对学习动机不足的学生，讲道理是没有多少用处的。作为班主任，可通过谈话、班会、与家长协作等方式，帮助学生认识学习的意义，引导学生确立适当的学习目标；还可以根据学生的实际情况激发学习兴趣，可以给这些学生设计一些具体学科学业任务的"小台阶"，让他们有一个清晰的学习进程，稳步推进，从"小胜"中获得成功体验，进而激发他们的"成就动机"。

### 3. 评价跟踪及时，鼓励张弛有度

评价是对学生学习成绩和态度的肯定或否定的强化方式，它可以激发学生的上进心、自尊心、集体荣誉感等。尤其要注重及时评价，因为及时的评价利用了刚刚留下的鲜明记忆表象，使学生产生不断改进学习的愿望；而评价不及时，对学生的激励作用就会减弱，因为完成任务时的情境在学生的意识中已经比较淡薄了。对学生来讲，表扬和鼓励多于批评和指责，就可以更好地激发学习动机。但是要注意，过分的夸奖会造成学生骄傲和忽视自身缺点的倾向，从而带来消极的结果，甚至将学生"捧杀"。在表扬时，要针对具体的事件有理有据，并指出进一步努力的方向。还要注意的一个问题是学习动机不足的学生往往缺乏持之以恒的韧劲，往往学了一段时间后就不得不放弃，半途而废，在引导时就要讲究策略；而学习动机过分强烈的学生往往会得到外界的支持，大家会称赞他勤奋、努力、有出息，这种不适当的强化往往会使学生看不到存在的隐患，而陷入自己设置的困境中难以自拔。所以，班主任也需要了解各方面的情况，对学生的行为进行合理恰当的评价，对动机不足的学生要适时鼓励，对动机过强的学生要让他们准确定位。

### 4. 满怀育人期望，预设成功方向

期望亦称期待，它是人们主观上的成功概率，是人们对自己或他人行为结果的某种预期性认知。在学校中，期望表现在两个方面，即教师对学生的期望和学生对自己的期望（即自我抱负）。这两种期望对加强学生的学习动机、提高学生的学习积极性有很大的作用。班主任在教育教学过程中，要善于调整学生的期望，要让期望过高的优秀学生适当降低期望值；让那些因失败而期望过低的学生适当提高期望值。期望太高，不容易达到，情绪就会低落，失去信心；期望太低，会使学生讨厌和逃避学习。这些都会削弱学生的学习动机，降低学习的积极性。为此，教师必须帮助学生形成恰当的期望。另外，对学生的评语，也会激发学生的学习动机。一般来说，含有期望因素的评语能鼓励学生再接再厉、积极向上，对加强学习动机有积极的作用。

### 5. 设置梯度目标，提高自我效能

成功能使人努力向前。一个阶段的学习之后，学生若得到满意的效果，可以激发继续学习的兴趣，提高学习的效率，从而使学生在下一个阶段的学习更加努力。现在许多学习动机不足的学生，根本原因多数在于他们没有成功的满足感。他们对成功感的渴望被一而再、再而三的学业挫败感击碎了。

所以，班主任对不同程度的学生要设置不同梯度的教学目标、成绩目标，布置不同要求和不同数量的作业，让他们在完成的过程中有成就感，跳一跳就能摘到桃子，逐步提高那些学习动机不足学生的自我效能感。

## 案例呈现

### 成功激发学习动机

**一、问题**

在刚刚升入高中的一次数学课堂上，数学老师循例依照学号顺序让三名同学到黑板前进行演算。作为班主任，我进入课堂观察班级学生的学期初表现，以便掌握各科的学习状况。我发现A同学站在黑板前，艰难地解决其中一个题目，与此同时，其他两名学生已经很顺利地完成了演算。数学老师督促A同学更努力地去尝试，去回忆刚刚学过的内容，并把这个任务看成是"轻而易举"的简单问题。出于挫折感，A同学说太难了，他不会做。说自己不像班级里的其他学生那么优秀，他窘迫地几乎要恳求老师"告诉我怎么做吧！"

**二、原因分析**

"归因理论"认为，一个人将他的成功与失败归因于什么样的因素和任务，会影响他对将来成功的期望，并由此影响成就动机。课堂上的这一幕反映出了A同学对这个具体问题的归因倾向。A同学认为自己的"个人能力"低，自己是重点高中班级里最笨的学生，数学题"任务难度"很大，超出了他的学习水平。而"个人能力"和"任务难度"都是稳定的、无法控制的条件，基于这样的归因倾向，A同学就丧失了所有继续尝试的动机，向这个任务投降了。下图为解释成就动机的归因途径：

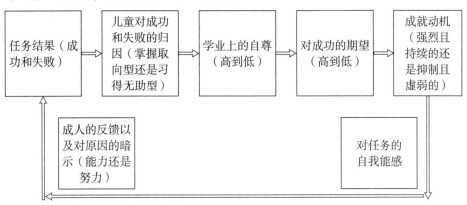

认知心理学家韦纳的成就归因理论，把成果与失败的归因分成了四种可

能性，其中稳定因素包括能力和任务难度，不稳定因素包括努力和机遇；按照内部因素和外部因素划分，内部因素为能力和努力，外部因素为任务难度和机遇。一个高成就者在归因时，归因于由于自己的能力和努力所以取了成功，或者是由于能力和机遇取得成功，也可以是能力和任务难度恰当所以成功；低成就者倾向于将失败归咎于自己，强调他们的能力低这一稳定因素，却把成功归因为运气等不稳定因素。A同学由于缺乏他们的行为和结果的联系感，便没有了尝试的动机。

三、问题解决

基于以上的实际问题分析和理论分析指导，作为班主任，我尝试从以下几个方面入手：

1. 加强努力归因

将学生的努力作为他的个人特征来表扬，而非仅仅赞扬努力本身。例如，与"这次你在那个项目上很努力"这个表述相比，更有利的说法是"你是一个学习勤奋的学生"。因为后者鼓励该学生将自己的努力看成是稳定的。巧妙地处理课堂环境，强调学生努力的重要性，将学习任务的难度与学生的能力相匹配，淡化运气对成绩的影响。在鼓励A同学的时候，强调过去的努力及其与积极成就之间的关系，而不是简单地鼓励他更加努力地学习。教育心理学理论研究指出，可以训练学生更加善于做努力归因，这种训练有利于提高成绩。

2. 营造支持性的课堂氛围

使用非竞争型的课堂学习结构。竞争肯定是激动人心和令人奋发的，但是这些令人奋发的效果往往局限于那些获得胜利的学生。那些总是不断失败的学生会很快产生挫败感，从而在竞争中采用回避策略，而不再是积极参与竞争。考虑一下，当A同学在听到我们将要再进行一次数学习题黑板演算时，他完全明白自己总是解不出来或最后解出来的那个人，他对这个课堂活动的参与热情会非常低，甚至产生焦虑。因此教师营造支持性的课堂氛围或合作型学习很有必要。例如：在与A同学的交流中，老师的语气、肢体语言、身体间的距离以及措辞，会根据该学生的具体情况灵活选择；使用分层次的学习材料和教学内容，保证挑战性、学生参与的积极性以及与A同学个人的相关性；总而言之要让A同学作为一个积极主动的主体与课堂环境相互作用，提高A同学的胜任能力。

### 3.关注学生归属与爱的需要

班主任在平时的工作中，给学生一定程度的自由，班主任在班级生活中起一个平衡与决断的作用，更重要的是适应青少年心理的发育过程和渴求成熟的愿望，培养一种自立精神。在实践中，经过一段时间的互相认识和磨合以后，在班级中通过这样的管理，向 A 同学传达一种信息：你能行！A 同学在互相管理和约束中找到自己自身的价值，找到一种高期待的自我激励动力，这是一件让作为班主任的我感到欣喜和自豪的事情。

### 四、反思总结

有些学生在学习中为避免过多地失败，而不愿去主动尝试；有些学生虽然智商不差，但在学习的主动性、积极性方面却存在着很大的不足。这些都是我在教学中遇到的问题，让我感受颇深。

心理学研究表明，教师关心爱护学生，并对学生寄予希望，学生就愿意接近教师，乐于接受老师的教导，进步就快；反之，师生关系疏远，甚至对立，进步就慢。师爱的这种情感力量是激发学生学习动机的动力。俗话说，人非草木，孰能无情。在教学实践中，我深深体会到，若师生双方心意相通，便容易完成教学目标；若双方情感交流发生阻碍，那么知识交流也会受到影响。可亲才可信，才会出现"亲其师，信其道"的教育效应。一个忠诚党的教育事业，尊重、爱护和关心学生成长，具有广博精深的学问和较高道德素养的班主任，必然使学生产生亲近感和仰慕心理，教育教学活动才会十分和谐。在课堂教学中，情感教学更是提高教学实效性的基本要素。总之，在具体的教学实践中，对学生学习动机的培养是具体、复杂的。教学有规可循，但教无定法。我有待于在今后教学中进一步总结、提高。

（东北师范大学附属中学 姜乔）

## 拓展研讨

材料：

学生小黄，男，11 岁，六年级学生，家中还有一个姐姐已经上大学了，父亲是个体老板，妈妈在家专门照顾他。除了英语外，小黄的其他学科成绩一直不好，近来，老师给妈妈打电话说孩子在学校不认真听课，注意力不集中还和别人发生冲突，总之是各种各样的问题。妈妈表示一听见老师的电话心里就害怕。妈妈很焦虑，对孩子骂也骂了打也打了，但就是不管用。爸爸妈妈认为是孩子没有上进心，不好好学习。

思考题:

请依据材料及理论部分分析学生小黄出现上述情况的原因,班主任应该如何有效解决这样的问题?

# 缓解学习压力的有效方式

避免压力过大的方式之一就是需要懂得"量力而为",也就是不要让自己绷得太紧,不要凡事都揽在自己身上,又不好意思拒绝别人,结果事情愈做愈多,难怪压力也愈来愈大。其实很多事情是可以取舍的,我们必须懂得照顾自己,学会说"不",才有机会减少一些压力事件。因此,也要学习自我肯定,自我肯定的人可以适度表达与满足自己的需求,比较懂得调适压力,也比较清楚自己的限度,不会承担过多的压力。

——蔡秀玲 杨智馨:《情绪管理》

## 智慧导引

学习压力是一个很普遍的现象,几乎每位学生都会觉得学习有压力。适度的学习压力是激励学生学习的重要因素,它促使学生在不断调整自己投入学习的过程中,改变学习方法和提高学习成绩。然而,学习压力过大就会产生种种问题。不仅记忆会受到影响,而且会导致认知方面的功能及弹性思考能力的下降。在这种情况下,学生的知觉范围缩小,思想受限,更容易使学生产生心理障碍,进而影响学习成绩。

学习压力太大的学生,往往对学习成绩的好坏非常敏感。多年来,我们教师关注比较多的往往是因学习基础较差而承受着学习压力的群体,而在"成绩优异"光环下苦苦对抗巨大压力的尖子生,却容易被班主任所忽视。他们表现出的主要问题是因成绩拔尖而引起的学习压力过大,从而产生焦虑心理。更有甚者,由于长期压力过重,形成压迫型心理伤害,导致心理扭曲、心理变态、甚至自杀。

## 一、导致学生学习压力大的原因分析

1. 个人因素

有的学生过于看重成绩和名次,还有的学生存在不合理的认知,比如,"我努力了，成绩就应该好""我绝对不能落在别人后面""我只能成功，不能失败"等等，造成学习压力过大。个人因素中最为普遍的问题是成就动机脱离自己的现实情况，或者说自我期待不合理。成就动机高或低都是相对而言的，有些优等生往往对自己要求很高，表现在学习中就是追求每次考试都要比别人考得好，小小的失败都可能导致很大的情绪反应；但更常见的则是因为家长或班主任老师对他们的成绩过分关注，给他们制定的学习目标脱离了他们的实际情况，而这些学生往往成绩中等或中等偏上，与后进生比起来，他们有更强烈地改变自己学习现状的愿望，所以他们比较"听话"，能够认同家长或班主任为自己设定的目标。但他们对自身实力的判断常常有误，很难通过努力去缩短目标差距，又不愿降低自己的期望标准，因此就会感到学习压力过大。

### 2. 家庭因素

中国的家长往往受传统观念影响，对子女有过高的期望，把孩子的成绩看得过重，把子女的好成绩看成自己的光荣，并感到快乐和幸福；否则，就会觉得失望、焦虑甚至悲伤。父母的这种观念和态度往往会给子女造成巨大的压力。

### 3. 学校因素

自 2019 年以来，随着减负工作的开展，国家下发了一系列相关文件，取得了明显成效，但在中高考的压力下，减负工作仍任重道远。有些学校的学生在学校里"教室——厕所——食堂——寝室"四点一线的生活已成了固定模式；延长晚自修时间，采用"题海战术"也就成了这些教师的必备手段。同时，个别教师的教学方法和理念不科学，也会加重学生的学习压力。

因此，班主任不仅应该关注学生成绩，也应该帮助学生缓解学习压力，使他们能够轻松愉快地学习，从而提高学习效率。

## 二、缓解学习压力的途径

### 1. 关注学生情绪变化，引导学生正确看待考试成绩

学生的情绪经常会随着考试成绩的好坏而起伏，过于重视名次容易导致焦虑，所以，班主任应及时关注学生情绪，沟通交流，让学生意识到两点：一是考试的根本目的在于发现自己的不足之处，从而可以使自己有针对性地学习，做到有的放矢，不应过分计较名次的先后；二是学生要学会重新评判和确立自己的期望值，在准确定位自己能力的基础上，设定适合自己的目标，

"跳一跳摘到桃子"。

2.培养学生规划意识，引导学生学会有效时间管理

很多学生之所以学习压力大，是因为他们感觉自己已经把可以用的时间都用上了，但是成绩还是不好，所以内心极为焦虑。这是不会管理时间导致的，一方面多数学生是在无意中把时间浪费掉了而不自察，另一方面并不会合理分配利用时间，比如不能遵守自己的学习计划。因此，教师应该引导学生学会合理地规划自己的时间，制定科学的学习计划，只有这样才能提高学习效率，从而减轻学习压力。

3.提高学生沟通能力，帮助学生建立良好的人际关系

人是社会的人，只有在健康的集体中才能诞生健康的个体，处在中学时期的学生最需要交流，也最需要宣泄。当发现学生学习压力过大时，可以鼓励他们将内心的困惑、不满向老师或朋友倾诉，听听他人的意见，在心理上获得一个缓冲的机会，这对缓解学习压力是有好处的。作为班主任，也可以借此了解学生的想法，构建一个和谐的班集体，为学生创造纾解压力的人际交往环境。

4.提高学生解压能力，指导家长正确帮助孩子减压

许多父母通常容易把学生成绩不理想的原因单方面地归结于孩子，并忽略他们内心承受的压力。班主任应及时与家长进行沟通，提醒家长应该问清情况，不能单单是责备、打骂、讥讽。应该要多与孩子进行亲切交流，多听他们的想法，并给予鼓励，帮助他树立学习的信心，让他看到前进的希望，同时给他们有针对性、可操作的建议。

5.做好"放松训练"，有效缓解学习压力

在做放松训练时，应该注意以下几点：

（1）做好放松训练前的准备工作。最好能寻找一处安静的场所（以单人房间为宜）配置一把舒适的椅子（以单人沙发为宜）。若这些物质条件不具备，利用自己的卧室和床也可以。放松前要松开紧身衣服和妨碍练习的饰物等，减少外界刺激。

（2）形成一种舒适的姿势。使身体形成一种舒适姿势的基本要求是减少肌肉的支撑力。轻松地坐在一张单人沙发里，双臂和手平放在沙发扶手之上，双腿自然前伸，头与上身轻轻靠在沙发后背上。按一定的顺序交替收缩与放松身体各部位的肌肉群，比如从头部到脚趾，逐个部位进行"收缩——放

松——再收缩——再放松"的练习。

（3）合理安排时间。最好每天早、晚各1次，每次15~30分钟。务必做到持之以恒，坚持训练，才能取得好的效果。

## 案例呈现

### 甩掉"包袱"，率性成长

#### 一、问题

班级里有一个可爱的男孩小A，他在语文课堂上的表现成功的引起了我的注意。课下的小A活泼开朗，无论是在适应新学校的环境，还是与同学们的相处都表现得十分积极。但是，我从来没有见过他在我的语文课主动举手发言。一次，我点名询问他对问题的想法时，他表现出局促不安，胆怯当众发言。当我示意他请坐后，他竟然哭了起来。带着帮助小A的想法，课下我耐心地询问他为什么哭？他是否需要老师的帮助？小A真诚地向我袒露："老师，我害怕我说错了，您会批评我"。我安慰他："说错了是好事啊，老师会帮助你，帮你把不会的知识点学会了。"小A马上撅着小嘴，靠在我耳边轻声告诉我："老师，我妈对我要求很严格，我要是不会，她就使劲批评我。我的田字格本都被我妈给擦破了。"和小A沟通结束后，我立即拨通了小A妈妈的电话，始料未及的是妈妈也和我一顿抱怨："老师，不瞒您说，我每天一片护肝片。这孩子都要气死我了！"

#### 二、原因分析

1. "鸡娃"背后的妈妈：不能输在起跑线

当下，虽然一直倡导家庭中夫妻义务共担，但是目前的事实是，"妈妈"这一角色在家庭中所占的责任比重更多。其中，突出的一点就是在孩子的学习教育上。通常会造成女性在家庭中的强烈责任感与奉献精神，从她们对待孩子的学习所表现出的焦虑、期许和不稳定情绪中，管窥一斑。当然，"鸡娃"妈妈群体的诞生，一定程度上也加剧了小学生学习的"内卷"，为孩子们的学习带来压力。

2. 进入小学一年级的新生：存在适应挑战

心理学研究认为：当个人需求与环境发生冲突时，若不能如愿以偿，通常会造成两种情形：一种是形成悲观消极的心理；另一种则是从失败中学习适应方法。儿童刚从幼儿园进入小学，他们经历了教育生态环境的变迁，不管是学习环境还是学习内容、学习方式、学习评价都发生了一定的变化，如果不能积极适应，就会在心理上产生紧张情绪，如果这种不良情绪不能及时得到缓解和消除，孩子就会出现退缩、厌学、孤僻、焦虑及攻击性行为等行为偏差，出现适应性障碍。小Ａ同学在家里学习主动性不强，写作业磨蹭、不认真，这对一个需要在一年级各个方面进行心理适应的"小豆包"来说不足为奇。

三、问题解决

对于如何缓解小Ａ的学习压力与困难问题，我设定了解决问题"三'步'曲"。

第一步：疏导家长情绪，增强教育孩子信心。

第一次沟通结束后，我便化身这位妈妈的"育儿帮手"。我首先向小Ａ妈妈渗透，小Ａ在语文学习中需要适应期，而且每一个孩子适应期长短、适应期表现各不相同，只有放弃"比较"，才能让小Ａ获得成长和进步。其次，我告诉小Ａ妈妈，作为教师的我在带领自己孩子学习的过程中，也经常会出现一筹莫展、束手无策之时。"原来世上真有感同身受啊！"小Ａ妈妈说她听到了我的话，如同找到了"战友"。接下来，我们默契地达成了一致，携手共克"坏脾气"，打好"带娃学习"的保卫战。

第二步：鼓励赞美孩子，激发学习内驱力。

"孩子你能主动举手发言，这让老师感受到了你对语文学习的喜欢。"这是小Ａ第一次举手发言时我第一时间的反馈。接下来，每次小Ａ在语文学习中所表现的进步我都积极点赞和表扬，让他感受到被尊重、被认可、被欣赏。小Ａ妈妈告诉我：曹老师，以后我不能专盯着孩子的毛病不放，也学学您，多鼓励和表扬。在老师和妈妈的共同鼓励下，小Ａ语文学习的劲头儿越来越足了！我也发现：真诚的关注儿童的内心感受，尊重他们爱玩的天性，便能激发他们内心向学的原始动力。

第三步，指导学习方法，提高学习能力。

一段时间的鼓励后，我发现小Ａ同学的学习态度已经端正。但由于他没有认识到笔顺对于书写的作用，书写能力始终得不到提升。我便和孩子一起书空生字的笔顺，遇到易错字，我会幽默地提醒他"别掉进敌人的陷阱啊！"书空之后，我会以"书写比一比"的形式激发小Ａ动笔的欲望。这些办法，我也会教给小Ａ的妈妈，鼓励她，当孩子在学习中遇到困难时，我们师长一定要想办法指导孩子如何解决，并及时给予鼓励和肯定，绝对不能一味地指责和发泄情绪，需要静待花开。

四、反思总结

小 A 同学现在在课堂上可以高高举起自信的小手，写作业不磨蹭了，被鼓励的他书写越来越用心了。小 A 在我的引导与鼓励下，从之前的不知所措、焦躁不安到现在的自信大胆、勇敢挑战，确实变化惊人。当我执教时，我便是"孩子王"，是"小豆包"们的老师妈妈；当我与家长沟通时，我又是家长们的有力帮手，家长们最信任的朋友。虽角色不断转变，但我会在逆境中抓住时机，与家长、孩子们保持最真诚、有效的沟通，为有学习压力与困难的孩子带去温暖与鼓励。

（长春市东师中信实验学校　曹丹）

**拓展研讨**

古语有云：万般皆下品，唯有读书高。当这句话被过度滥用后，容易形成唯目标论和唯结果论，只有考出好成绩，考上好学校才是正路，且无论是否有天赋都应该朝着这一方向努力，这成为学生和家长的主要压力源之一。作为班主任，应该怎样纾解这一压力所带来的负面情绪呢？

# 适应是学习的起点

适应能力是指个体对赖以生存的客观现实（自然环境和社会环境）以及自我内环境变化的适应。适应越快、越主动，心理健康水平就越高；适应越慢、越被动，心理健康水平就越低。如果适应能力很差，以致无法适应变化了的内外环境，就会导致心理异常。

——傅安球：《心理咨询师培训教程》

**智慧导引**

衡量一个人的心理是否健康，除了自我感受之外，还必须考虑其社会适应性，主观感受必须与现实相吻合。因此，弗洛伊德提出心理活动的第二大原则"现实原则"，它强调个人与社会的整合。每个人都生活在社会之中，一个心理健康的人必须适应社会，与社会处于和谐状态而不是对立状态。个人与社会的适应情况表现在对自己、对他人、对家庭、对集体、对社会的态度上，表现在与他人和社会建立的联系上，也表现在对各种事情的处理上。一个对外界环境适应不良的个体，在日常的生活、学习、工作中将失去其行为的统整性，学习和工作的效率会大大降低。

## 一、适应不良的现象

### 1. 新生入学适应不良

人的心理失衡与障碍皆由不能够在当前的困难和挫折面前承担责任而造成。新生适应不良往往会造成他们的逃避行为，反过来逃避行为又强化了适应不良，两者互为因果，形成了恶性循环，这常常与他们到了新的学习环境之后不能及时调整自我定位有直接的关系。

例如，在初中阶段成绩比较突出的好学生，到了高中之后，他们固守原来的自我评价，不知道"山外有山、天外有天"，常常是在自我陶醉中度过了入学之初的一两个月，直到期中考试之后方才如梦初醒。而这一两个月又恰恰是个体适应高中阶段生活、建立对外部环境良好适应的最佳时期。一旦错过这一关键时期，就会给个体心理上造成巨大的冲击，使他们变得手足无措、忧虑重重。解决这一问题的突破口也在于改变他们入学之初的错误认知，客观地为自己在新的群体中重新定位。

### 2. 新学期开学适应不良

开学伊始，有的孩子抗拒开学，甚至出现厌学、逃课等状况。课堂注意力不集中，回到家里倒头就睡，沉迷手机，或对一切事物都不感兴趣，情绪非常低落。这是学生突然从假期状态进入学校上课状态，学习不适应的体现。

## 二、适应不良的原因

1. 就学科难度而言，知识难度随着年级的增加而不断递增。比如，高中的知识面更宽，思维难度更大，学科知识的综合性、系统性、应用性增强。这些都要求学生有更强的学习能力来应对高中的课程，但一部分学生还停留在初中较弱的能力水准上，学习方法、学习习惯、学习策略也都存在很大问题，从而造成学习方面的适应困难。

2. 就习惯而言，年级越高对学生学习的自主性要求越高。在初中的时候，很多学生没有养成自主学习的习惯，主要靠家长和教师的督促。到了高中，教师不再像初中教师一样频繁地督促学生，很多学生就无所适从，甚至是"无所事事"了。

3.就信心而言，激烈的竞争造成部分学生自我效能感低下。尤其是进入高中后，竞争更为激烈，部分学生的自信心在多次失败以后被击得粉碎，自我效能感低下，对学习失去兴趣。

### 三、解决适应不良问题的办法

1.引导学生学会"积极适应"

"面对现实"是处理适应不良问题的总原则。运用现实疗法，让学生面对现实，不再逃避，班主任要运用智慧引导学生与现实环境保持良好的接触。在现实生活中，我们对于自己所处的环境，多数人都是抱着一个目标，并积极努力去实现那个目标。如果遇到困难或阻碍，一定会想尽办法去克服。即使真的失败了，也会做一些自我反思，改变原来过高的目标，设定一个与现实接近的新目标，再去做新的努力。对于大部分同学，班主任可以在学生学习遇到困境的时候，引导他们客观认识问题，重新调整目标，在哪跌倒在哪爬起来。也有学生使用"消极适应"的方法，这样的学生遇到困难，往往会找出种种理由从现实中退却，表现出逃避性的行为。这实际上是一种自我防卫机制，可以理解，但不可过度使用，否则对学生人格的健全发展是很不利的。

2.采用"面质"的方法进行教育引导

所谓"面质"，是指班主任指出学生自身存在的情感、观念、行为的矛盾，促使其面对或正视这些矛盾的一种语言表达方式。实施面质，并不在于向学生说明他说错什么话，做错什么事；也就是说，不是"指出错误"，而是"反射矛盾"。前者的重心落在纠正错误上，指示学生；后者的重心则落在讨论矛盾，帮助学生。"面质"有利于学生认识自己对人、对事的理解和要求及其与现实间的差距，促使其自我思考，勇敢面对现实，从而做出行为或认知上的改变。有些学生在认知上存在误区，他们不愿承认现实，处于一种心理防御状态，他们躲在自己的精神世界里，不愿承认自己与其他同学的差距，这样做虽然免于自尊心受打击，但是从长远来看，有可能会给他们带来更大的伤害。通过"面质"，就可以协助学生自我认识，鼓励他们消除过度的心理防御机制，正视自己的问题，从而逐渐适应新的学习环境，使问题得到妥善解决。班主任在进行"面质"时关注以下几点。

（1）面质必须以良好的师生关系为基础，以充分接纳学生为前提。因为面质所涉及的问题对学生来说可能具有刺激性，或者有一定程度的威胁，这就有可能伤害学生的自尊心，甚至导致危机的出现。有了良好的师生关系，学生在理智上就不会把面质理解成是平时有些老师对他的一种居高临下的质问了。

（2）面质要有事实根据，事件必须具体、明确。使用面质之前，教师必须仔细倾听学生的叙述，充分把握各种信息，明确学生的差异与矛盾之处，这样才能做到有的放矢。如果在事实不充分或者不明显时使用面质，就容易给对方造成"小题大做""故意找碴儿"的误解，进而影响效果。班主任在使用面质时，必须具体明确地指出学生在语言与非语言信息以及前后看法上的差异或矛盾之处，否则学生就可能会认为是老师刁难他而产生抗拒或争辩。

（3）面质要使用和缓的语气，用尝试、试探的态度进行。用尝试、试探的态度进行面质，会给学生留有余地，使他在心理上容易接受，不至于产生逆反心理。比如教师说"不知道我的感觉对不对，你几次的考试成绩都不太理想，与自己不能专注学习有很大的关系"，以这种语气去面质，就比"我认为你成绩不理想主要原因是学习不专注"这种语气要委婉得多，因而学生更容易接受。当然，在班主任面质以后，学生可能会寻找种种借口进行搪塞或者拒不承认，这时候教师不应与学生争论，而应该倾听学生的叙述，寻找机会进行下一次面质。

（4）面质不宜一步到位，而应循序渐进地进行。班主任即使充分地了解了学生心理上存在矛盾或误区，也不能一下子指出他的矛盾所在，否则会令学生措手不及，甚至会产生防御心理，矢口否认。如果循序渐进，如层层剥笋一样让学生逐步接受，最后的面质才会水到渠成。

**案例呈现**

### 适应——学生成长路上不可或缺的一课

一、问题

2021年3月，七年级下学期开学。我作为一位做了将近10年的班主任，在新学期第一周里，没有看见预想中的学生应有的新鲜劲儿和喜悦感。恰恰相反，学生状态普遍具备"颓系少年"特征，具体表现为：

1.一周之内，学生先后以头痛、腹痛等身体原因请假的有5人，也就是平均每天就有一位，这是很不正常的。

2.迟到现象相较于上学期明显增多。

3.晨跑出勤率堪忧，个别同学想方设法逃避此项运动。

4.对新知识求知欲望不足，表现为上课沉默寡言，昏昏欲睡；对班级学校活动都没有明显的兴趣。

总体来说，上学期班级的积极氛围，学生的良好习惯基本消失殆尽，大有"一朝回到解放前"——新生入学时一片散沙的态势。

二、原因分析

产生这一系列现象的原因是"开学不适应"，经过一个寒假，学生自身的生理与心理都会有所改变，而且随着时间推移，他们的生活习惯、学习习惯、学校环境都有所改变。由于认知环境与现实环境的碰撞，部分适应能力弱的学生就会出现不适应的情况。

首先，冬季昼短夜长，假期可能晚睡晚起居多，学生不适应上学期间作息时间，开学后不能立即回归到早睡早起，于是变成了晚睡早起，缺乏睡眠导致身体不适，疲乏或疼痛，无精打采。

其次，假期缺乏必要的户外活动或室内运动，耽于享乐，耐力不足，身体运动机能下降，不能适应长跑运动，进而产生畏难情绪。

最后，假期无需面对考试压力，学习氛围相对轻松，开学后压力骤然增加，适应和自控能力较弱的学生，对紧张的学习生活，心态转换不及时，产生巨大的心理落差。个别学生甚至会找种种理由回避要面对的学校生活。

三、问题解决

1.心理层面——走进去，引出来

（1）架设沟通情绪的桥梁，巧用共情小技巧。要疏导"开学不适应"负面情绪，首先要架设链接的桥梁，做一个情绪链接，最好的办法就是共情，也就是同理心。

这个年纪的孩子，直接说教很可能会适得其反。身为班主任，学生要走的路"帮他走了"，学生要说的话"帮他说了"，比如针对迟到这一现象，对于学生的行为首先表现出理解，然后用并不消极的语气来表达"老师也困啊，早上听见闹钟的时候真想再睡五分钟啊……"等同理心；针对不想面对开学这一现象，"老师也不怎么想开学啊，又要有考评啦……"这样，即顺利建立起沟通的第一步，拉近距离，获得学生"同是天涯沦落人"的同理心。

（2）给予积极的心理暗示，引导学生正确面对开学。《心理学大词典》给"心理暗示"的定义：用含蓄、间接的方式，对别人的心理和行为产生影响。暗示作用往往会使别人不自觉地按照一定的方式行动，或者不加批判地接受一定的意见或信念。成功的心理暗示是要建立在认同心理基础之上的。情绪桥梁架好后，就获得了这种认同，就可以进行心理暗示了，把学生从"不适应开学"的负面情绪里带出来。

班主任可以传达给学生的情绪暗示有很多，例如虽然不怎么想开学，但是想到新年新学期新开始，可以看见大家新面貌，又充满了期待；想到生活还要继续，理应面对；想到该为了理想目标努力奋斗，又充满了希望等等。然后引导学生想一想、聊一聊他们的期待，潜移默化地把积极情绪传达给学生，让他们意识到并接受假期已经结束的现实与他们共同面对开学。

2. 行动层面——家校携手

（1）班级层面。一方面，召开主题班会，如《假日趣事分享会》《寒假的成长收获》《新学期狂想》等，帮助学生树立信心，放松心情，以接受的心态去迎接新的学期；另一方面，身体力行，以身作则，如跑步运动，与学生共同立志，共同坚持等。

（2）家长层面。提醒家长一方面以乐观的态度跟孩子聊新学期，给孩子以信心，说一些欣赏和鼓励的话语；另一方面表现出对孩子学校生活的兴趣与好奇，了解孩子的校园生活。还要注意避免给孩子买容易分散注意力的物品。

3. 有效预防——提前干预

为降低学生"开学不适应"的发生概率，在学期末的时候，提前对学生的心理和行动计划展开两方面建设，为预防开学畏难情绪打一剂强效预防针。

（1）回顾过去与面对长假。让学生、家长回忆开学时候遇到的起床困难、上学困难、跑步困难，对比适应学校生活后的良好状态，及时反思，正确面对寒暑假生活，合理利用假期做有意义的事情，如学特长、运动、旅游、探访等，不要重蹈"开学不适应"的覆辙。

（2）自我管理意识与伙伴带动。组成"友好小组"，制定假期运动计划，时间分配计划，坚持每天运动，设置小组实践活动，互帮互助，互相监督。

（3）开学前10天开始逐步调整作息时间，为开学返校做准备工作。

四、反思总结

通过共情心理暗示、行动同步效应、积极预防干预的方式，辅以家校联动，帮助学生学会适应，懂得面对，收获成长。

学生获得的第一个身份，叫作"人"，学生是发展中的人，所以在成长的路上，会有困惑，也会遇到困难，班主任是与学生日常直接接触最多的人，给予学生理解与关心，给予帮助与指引，更重要的应是给予学生面对困难的勇气，面向未来的决心，在一颗颗理应朝气蓬勃的心房里，埋下一颗充满期待、勇于攀登的种子。

（长春市净月高新技术产业开发区第一实验学校　徐旭）

### 拓展研讨

"开学综合征"是近年来新词汇之一，是指临近开学阶段，孩子身体和心理状态产生明显变化。如失眠、嗜睡、腹痛、疲倦、食欲不振、记忆力减退、理解力下降、厌学、焦虑、上课走神、情绪不稳定等。这些不适应的表现往往会持续一段时间。作为班主任，我们应该如何应对这一现象呢？

## 转变厌学心理

学习对学习者而言，既是一种内在的驱力，又是一种内化的需求，而厌学不仅与个人的利益相背离，也与社会化相冲突。

——王瑞（海南师范大学）

### 智慧导引

厌学是学生对学习的一种负面情绪表现，从心理学角度讲，厌学是一种心理行为，是学生消极对待学习活动的行为反应模式。主要表现为学生对学习认识存在偏差，情感上消极地对待学习，行为上主动远离学习。厌学程度有轻有重，严重的厌学心理会给学生的发展带来很多不良的后果，因此，在干预学生的厌学心理时，一定要掌握其厌学的根本原因，对症下药，力图从根本上解决问题。

### 一、学生厌学的原因分析

学生厌学，有其客观原因，如受到考试制度、教育观念、教育体制、教育内容、课程设置、教学目标、教学方法等影响以及受到部分消极社会因素的制约；但相比较而言，主观因素起到决定作用。厌学，关键在于"厌"字，"厌"是一种心理状态：厌烦、厌倦、讨厌。这种心理现象产生的根本，还是学生内在的心理因素起决定作用。

1. 受环境影响缺乏积极学习动机

当学生对学习缺乏足够的认识，没有任何需求的时候，他们是不可能热爱学习的。部分学生对学习意义的认识是消极的，甚至是错误的，他们从家庭或者社会那里接受了某些错误思想，认为读书无大用，没有读书照样可以做生意赚大钱。由于受这些消极的思想支配，这些学生学习缺乏动机，从而产生厌学心理。

2. 多次失败体验造成学习无能感

学生当中也有一部分人对学习意义的认识是客观的、正确的，他们也希望通过自己的努力来换取优异的成绩。但是，由于客观和主观条件的限制以及学习方法不当等原因，他们不断地努力换来的却是不满意的结果。经受多次打击以后，他们开始怀疑自己，否定自己，从而产生厌学心理。

3. 人际关系不和谐形成逃避心理

一些学生由于性格等方面的原因，人际关系比较差，致使同学们都不喜欢他，因此不愿意进学校和班级，不愿意学习，从而产生了厌学心理。人际关系不良还有一种可能是和班主任或任课教师有矛盾或者对其有意见，因此不愿意学习该学科，造成厌学心理。这一点很值得我们班主任和学科教师深思。不仅是师生关系不佳会导致学生厌学，教师的教学方法不当、讲课枯燥乏味、课堂气氛沉闷，同样是导致学生厌学的重要原因。

## 二、转变学生厌学心理的办法

就当下社会而言，厌学心理是学生中比较常见的一种问题，它虽然是一种负面的情绪和行为，但还不是一种诊断名词，所以在常用的诊断标准里没有这种现象。班主任应注意及时发现学生厌学情绪，并通过多角度、多侧面的教育引导，寻求转变学生厌学心理的办法，引导学生快乐学习，积极学习。

1. 激发学习动机

学习动机是推动学生学习的内在动因，学生是在各种各样的动机驱使下产生学习行为的。没有动机或者负动机是不可能产生学习行为的。可以采取内部动机开启与外部动机诱导相结合的方法激发学习动机，刺激学生的求知欲，强化知识与生活的联系，提高学生对知识价值的认识。动机的发展要靠学生的自我效能感、自我发展感、争取社会地位感来推动，要靠期望、竞争、评价来保证，其中远大的理想（包括人生观、价值观）则起决定作用。

2. 注意成功效应

成功可起到正强化作用，经常给予学生愉快的刺激，有助于推动学生积极主动地学习，防止习得性无助感与失尊感的产生。强化成功效应，可以从以下几方面入手：

（1）创设成功机会，让不同的学生在不同的学习活动中获得表现的机会，扬其所长，抑其所短，对于那些学习成绩不佳而厌学的学生更应如此。

（2）降低学习目标，低起点、慢步子、分层次是使不同类型的学生获得成功的重要途径。目标稍低一些，学生易达到，就能察觉到自身的进步，体验到成功的喜悦。

（3）帮助学生确立自我参照标准，促使学生从自身变化中认同自己的成功。

（4）及时奖励。行为主义心理学家斯金纳认为奖励是愉快的刺激，它能增加个体积极反应发生的概率。对于学生来说，成功便是最好的奖励。而对于教师来说，学生的成功是结果，如果视而不见，那么很可能会降低他们的学习热情，当然，奖励要以精神鼓励为主，以物质鼓励为辅。如此，能使学生心理获得积极的满足感与自豪感。

3. 帮助正确归因

归因是学生对自己的学习行为结果的原因做出解释或推测的过程，是一种比较稳定的人格定量，它可以对后继学习产生深刻的影响。正确的归因，有助于推动后续学习；错误的归因，则往往会抑制后续学习。所以，班主任要适时、正确地引导学生进行归因。如应该引导学生将自己学习成败的原因归之于自身努力——成功了是努力到位，失败了是努力不够。不能归因于能力，否则，成功了可能助长骄傲情绪，失败了必定产生颓废心理，而后者极易导致厌学现象的发生。当学生认为自己天生愚笨时，很容易灰心丧气，泯灭信心，失去继续学习的勇气。

**案例呈现**

### 没有什么比保住孩子的上进心更加重要

一、问题

期中考试结束，我总会接到一些家长的电话，问我孩子在学校表现怎么样？孩子的成绩怎么样？大学能不能考得上？家长们的苦恼大致相似，比如

A同学家长抱怨到，"孩子就是成绩不好啊！每天早上孩子出门，我都叮嘱孩子在学校要听老师的话，一定要认真听课，上自习也要抓紧时间，认真写作业。晚上孩子回到家里，我也没出去打麻将，就陪着孩子写作业，孩子写到多晚，我都尽力陪着。可是，每次考试成绩出来，有些学科个位数都考出来了。特别差的学科，周末都到补习老师那里去了，钱没少花，可没啥效果啊！"再看孩子，成绩下来时候一个个垂头丧气，睡了一晚上，第二天全都复原了。之后开始慢慢懒散，再然后垂头丧气，再懒散，循环往复。

二、原因分析

学生产生厌学现象和因为考试失利出现的自卑情绪有以下几个原因：

首先是学习动机的缺失。青春期的孩子思想还不成熟，思考问题的深度和广度欠缺，对学习目标不明确，缺乏学习动机。

其次，学生平时自我要求不高，贪玩，怕苦，努力不够，缺乏上进心而被动接受现状。

最后，对于努力后的几次考试失利，学生容易产生习得性无助，容易将考试失利归因为自身的智力和能力等方面。

三、问题解决

1.引导学生，明确目标

与这些孩子讨论"学习究竟是为了什么"的话题，把正确的学习观传递给孩子。龙应台对她儿子说："孩子，我要求你读书用功，不是因为我要你跟别人比成绩，而是因为，我希望你将来会拥有选择的权利，选择有意义、有时间的工作，而不是被迫谋生。当你的工作在你心中有意义，你就有成就感。当你的工作给你时间，不剥夺你的生活，你就有尊严。成就感和尊严，给你快乐。"王小波说："读书就是为了让自己变得更聪明，更有趣。除此之外，读书还可以学会思考，免遭他人给自己洗脑，能摆脱别人对自己的精神奴役。引导孩子树立明确的学习目标，为了幸福有价值的生活而努力学习。"古往今来，马云、韩寒、朱自清等都出现过偏科的现象，但是最后都创出了自己的一片天，因为他们从来没有放弃梦想，明确学习的意义和价值，为之努力，保持住向上成长的学习生活状态！

2.联结家长，长善救失

学生因为长期的失败，或者不合理的比较和评价，导致他们产生了习得性无助的消极心理。对有这种心理的孩子，教师和家长都要给予他们看得见的爱，这种尊重和爱与成绩无关，是因为他是一个人，得到尊重和爱是他们的权利。对孩子进行积极评价，挖掘孩子的优点，因势利导，营造和谐的师生关系和亲子关系。这些干预策略能帮助孩子重拾信心。

3. 正确归因，逐步达成

（1）引导孩子正确归因

比如考试之后，孩子们面对不甚理想的考试成绩，可能会做如下归因：①试题太难；②我太笨了；③我还不够努力，方法不当；④运气太差。习得性无助的学生往往会归因为第②条，将失败归因为稳定的自身因素。这就要求我们积极引导他们归因为第③条，使其明白自己失败的原因，或引导其归因为第①条或第④条。当孩子学会正确的归因，他就没有借口退缩，敢于面对失败之后，他会试着改变自己。

（2）引导学生逐个达成目标

指导孩子把大目标分解成若干小目标。目标太大，实现起来困难，会消磨这些孩子的上进心。因此，老师要指导这些孩子将目标进行分解。比如孩子给自己定语文学科必须考到 90 分的目标。那老师就要帮助他分析：语文考试总共有多少个考点，每个考点有多少分，每个考点包含哪些知识点。把知识点理出来之后，再根据知识点的难易度来分解。比如每天背诵并默写一首古诗，每两天做一篇课外阅读练习题。目标分解的详细具体，每达成一个目标，老师要及时表达赞赏。如此反复，孩子的成就感就慢慢产生了。

四、反思总结

通过引导孩子树立正确的学习动机，分析孩子的学习心理，引导恰当的归因，和家校联合的关爱，激励孩子努力学习，激发孩子的上进心。班主任的工作核心就是帮助孩子精神的成长。光讲道理是空洞的，如果附以名人演讲，用视频、实例和老师家长的关爱监督，通过具体的实操手段，孩子一定会有改观和成长。

（长春市第一三七中学　郑春昂）

**拓展研讨**

苏霍姆林斯基说过："如果孩子一连得了 2 分，他就同自己的命运妥协了，觉得无所谓了，求知欲的火花被熄灭了，第二次点燃求知欲的火花是多么难呀！"无论是义务教育阶段，还是高中阶段，如果一个班级的评价体系过于单一，量化学习成风，学生的情绪反应就会显出消极倾向。作为班主任，怎样通过多元化的评价策略带动学生的积极情绪呢？

# 科学调节考试焦虑

> 焦虑与人类同时诞生。而且由于我们永远无法掌握它，我们将不得不学会与其共存，就像我们已经学会与风暴共存一样。
>
> ——保罗 ⊠ 科埃略

## 智慧导引

朱智贤主编的《心理学大词典》中认为焦虑是由于个体不能达到目标或不能克服障碍的威胁，致使其自尊心与自信心受挫，或使失败感和内疚感增加，形成一种紧张不安、带有恐惧的情绪状态。焦虑一般分为现实性焦虑、神经过敏性焦虑和道德性焦虑三类。如学生面临升学、求职考试时，因为渴望获得他人或社会认可而产生的焦虑，就属于现实性焦虑。若是由心理——社会因素诱发的忧心忡忡、挫折感、失败感和自尊心的严重伤害引起的焦虑，就属于神经过敏性焦虑。而由于违背道德标准，在社会要求与自我实现发生冲突时产生内疚感，这样的情绪反应则属于道德性焦虑。比较严重的焦虑则称为焦虑性神经症，这是一种神经性障碍。其中表现出反复的惊恐发作、突发的紧张性忧虑、害怕或恐惧等症状的称为"惊恐性障碍"；表现为持续的紧张不安，并转向慢性过程的称为"广泛性焦虑障碍"。焦虑与学习息息相关。在求学过程中，学生的考试焦虑表现得相当普遍，也是困扰班主任和学科教师的一大难题。班主任可以通过采用自信训练、系统脱敏、归因训练等方法来帮助学生克服考试焦虑。

## 一、考试焦虑的表现及成因

### 1.考试焦虑的本质是什么

考试焦虑即由考试引起的焦虑，属于现实性焦虑。考试焦虑包含认知、生理、行为三种基本成分，通常是由这三种基本成分交互作用而成的一种复杂的情绪反应。一般说来，年龄越小，焦虑水平越高，其对认知学习的干扰就越大；随着年龄的增长，身心的成熟，这种干扰强度有逐渐下降的趋势。但在我国的教育文化背景下，年龄愈是增长，学生承受的学习和升学压力却愈大。尤其是上了高中，能否考上大学、考上什么样的大学，特别是能否考上重点大学等压力缠绕着孩子，空前巨大，焦虑程度不断加深。所以，从实际情况来看，学生的考试焦虑是随年龄的增长而呈上升趋势的。

2. 如何看待个体考试焦虑

个体考试焦虑的出现有赖于考试的情境，这是引起考试焦虑的外部原因。由于个体之间的内在差异，同样的应试情境在不同人身上会有不同的情绪反应。这取决于个体的人格倾向、认识评价能力等。考试焦虑其实就是在一系列内外因素相互作用下形成的，以担忧为基本特征，以防御或逃避为行为方式。弗洛伊德认为，焦虑常常会无意识地受到过去经验的强化。如对考试过分害怕，以致看到监考老师就紧张不安，则可能成为考试恐惧症。这种精神压力每遇到考试情境就会受到强化，于是成为个体焦虑情绪反复出现的一个源头。面对关键性的或重要的考试，多数学生会产生一些心理压力，不可避免会产生一定程度的考试焦虑。一般而言是没有什么害处的，但严重的考试焦虑会对学习具有极大的危害，并对人的身心健康造成潜在威胁。

## 二、考试焦虑的调节与克服

与高度焦虑匹配较高的学习能力才能促进学习，如果与一般学习能力甚至低能力结合，加之期望值较高，就会抑制学习。把焦虑控制在中等程度，有助于水平能力一般的同学的学习提升。班主任可以采取哪些办法来帮助学生应对考试焦虑呢？

1. 引导学生经常进行"自信训练"

具体步骤如下：

（1）学会觉察个人消极的自我意识（必须用书面语言清晰地表达出来，随时记下）。

（2）养成向消极的自我意识挑战的习惯（向消极的自我意识进行自我质疑，认识其不现实性和不必要性，阐述其带来的危害，并明确以后应对的态度）。

（3）自我教导训练，包括：①自我观察。观察自己的学习与生活，找出不舒服的情境，说出或者写出与考试情境有关的负向的内在对话。②寻找积极的内在对话。引导学生寻找与原有非理性观念不相容的思考方式，并用新的内在对话来表达。③学习新的技能。让学生在现实情境中练习新的内在对话，并帮助学生掌握一些有效的应对技能，以便更好地适应考试情境。

2. 针对个体灵活运用"系统脱敏"

系统脱敏是利用条件反射原理，先进行放松训练，然后循序渐进地减弱学生对考试的过敏性反应，直至消除。用系统脱敏克服考试焦虑的具体步骤是：首先，弄清楚引起考试焦虑的具体刺激情境，其次，将各种焦虑情境按程度轻重，由弱到强排成"焦虑等级"，依据放松训练方法，学会一种松弛反应，最后将松弛反应逐步地、有系统地同焦虑反应予以匹配（按"焦虑等级"由弱到强的顺序），通过两种反应的对抗作用，使松弛反应彻底抑制焦虑反应，达到脱敏目的。

郑日昌教授等人制定了一个对考试焦虑进行系统脱敏所用的假定等级程序，可供班主任们参考：

（1）听说我不认识的某些人必须参加一次考试。

（2）有位熟人告诉我，他得参加一次正规考试。

（3）班主任宣布，三天内将进行一次小测验。

（4）班主任宣布，两周内将进行期中考试。

（5）我是在临考前的大约第 10 天，开始为应试而做准备的。

（6）现在距离考试还有一个星期，我复习得还很不够。

（7）明天就要考试了，今晚我觉得准备得还不充分。

（8）我走在去考试的路上。

（9）我看见其他应试者陆续来到。

（10）我看见一个人忧心忡忡，正在匆匆背诵。

（11）监考的教师到了，我等得发急，脑子好像也失去了知觉。

（12）我收到了考卷，开始做题之前，我把卷子仔细看了一遍。

（13）我中断考试，考虑自己怎样才能比其他人做得更好。

（14）我从余光看监考教师，他就在我附近走动。

（15）我被一道试题难住了。

（16）我看见有人在我之前答完题，交了卷子。

（17）时间几乎快到了，我根本做不完了。

（18）考试后我在跟别人交谈，发现自己的某些答案同他们不一样。

针对相应焦虑等级，班主任引导学生依次进行考试情境的想象，体验自己紧张、焦虑的感受，然后进行自我放松，直至同样情境在想象中再次出现时已经不再感到紧张，即可进入下一等级的放松训练。经过一段时间的"自我想象——紧张——放松——再次自我想象——紧张——放松"的循环训练，便能逐步、有效地达到脱敏的目的。

3. 正确指导学生进行"归因训练"

在学习过程中，成功与失败的经历无法避免，学生对自己学业成败的原因分析尤为重要。归因不仅会影响其自信心、学习活动的坚持性以及对后续活动成功的期望，还会进一步影响今后学习动机的强弱。所以，在平时的测验或练习结束后，班主任可以经常引导学生做些自我分析，使他们学会一种正确的归因方式——强调失败是由于缺乏努力，而不是缺乏能力，这样便可以改变因遭遇反复失败而产生的习得性无助和焦虑感。

## 案例呈现

### 缓解学生考试焦虑不再难

一、问题

进入高三阶段性考试前，A 同学找到我说："老师我能不能申请这次考试不参加了？"听到孩子这么说我感到特别惊讶，高三之前 A 同学一直是一个积极上进，学习认真刻苦的学生，成绩虽然不能说特别出类拔萃，但是也能在班级排到前十名。我以关心的口吻问道："孩子，为什么不想参加考试呢？"A 同学："老师最近我感觉特别累，还出现易怒、头痛、失眠、厌食的现象。自从进入高三后，总有一种看哪科都觉得有好多知识点不会的感觉，特别迷茫，看到周围人都那么认真的学习，我还有种负罪感，觉得对不起父母、对不起老师、对不起自己的前途；同时我还注重其他同学对我的看法，现在我面对高三一次次的考试，感到压力越来越大。考场试卷下发后我感觉眼前一片漆黑，即使做过的类型题也忘了。等考试结束走出考场，又全都记起来了。上次父母得知考试成绩后狠狠地责备了我，因此我对考试越来越恐惧，老师我该怎么办呢？"

二、原因分析

A 同学为考试焦虑的心理现象，具体原因包括以下几点：

1. A 同学存在捆绑式思维，习惯把考试结果与父母、老师、同学的评价及自己的前途、命运绑在一起。

2. A 同学之前刻苦学习却没有好的结果，导致大脑出现疲劳感，睡眠和休息时间不足，影响 A 同学的学习效率和考试发挥。

3. 存在考试阴影，这种阴影来自父母对 A 同学的期望值过高以及 A 同学过于注重周围同学的看法，由此 A 同学的心理压力逐渐增大，心理问题转变为身体问题，出现了头痛、失眠、易怒等病症。

三、问题解决

1. 安抚孩子

先安慰 A 同学用平常心对待考试，每次考试只是阶段性的检验近期学习成果，不要看重成绩的高低，要注重学习的过程，相信努力会有回报，以后有什么事情多和老师沟通，老师一定会帮助你。

2. 咨询心理医生

与心理医生沟通后学到了可以缓解考试焦虑几种方法：

（1）放松训练法：考前紧张导致失眠，可多听轻柔的音乐，也可按摩太阳穴促进放松，入考场后闭目深呼吸。

（2）自我暗示：心里默念我能行、不紧张等词语。

（3）转移注意力法：一旦出现考前紧张情绪，患者可及时转移注意力，如做题、背知识点、做运动、唱歌等。

（4）森田疗法：森田疗法的精髓在于"得之坦然，失之淡然，顺其自然"，当考生出现考试焦虑的时候，不要过度担心考试内容是否复习到以及考试结果是否满意等。

3. 与家长沟通

"A 同学家长您好，咱们孩子一直以来学习都十分刻苦努力，而且平时尊敬师长，乐于助人，我一直都很喜欢这个孩子，但是最近我发现孩子有点疲惫，不知道您是否也发现孩子存在类似的现象……"与家长沟通的过程中，得知家长时而用"孩子要为父母争口气"等语言刺激孩子，家长期望过高无形中给孩子过大的压力。

我劝诫 A 同学家长："不要给孩子过高的预期，注意与孩子的沟通方法，不要过多地去评判、议论孩子分数，多些耐心、多些鼓励。"

4. 心理疏导

帮助 A 同学认识高考不仅是知识战更是心理战，考试心态好，才能正常发挥。一次成绩的好坏，并不意味着自己就没有好的前途，每次考试只是对前面学习的总结。我与 A 同学约定，当出现心烦意乱时叫老师一起去打篮球，将注意力转移到运动上，在打篮球时对其进行关爱、心理疏导；经常分享各科学习的方法，提升其学习效率；科学的使用森田疗法，宽慰自己，坚定努力就会有回报。

四、反思总结

通过尊重、理解、关爱、引导等方式进行辅导，加上家长的积极配合，A同学的思想意识有了很大改变，认识到不应过分注重考试结果，更应注重学习的过程，端正自我。本次疏导后孩子进步很大，学习主动性增强，头脑变得清晰，心情变得轻松愉快，思维也变得敏捷，注意力更加集中，记忆牢固持久，效率大大提高。通过本次心理疏导，A同学的学习兴趣和动机被充分地激发出来，缓解了孩子考试焦虑，失眠、厌食、易怒等现象大有好转，孩子信心倍增，更能以积极平和的心态应对以后的每一次考试。

（长春市农安高级中学　李林峰）

**拓展研讨**

材料：

理性情绪疗法是认知疗法中的一种，由美国著名心理学家阿尔伯特·艾利斯提出，其核心理论是ABC理论。在ABC理论模型中，A代表诱发事件，B代表个体在遇到诱发事件后对该事件的信念、解释和看法，C代表继诱发事件后，个体情绪和行为的反应结果。诱发事件A只是引起情绪和行为反应的间接原因，而B才是引起情绪和行为反应的主要原因。因此通过改变个体的错误信念，可以消除其相应的情绪困扰。

思考题：

高中生小魏平时作业完成得不错，上课听讲也认真，但考试到来之前就会有不适的反应，如头晕、心烦意乱、坐立不安；在考试过程中，听到同学翻卷子就烦躁，遇到不会的题，大脑经常一片空白，结果影响了考试成绩。根据理性情绪疗法，班主任应该怎样设计合理的方案来帮助小魏调节考试焦虑？

# 有效引导选课走班

如果需要在正确和错误的外表之间进行选择的话，理性对此是无可挑选的。

——蒙田

**智慧导引**

高中班主任都会遇到对学生进行文理选科指导的事情。随着新一轮高中课程改革的推进，选课走班制度应运而生，成为课程改革的一个重要方面。新课程采用"3+1+2"模式。其中"1"是指在物理和历史两门课中必选一门；"2"是指在化学、生物、思政、地理四门中任选2门。新的选课走班模式，为学生提供了更多的选择机会，指导选课也成为家长和学校极具挑战性的一项工作。学生在选课时往往更加迷茫，尤其是在生物、化学、政治、地理四门课中犹豫不定。在更多的课程组合中，怎样合理选择是一门学问。无论是从个人成长还是社会发展来看，进行选课走班都有重要的意义。然而，因为个体认知、家庭教育、社会发展等各方面因素的影响，学生面对众多选择时比较茫然，常常会出现随意、从众甚至不知如何选择的状况。学校应该综合考量学生的兴趣爱好、个性特点、能力素养以及高校招生政策、社会发展需要等因素，引导学生及家长做出正确的选择。

## 一、选课走班存在的主要误区

就现实情况而言，面对选课走班，学生及家长会存在下面一些思想倾向。

1. 受传统观念的影响

在比较普遍的"学好数理化包打天下"思维的影响下，大多数同学偏重理科，真正喜欢文科的学生比较少，只有物理、化学、生物这些学科成绩不好的同学，无奈之下选择文科。这种状况限制了一些优秀的学生去报考文科。

2. 受性别论的影响

有些家长在思想上认为女孩适合学文科，于是女生盲目学文的很多，限制了她们向理工领域发展的机会。其实女性所拥有的许多特质正是一个成功的科技人才不可或缺的条件，许多时候，女性在决策能力、组织能力、工作投入等方面均胜于男性。随波逐流式的选择可能耽误了一些具有理科潜质的女孩子。

3. 受就业前景的影响

从高校招生情况来看，理科的招生院校、可选择的专业确实多一些，文科院校和专业相对较少，而且文科高考录取分数较高。志愿的事毕竟关系着孩子的择业、就业，所以很多家长不顾孩子的实际情况选择了理科。

## 二、选课走班决策中的基本方式

不论是文理分科还是新课改中的选课走班，学生在选择的时候一般表现出三种类型：

1.依赖型：对自己缺乏清楚的认知，将选择的权利交给父母、师长或朋友，丧失自我。

2.直觉型：依据自己的兴趣做决定。

3.理智型：综合考虑自己的喜好、能力、思维特点、未来的职业选择等因素，分析利弊，慎重选择。

## 三、有效引导选课走班

面对种种困惑，基于对学生的了解，班主任有必要提供一些有益的建议，或者有效的信息。

1.扭转家长对文理科的片面认识

人文科学和自然科学都同等重要，自然科学也有冷门，人文科学也有热门。这主要是由国家发展和社会需求决定的。比如建国初期，发展经济是国家的当务之急，需要大量的社会主义建设人才，理工科的专业就很热门。当前，国家强起来了，对管理、法律、外交等人文领域的人才需求增加了，相关的文科专业就比较热门。班主任要和家长一起分析现状，与时俱进，改变观念。

2.给予学生自主选择的权利

高中学生对自我的兴趣、优势以及未来想从事的职业等有了比较清楚的认识，家长如果违背孩子的意愿，强迫孩子做出选择，他们在学习中就会表现消极，所以这种包办代替实际上对孩子的伤害很大。这也说明学校进行文理分科指导的必要性，可以避免学生因被动选择而出现问题。如果学生不明了自己的兴趣所在，可以咨询班主任、科任老师或同学，汇总多方面的意见来正确认识自己。或提前了解院校专业的特点，以确定自己兴趣所在。还可以开设以讨论文理分科为主题的生涯辅导活动课，让学生畅所欲言，各种观点充分碰撞，既论证自己，也论证他人，达到集思广益、助人自助、理智决策的目的。班主任要引导家长做的就是让孩子做主，帮孩子收集资料、分析参谋。

3.指导学生理性对待由理转文

现在中学里常会出现这样的状况：起初选了理科，学了一学期甚至一年后，觉得考试成绩不理想，然后去选择读文科，对于这些学生，班主任应指导他们在选择文科前仔细分析自己的状况再作决定。要知道自己理科成绩差的原因是什么，是学习态度的问题，还是学习方法的问题；是思维方式的问题，还是基础知识的问题等。如果思维方式有问题，提高成绩确实难度挺大，就可以当机立断选择文科。而对于新课改"3+1+2"模式来说，在确定了"1"的情况下，文科理科的方向基本确定了，班主任再结合高校相关专业对考试科目的要求以及学校的办学条件、特色优势等给予学生科学、务实、个性化的学科指导，选课走班的难题就会迎刃而解，就会减少或避免中途文理互转的现象出现。

4.平衡学科优势与学生兴趣的矛盾

比如有的学生文科能力占优势，但兴趣却在理科，或者相反。对这种情况，教师、家长的指导应以兴趣为选择导向，所谓"知之者不如好之者，好之者不如乐之者"，兴趣才是最好的老师。

从新形势下育人方式和高考选拔制度的变化来看，选课走班是否合适可以说关系着一个人的前途与命运，所以无论学生选择哪一科都一定要注意适合自己。需要引起注意的是，虽然要对学生进行文理分科的指导，但也要避免学生过早的文理偏科，因为高中阶段学习的各门功课都是基础知识。当今社会需要的是兼备人文素养和科学精神的综合人才，过早的偏科会给将来的深入学习和工作造成知识结构上的严重缺陷。目前的高考内容改革，也正在不断加强对各科知识综合运用能力的考查。

## 案例呈现

### 有效引导学生选课走班
### ——选课走班实施路径

吉林省作为第四批启动高考综合改革七省区之一，从 2021 年秋季入学的高一年级学生开始，实施普通高等学校考试招生综合改革。新一轮高考改革对高中的教育教学提出了新的挑战。我校为了适应新高考要求，根据省市有关新高考改革和课程改革精神，积极探索选择性教育理念和个性化育人方式，加强学生发展指导，积极稳妥地推进选课走班。

一、问题

今年从高一开始执行新考改，传统的文理分科不复存在，而是在语数外3科统考的基础上，在首选科目"物理、历史"中必选1门，在再选科目"思想政治、地理、化学、生物学"中自选 2 门，共计 3 门参加高考。如何根据学校现有条件，合理的确定选课组合？如何指导学生正确选择哪种组合？这对学校、老师、学生以及家长来说，都面临着考验和选择。

二、原因分析

学生刚步入高中，对自己的未来走向尚具有不确定性，加之学校也没有成功经验，在对选课组合、学生选课指导、教师分工、各科课时的分配、学生分班、排课表等方面，都是十分复杂的系统工作，我们也一直在探索如何结合学校的实际，制定出科学有效的措施，以解决这些非常棘手的问题。

三、问题解决

围绕如何选课走班，我校成立了选课分班指导小组，由教学副校长——教导主任——班主任——学科教师组成。采取的措施主要有：制定《榆树市实验高级中学校选课走班教学实施方案》；收集整理高校专业与选考科目信息制作指导展板；召开学生及家长培训会，相关领导结合学校实际进行新高考政策解读；对学生开展选科指导；班主任利用班会对学生进行选科走班的全面培训，使学生逐步明确选科的意义及选科原则；利用家长微信群、家长会等形式，帮助家长了解新高考改革要求及学校选科走班的基本思路，指导学生做出更适合自己发展的正确选择；按各种选课组合汇总统计，并根据统计数据匡算各科教师数量。系列培训、宣传、指导和准备，确保了我校新高考改革下的选科工作顺利有序地推进。具体做法是：

1. 生涯唤醒

（1）生涯指导课程

本学期开始由生涯指导老师季有春和王庆杰为高一全体学生开设生涯指导课程，本学期内容如下：

第一节  做个快乐的高中生

第二节  走进形形色色的专业世界

第三节  职业兴趣探索之旅

第四节  选课指导

（2）生涯测试

学生通过东师理想提供的测试工具进行霍兰德职业倾向测试，进一步了解自己的专业倾向并作为选科参考。

2. 选科前准备

（1）班主任动员

班主任介绍新高考政策，下发《普通高校本科招生专业选考科目要求指引（通用版）》，让学生了解并转发给家长。同时明确选科原则：

①学生根据个人志向、兴趣爱好、自身优势等因素按照对各科的喜好程度进行选择。

②学生要结合报考院校相关专业选考科目要求进行选择。

③学生根据我校的办学条件、特色优势等进行选择。

（2）结合我校实际情况及借鉴其他学校经验推荐 6 种最优组合

分别为：物化生，历政化，物化地，历政生，物化政，历政地。

（3）第一次月考和期中考试

学生通过考试成绩对自己的学科学习情况，尤其是自己的优势学科有了更深刻的了解，为第一次模拟选科做准备。

（4）召开选科家长指导会

为帮助家长更好地了解现行高考政策等方面的相关信息，指导学生做出更适合自己发展的正确选择，学校召开了选科家长指导会，聘请专家为全体家长和学生做了关于选科指导的讲座，班主任就月考和期中考试情况与家长进一步交流选科情况。

3. 模拟选科

结合第一次月考和期中考试成绩进行模拟选科。

4. 开展系列讲座

在第一次模拟选科后，学校外请专家继续开展高校专业方面的专题讲座，让学生进一步明确大学专业对学科的要求，以便进行合理选科。

5. 选科分班的实施

（1）选科分班的原则

尊重学生的选科意向；合理组班，为保证学习效果尽量不走班；在组合中采取分层教学。

（2）选科分班的主要内容

学校推荐 6 种组合，根据两次模拟选科摸底情况。物理方面组合：物化生 17 个班，物化地 5 个班，物化政 5 个班；历史方向组合：史政地 6 个班，史政生 3 个班。总共设 36 个行政班，无走班情况。

根据学生最终选科结果，在每种组合中，都进行分层教学，A 层学生按综合成绩由高到低录取，其他组合平行分班。

四、反思总结

走班不是目的而是手段，合理指导学生选择适合自己发展的学科，让学生在选择中有实际获得感，才是学生发展指导的出发点和落脚点。基于兴趣爱好还是分数优势又或是专业倾向的选科指导，教师、学生及家长如何形成共识，这是今后我们要深入探索的问题。同时，积极稳妥推进选科走班，需要加大培训力度，组织相关人员到先进地区和学校进行现场观摩学习，借鉴经验，少走弯路。因此，政府与教育主管部门提供必要的条件保障和政策支持是非常关键的。

（榆树市实验高级中学　韩秋阳）

## 拓展研讨

某高中一名高一学生的"职业专业定位测评报告"如下，请你从班主任的角度，依据报告内容，对这名学生的选科做出科学的规划指导。

### 与您匹配度最高的职业

| 职业名称 | 匹配度 |
| --- | --- |
| 大学计算机科学教师、护士长、药剂师、飞行器动力工程师、总裁助理、总经理助理 | 90% |
| 航空运输地面服务人员、汽车客运服务员、社群健康助理员、图书管理员、养老护理员、售票员 | 80% |

### 与您匹配度最高的专业

| 专业名称 | 匹配度 |
| --- | --- |
| 飞行器动力工程、飞行器质量与可靠性、生物医学工程、药学、医学实验技术、制药工程、临床医学、航空航天工程、民航运输、护理学、公共关系学 | 80% |

# 合理指导升学与择业

在选择职业时，我们应该遵循的主要指针是人类的幸福和我们自身的完美。不应认为这两种利益是敌对的、互相冲突的、一种利益必须消灭另一种的；人类的天性本来就是这样的：人们只有为同时代人的完美、为他们的幸福而工作，才能使自己也达到完美。

——马克思《青年在选择职业时的考虑》

### 智慧导引

美国波士顿大学教授帕金森在其"职业——人"匹配理论中明确阐明职业选择的三大要素或条件：一是应清楚地了解自己的态度、能力、兴趣、智谋、局限和其他特征；二是应清楚地了解职业选择成功的条件，即所需知识、在不同职业工作岗位上所占有的优势、不利和补偿、机会和前途；三是上述两个条件的平衡。帕金森的理论内涵即是在清楚认识、了解个人的主观条件和社会职业岗位需求条件基础上，将主客观条件与社会职业岗位（对自己有一定可能性的）相对照、相匹配，最后选择一个与个人匹配相当的职业。依据帕金森的理论，班主任在对学生进行升学与择业指导的时候，无外乎要指引学生思考这样几个问题：我最擅长什么、我最喜欢什么、我认为自己应该做什么、社会最需要什么以及我做什么能够得到最优厚的报酬等。

### 一、学生升学与择业面对的困惑

据调查，大多数高中生对自己大学要学什么专业、未来要从事什么职业、人生要有怎样的规划都没有清晰的认识。很多学生在进入高三之后才开始思考自己以后的发展方向，尽管亡羊补牢，为时未晚，但因为面临着高考，升学压力比较大，没有太多时间研究大学的专业情况，无暇进行基本的人生规划，只能确定一个大致的方向，依然比较仓促。在进行专业填报的时候就会产生心理冲突，同时又受到外界的影响和干扰，很矛盾也很犹豫，最后只能随意选择一个专业。作为班主任，主要是帮助学生从这种矛盾心理中解脱出来，这个目标是通过分析他的矛盾冲突，进行专业心理测试以了解他的个性和职业倾向以及志愿填报的指导等措施来实现的。

### 二、升学与择业指导策略

1. 进行生涯规划指导

在学生升入高中后，班主任就应该结合课程对学生进行生涯规划指导了。帮助学生了解自己的个性特长、兴趣爱好。借助学校学生发展指导中心教师的力量以及心理老师的指导，运用科学的性格、职业测试量表，深入了解每个学生的兴趣、特长、个性等。因为人的个性特征与专业选择的关系十分密切。研究显示,性格外向的人比较适合做与人打交道的工作,比如演员、记者、律师、导游、教师等；性格内向的人适合从事计算机编程、作家、会计、科研、机械设计与制造等工作。这些职业，有的要求有独立能力，有的要求有创新能力，有的要求有协作能力。班主任在指导学生选择专业时一定要考虑这些因素。

当然，学生不能只根据性格测量的结果，来决定自己将来选择什么专业。性格的测量与诊断只是为学生提供了一个了解自己个性特点的专业化咨询建议，只能作为专业选择的参考指标之一。同时，还要充分地考虑学生其他方面的特点（如兴趣、动机、能力，以及在日常生活和学习中表现出来的其他方面的心理和行为特点），并用动态发展的观点看待学生的性格特点，因为环境、教育和社会可以改变一个人性格特点的某些成分，塑造一个人的性格，我们不能陷入性格决定论的误区。

2. 了解大学和专业的相关信息

所谓"知己知彼，百战不殆"，根据学生期中和期末的考试成绩，结合近几年大学的招生考试情况，班主任可以引导学生确定自己的目标大学。利用节假日休息时间，浏览这些大学的网页或咨询老师、同学等知情者，了解目标大学的办学水平、学科设置、特色专业、就业情况等重要信息，并做必要的记录整理。另外，可以利用研学、社会实践等途径，亲自走进大学校园，深入各个学院进行调查、采访，尤其是可以与在读本科生或研究生交流，从而获得对自己感兴趣的专业的客观认识。

3. 确定自己的目标专业

实际上这种专业选择的指导主要是帮助学生完成一个规划抑或设计。而这种设计是基于对自我了解与对职业（专业）了解的基础之上的。在前期做好铺垫后，学校要尽可能多开设一些选修课，多组织一些学生社团和社会实践活动，让学生广泛接触各行各业、各种专业技能、各项研究领域、各种科研成果，了解社会的多方面需要，这才有可能培养他们广泛的兴趣，并为确立自己的理想、前途、志愿勾画出最初的轮廓。学生逐渐意识到自己的职业（专业）与个人价值观有特定的联系，并且某些职业比其他职业更适合自己的人生理想和价值追求。学生最终的目标应该是为自己未来所从事的职业未雨绸缪，想一想擅长做什么、喜欢做什么、应该做什么、社会最需要什么这几个问题。最终，一定能够拥有一个能够充分反映自己意愿的职业。班主任就是要帮助学生做出合理而明智的选择，同时帮助他们为实现自己的理想而积极准备。

所以，专业选择的问题实际上成了人生规划的一个重要部分。

4.及时了解相关政策和信息

不同的年份，报考院校和专业的要求会发生变化，包括报考条件、体检规定、政策加分、就业状况等都可能对录取产生影响，要尽可能多地了解，作为填报志愿的重要参照。提醒家长尽量不要替孩子做决定，不能"越俎代庖"。因为家长喜欢的专业孩子不一定喜欢，也不一定非要"子承父业"。

## 案例呈现

### 授人以渔，幸福择业

一、问题

A同学是一个学习上进、有爱心、踊跃参加学校各项活动的学前教育专业二年级学生，在班级担任学习委员，由于性格活泼开朗，学习成绩优异，老师与同学都非常喜欢她。进入高三，我却发现A同学学习懈怠，专业课不好好实践练习，文化课也不注意听讲，甚至课上跟同学说话，课下作业完成也不好，学习成绩明显下滑。在A同学的影响下，班级有很大一部分学生也出现了学习消极应对、学习热情不高的情况。通过与A同学妈妈在微信详细沟通，并与其他同学深入交谈，我发现以A同学为代表的部分学生最近的学习状态及成绩变化和她们临近毕业，面临升学和择业困惑及压力有密切的联系。

二、原因分析

以A同学为代表部分学生的行为是因为到了高三，她们认识到目前中职学校学生就业还是很困难，就业难和就业环境不乐观的烦恼时时困扰着她们。一是在当今的社会背景之下，很多学生选择学前教育这一专业，其中高等教育院校学前教育师范生加入，加剧了中职毕业生就业形势的严峻程度。可想而知，幼儿园和家长都希望用学历更高，具备完善且全面的知识和专业素养的高校毕业生。二是中职学前教育专业毕业生即使找到就业岗位，大多数只能到规模不大的私立幼儿园工作，工作环境和待遇不理想，毕业生心理落差大。三是毕业生职业生涯规划不够，虽然学校也对学生进行了职业规划教育，但是由于形式和次数不到位，也在一定程度上影响了学生的升学和就业。

三、问题解决

1. 做好职业生涯规划，确定升学就业目标

针对学前教育专业高三学生面临升学和就业的困惑，我让 A 同学等认真上好学校的职业与生涯课。讲课教师在对学生进行充分调研的基础上，给每个学生确立升学就业的职业生涯规划方向，学生根据自己实际情况，在高三第一学期末就制定了切实可行的职业生涯规划，从而确定了自己毕业后的择业目标。

2. 聆听专家专题讲座，解除升学就业困惑

为了使 A 同学等树立正确的升学就业观，我动员学生参加了学校组织的择业专题讲座，东北师范大学心理学院院长、博士生导师盖笑松教授为她们做了"让未来之光照亮今天的路"的专题讲座，盖教授通过类比，生动地阐述了什么是职业生涯规划，为什么要进行生涯规划，并从"知己""知彼""选择""目标""行动"五个方面阐述了规划的方法。通过讲座，一方面解除学生升学就业中的困惑，明确了今后的升学择业方向；另一方面也使学生的职业生涯规划制定更具实用性。

3. 组织参加创业培训，提高就业创业水平

在高三第一学期，我组织 A 同学等参加了榆树市巾帼培训学校在我校举行的创业培训，培训为期 10 天，主要为学生培训创业评估、创业条件及创业构思，学生根据老师的讲授，制定了自己的《创业计划书》。通过培训，使学生掌握了就业创业的技能和方法，明确了升学就业的方向。

4. 做好学生实习工作，奠定升学就业基础

为了提高学生的升学就业率，我组织并要求班级同学认真参加学校组织的实习实践活动，主要是高三第二学期的顶岗实习，为期一个学期，学生基本都到幼儿园进行实习，学校定期进行检查，学生把在校所学的知识充分应用到幼儿教育实践中，边学边练，各方面的素质明显提高，很快适应本职工作，这样就为毕业后升学就业奠定了坚实基础。

5. 灵活选择升学就业，拓宽学生择业机会

为了促进高三学生升学就业，扩大人才培养范围，满足学生学习和就业的需要，为高校和幼儿园输送优秀人才，我鼓励学生想就业就可以直接就业，想继续升学深造的，就可以通过中高职贯通培养和对口高考升入上级高等院校继续学习，大学毕业后再就业。

## 四、反思总结

由于配合学校采取了符合学生实际升学就业指导措施，我发现A同学的学习积极性比以前更高了，其他学生的学习热情也逐渐高涨，比学赶超的学习氛围在班级内已经形成。今年六月份毕业，A同学以优异的成绩升入了理想高等院校继续进行学习，更为可喜的是全班67人，有26人参加了对口高考，25人升入上级高职院校，升学率96.2%；39人直接就业，就业率95.1%。根据事后调查分析，升入上级高等院校的学生，学习目的明确，积极参加学校活动，对毕业后的就业充满信心；直接就业的学生专业对口率达到了98%以上，毕业学生实践技能强，能够胜任本职工作。

（榆树市职业技术教育中心　王立群）

### 拓展研讨

每到高三毕业，大多数学生在选择大学、填报志愿的时候，往往表现出目标不明、定位不准、茫然焦虑的状态，面对众多选择，总是摇摆不定，以致选了与自己的兴趣、能力不符的专业。站在学校的角度，怎样规避升学择业"临时抱佛脚"的问题，如何最大限度地帮助孩子们做好生涯规划，如果你是一名高中班主任，试着设计一节以"走进多彩的职业世界"为主题的班会，引导学生进行专业、职业的自我规划。

## 话题三　心理教育的智慧

## 入学适应指导

*最高明的处世术不是妥协，而是适应。*

*——吉姆梅尔*

### 智慧导引

一年级学生新入学，极易出现不适应的表现，主要有对环境的变化、学习的模式、人际关系的不适应等。有经验的教师都会重点关注小学新生的入学适应问题。

　　小学生在刚入学时出现的负面感受和行为，如害怕、担忧、不想上学等，多是入学焦虑所致。本部分将从新生入学会遇到的问题和如何解决两方面帮助班主任指导学生顺利度过新生入学初期。

## 一、面纱揭开——新生入学常见的适应性问题

　　1. 无法适应全新的环境

　　新生刚进入一个全新的环境中，非常容易出现不知道自己的班级所在位置、食堂的位置、厕所的位置等问题，很多种困难因素极易让新生产生手足无措的心理，离开幼儿园时期老师事无巨细的照顾，导致有些孩子感觉很没有安全感。

　　2. 无法适应系统的学习

　　新生踏入小学校园，会受到多种因素的影响。系统的学习模式对于他们来说是十分陌生的，甚至有些新生对"学习"这个词毫无概念，缺少正确的学习方法。同时，有些孩子在上学之前并没有系统的学习经历，或是在幼儿园阶段曾经有过不愉快的学习经历，在入学后，又一味地听从教师的指令，从而对小学的系统化学习出现逃避和厌恶的心理，导致其自身的学习质量受到严重影响。

　　3. 无法适应良好的社交

　　与他人进行沟通是建立良好社交的基础。而这些新生往往会因为一些小事就与同伴发生争吵、互不谦让，更做不到与同伴相互学习，可能与其在幼儿园时教师过于溺爱有关。他们无法在短时间内与同学和老师建立和谐的关系，对集体生活很难产生共鸣，这也是导致他们无法尽快适应小学生活的原因之一。

## 二、多措并举——帮助学生尽快融入学校生活

　　1. 减小入学压力

　　为了让新生尽快适应学校环境，首要任务就是引导他们熟悉校园环境、熟悉生活学习节奏。首先，学校可以开展新生入学仪式，表达学校对新生的欢迎，让新生对新环境产生兴趣；其次，各班可以根据实际情况开展有班级特色的欢迎工作，通过温馨的教室布置、教师温柔的欢迎词，让新生进入教

室就喜欢上自己的班级；最后，在新生家长会上邀请新生和家长同时参加，让他们对教师产生信任和依赖，通过家校合作共同提高新生对环境的适应力，帮助他们尽快适应小学的生活。

## 2. 提高交往能力

刚刚踏入小学一年级的学生在交往中难免拘谨，教师可以从不同角度提升他们的人际交往能力。首先，鼓励新生建立良好的交往意识，引导新生愿意与不同性格的同学交往，交流时做到讲礼貌、懂沟通，这样在面对和陌生人的沟通上不会产生恐惧心理。其次，建立合作学习模式，例如通过小组讨论等方式拉近学生之间的距离。

## 3. 激发学习兴趣

刚入学的一年级新生，还没有形成良好的学习习惯，教师可以通过培养良好的习惯让新生建立自信，对学习产生兴趣。一年级新生由于年龄特点更喜欢有趣的事物，在教学过程中可以利用多媒体教学，向学生呈现大量的直观画面，调动学生对知识探索的欲望，从而激发学习兴趣。

## 4. 建立成长手册

教师可以在刚入学时就为每位学生建立成长手册，通过学生的变化不断调整教学和实施个性化教育。如，让胆小的孩子学会勇敢尝试；鼓励内向的学生充分展示自我等。通过学生成长手册，让管理变得更加有针对性，使每个学生都有独特的成长空间。建立学生成长手册是帮助新生适应环境的有效途径。

通过科学的方法指导，小学一年级新生一定可以更好地适应校园生活。作为一名智慧型的班主任，应具备足够的耐心，积极的工作态度和无私奉献的精神，引导新生做好入学准备工作，帮助他们正确面对入学后发生的变化，使他们对校园生活充满期待。

**案例呈现**

# 陪你长大

一、问题

在一年级的新生家长会后，L 同学在家长的陪同下，有礼貌地向我问好并说"老师再见"，机灵懂礼貌的他第一次见面后给我留下了很好的印象。然而，我万万没想到的是，开学第一天，在校门口，让我最手足无措的，就是这个机灵的他。只见他左手攥住妈妈的领口，右手使劲拉住大门的栏杆，边哭边喊道："我不想上学，我要回家！"从7点40一直持续到8点，他始终保持着一个姿势，任凭家长怎么哄怎么劝，他就是不肯走进班级。最后妈妈被气得转身离去，两个保安叔叔架着他走进教室。但只要走进教室，他好像立马换了一个人，停止哭闹，拿出课本，好像刚才的事情根本没有发生过。在学校的一天，脸上也时常挂着开心的微笑，和同学们相处得比较愉快。但是到了第二天，第三天，甚至第五天的早上，他又会恢复到第一天早上的状态，如此反复了两周的时间。

我观察到，L同学脾气有点暴躁，不懂得谦让同学，情绪也是时好时坏。我很担心入学困难和他的情绪不稳定问题会影响他以后与同伴之间的交往，为此，我对L同学进行了观察和指导，希望我的指导可以使他有意识地控制自己的情绪，尽快地适应小学生活。

二、原因分析

L同学在面对新环境所产生的一系列问题主要为其幼儿阶段形成的性格特点和家庭教育等因素影响所致。他每天早上拒绝上学，甚至脾气暴躁，正是对新环境的一种无声反抗。这样的孩子，可能是缺少家庭成员的关注，缺少安全感和认同感，所以在进入一个全新的环境时，以"拒绝上学""以自我为中心"这样的表现引起大家的关注。

三、问题解决

1. 家校联手共同疏导

L同学出现以上行为的原因大多和家庭有关，我选择了和他父母进行面对面的沟通方式。通过谈话了解到爸爸因工作需要常年在外地，对L缺少陪伴；在仅有的陪伴的日子中，爸爸对L也是时常缺少耐心，经常对其进行批评和责备。妈妈也非常不认同爸爸的教育方式，认为爸爸对L太过苛责，加之孩子长时间缺少爸爸的陪伴，所以妈妈就尽其所能地弥补，其中不乏经常妥协、没有原则。这就导致了L经常通过哭闹把"不可以"变成"可以"，非常以自我为中心。找到问题的根源后，我建议爸爸先让自己的情绪平稳，毕竟家长的稳定情绪能够润物细无声地影响到孩子；我又建议妈妈改变自己的教育方式，不娇不惯，以正确的方式去引导孩子。

2. 给予关爱获得信任

为了能够让L快速融入新的环境中，我在私下没事就帮他整理整理衣服，或是经过他身边的时候拍拍他的肩膀，上课时认真听讲时及时表扬，让他感受到老师对他的关爱，消除他对全新环境的紧张感，建立一种安全感。同时在回答问题的过程中我发现他语言表达能力非常强，所以我经常在语文课上叫他起来为大家读故事，L声情并茂的讲解让大家听得意犹未尽，就约定第二天还由他为大家读故事。慢慢地，我发现L每天早早就来到学校，期盼着为同学们读故事，校门口撕心裂肺的叫喊声渐渐被教室里的欢声笑语所取代。

3. 融入集体学会宽容

几周下来，L的变化是可喜的，我趁热打铁在每周班会时间开展"找优点"主题班会，试图让他们看到其他同学身上的闪光点，不能因为某个同学犯了一点小错误就去疏远他，而是多想想别人身上的优点，学会换位思考，宽容别人的同时也就是在宽容自己。在班级里营造了一个轻松友爱的环境后，L的脾气渐渐变好，我们的班级也成了一个越来越有凝聚力的集体。

四、总结反思

一年级新生刚刚迈入小学，离开家长的怀抱独自面对全新的陌生的环境，出现各种不适应的情况是正常现象。作为老师，不管是从技术层面还是精神层面都应该帮助学生建立信心，获得足够的安全感，采取多鼓励、多表扬的方式，帮助新生顺利度过这一重要的阶段。

（长春市宽城区天津路小学北校区　苗悦心）

**拓展研讨**

新生入学除了对于新环境的适应问题之外，还存在注意力不集中、集中时间短的问题，注意力的训练方法也是老师们亟待解决的问题，对此，您有什么好办法？

# 帮助学生走出性困扰

一开始就给以全然的性解放，不会有结果。你不难明白，一旦情欲的满足太轻易，它便不会有什么价值而言。

——西格蒙德·弗洛伊德

**智慧导引**

性是一个敏感的话题，许多班主任视之如洪水猛兽，唯恐学生与之沾上边。其实，性是人类社会繁衍生息的根基，是伴随人一生的本能。青春期的中学生出现两性关系的朦胧情愫是十分自然的。他们渴望与异性交流、亲近，给异性传纸条、写情书、约会，这是一种朦胧的好感，但这不是爱情。作为班主任，如何引导学生走出性困扰，重拾青春的活泼自信，就显得格外重要。

## 一、中学生性困扰的表现

中学生进入青春期后，随着身体的发育，身体便会表现出明显的第二性征。许多刚刚进入青春期的中学生，对自己身体出现的这些性变化，常常感到困惑，有的甚至惶惶不安，常见的性困扰有以下几点。

### 1. 生殖器官焦虑

一些处于青春期的中学生对外生殖器的变化非常敏感，有的男生对阴茎发育的大小感到苦恼，有的女生也会为乳房发育的大小感到不安；有的男生因自己的阴茎会在公众场合勃起而焦虑不安，有的女生则为自己有"不干净的地方"讨厌自己等。他们对性知识的好奇、对异性的关注等容易引发一些无谓的担心甚至是焦虑。

### 2. 性冲动焦虑

有的女生偶尔会做一些错落零乱、变化无常的性梦，并在梦醒之后能够回忆起梦境的内容，因而会产生一些道德上的自我谴责；有的男生偶尔会因做梦导致遗精，由此自责，千方百计想控制自己，可在梦中又不能自已。另外男女生都可能会产生对手淫习惯的自责和焦虑等。以上情形概括起来说可以称之为"由性成熟带来的性困扰"。

### 3. 心理与性本能引发的冲突

具体表现为内心深处想与异性交往的想法与早期先入为主的对两性关系片面的认识之间发生严重的冲突，导致心理平衡遭到破坏。如家长不允许早恋，学生自己也认为早恋"玩物丧志"，但是生物性本能又驱使他忍不住关注异性，接下来便是后悔与自责，而生活中又无法回避异性，长期的自我压抑又使他们常常失去控制。最后导致恶性循环：反复下决心，反复失败，反复自责，精力无法集中，精神极度疲乏，影响学业与身体健康。

### 4. 同性恋倾向引发的困扰

具体表现为情感和欲望的对象只限于同性，甚至为其神魂颠倒，想要与之有亲密的行为；经常会感觉孤独，有较强的抑郁感，有的则有罪恶感和羞耻感。但是由于本土文化的影响，社会与家庭对同性恋倾向的学生常常持有歧视看法，缺乏必要的尊重与接纳，由此造成这一类"弱势人群"的性困扰。

## 二、青少年性困扰产生的原因

虽然如今学校教育中已经有了开展性教育的意识，但是青少年的性困扰并没有少，这到底是什么原因造成的呢？

### 1. 性教育的缺失

实际上学生从正规渠道获得的性知识并不多。调查显示：中学生主要从网络媒介、老师、同学、父母处获得性知识，其中网络媒介高居首位，占比近49.7%。然而网络媒介上的性知识良莠不齐，有时对学生并不能起到很好的引导作用。因此，多数青少年处于偷偷摸摸地获取生殖健康知识的状态。面对性生理和性心理的种种烦恼与困惑，他们渴望及时得到相关问题的解答和指导。

### 2. 性问题仍是禁区

虽然如今人们的性观念逐渐开放，但是性教育在校园里、课堂上仍被视为"禁区"，压抑了中学生的性本能；同时关于性知识的刻板偏见也导致学生在面临性问题时往往会感受到一种压力与威胁，担心受到嘲笑和伤害，便采取封闭的策略，造成性知识的匮乏，压抑了性本能，从而导致性困扰。

### 3. 网络带来新的性困扰

网络是把双刃剑，它可以使中学生更加方便地检索性知识，但同时又给中学生带来新的性困扰。比如网络交友、虚拟结婚、网上性交易等，都会造成中学生的性困扰。

## 三、如何引导学生处理性困扰问题

存在性困扰的学生在向老师求助时，心里总会有些担忧。一是担忧老师不能遵守保密原则，致使自己的个人隐私泄露；二是担忧老师会嘲笑自己的想法或者行为，使自己尴尬；三是担忧自己的想法或者行为下流、变态，受到老师的批评和责骂。因此当这类学生求助时，作为班主任老师，更要注意自己的言行，以免对学生造成二次伤害。因此，建议班主任做到以下几点：

### 1. 积极关注求助学生

存在即合理，每个人做任何事必有他的苦衷。班主任应站在一个客观的立场上，不以道德的标准来评价学生的想法和行为，而是对学生进行无条件的关注，信任学生、理解学生、尊重学生，引导学生走出心灵困境。

### 2.适度地自我开放

自我开放指的是辅导教师开放自己的某些经历、经验、思想、情感等，与学生共享。包括把自己对学生的体验感受告诉学生和分享相关个人经验两种形式。自我开放在面谈中十分重要，辅导者的自我开放和学生的自我开放具有相等的价值。自我开放可以建立并促进辅导关系，能使学生感到有人分担了他的困扰，感受到辅导教师是一个普通的人，并能借助教师的自我开放来实现学生更多的自我开放。

### 3.掌握青春期性知识

如果只是凭着自己的经验来处理学生的性困扰，对于学生就很难真正有效地起到疏导作用。所以班主任应具有一定性教育的专业知识，在教授知识的同时，引导学生树立正确的性道德观。教师应以客观的态度，告诉青少年需要掌握的性知识，教给他们如何对待性问题，要让他们明白性行为要符合社会道德要求，而这些教育内容是不能"无师自通"的。

### 4.灵活开展性教育

为了保证性教育能够取得良好的效果，可以灵活运用多种方法展开。如讲授知识、开主题班会、进行案例分析、讲故事、看电影、特邀专家讲座、组织讨论等。讨论交流是青春期性教育的常用方法，这种方法要比单纯的灌输和说教更有效。在适当的小组组合中，青少年处于宽松的环境和自由的气氛，畅谈自己对性问题的困惑和看法，进行交流和相互借鉴，提高解决问题的能力，也可以发现自己的性问题并不是独有的，从而消除焦虑，正确地面对自己的性困扰。

中学生的两性心理敏感脆弱，经不起风吹雨打。处理他们的两性心理问题，不应一味否定、压抑，而应冷静、科学地了解它、解释它、驾驭它。这就要求班主任有智慧和才干，有更多的同情心和更广博的知识，在具体问题的处理上应巧妙进行疏导，淡化他们对性的神秘感，将他们的注意力转移到发展智力和树立良好道德品质的轨道上来。

### 案例呈现

**春天来了，花就开了**

一、问题

小浩是一位老实朴素、不善表达的男孩，刚步入紧张的初三，他的成绩就出现了明显的下滑，从全班中上游一直下滑到了班里后十名。我观察发现：小浩最近上课精神萎靡，心不在焉。每次课堂上我提问他时，他都会带着茫然的神情站起来，根本不知道我在提问什么。看着小浩同学学习成绩一步一步地下滑，我十分着急，几次叫小浩到办公室谈心，也没有问出什么结果来。有一天体育课，我看见小浩在花坛边坐着，呆呆地看着女生们在一起打闹，我喊了他一声，却看到他带着躲避的神色跑开了。小浩的问题一直困扰着我，直到情况出现了转机。"老师，小浩他好恶心！"正在办公室备课的我抬起头来，发现小浩的同桌小晗跑了过来，"怎么了？"我诧异地问道。"他看一些恶心的书，下流！""好的，老师知道了，老师会处理这件事情，不过拜托你保密哦，不要对别人说起这件事情。"送走小晗后，我坐下来仔细思考了一下，似乎明白了小浩这段时间状态不好，是因为他在懵懂的青春期，对"性"产生了困扰。

二、原因分析

小浩同学的行为，主要是进入青春期后，由于生理上的发育逐渐成熟，直接诱发了自我性意识，对"性"充满了好奇心。但是由于对性知识了解不够正确、系统，缺少正面直观的性教育，造成了对"性"认识的偏差，只能通过一些秘密渠道来获取性知识，比如阅读黄色书籍、浏览黄色网站、与同学聊黄色话题等，来满足自身"羞耻""隐蔽"的好奇心，加上青春期男生自制能力较差，家长和学校容易对这方面忽视，导致了小浩沉迷其中，影响了学习成绩。

三、问题解决

我知道自己作为一个未婚的女老师，不方便直接面对面地与小浩谈这方面的问题。因此，我从以下几方面着手，一点一点解决了小浩的问题。

1. 与家长沟通

我知道男孩子一般与母亲关系更亲密、更信任，我首先找到了小浩的母亲，约她一起谈一谈关于小浩的情况。在说起小浩在学校的表现时，我尽量使用委婉的表达方式。我从小浩的休息这一话题切入，一点一点向家长透露了小浩同学的情况，避免了"黄色、色情"等词语，而是表达为"青春懵懂、少年思春"等偏向中性和褒义的词语。在得知小浩同学的行为后，他母亲表现得十分生气，还有一些无地自容的感觉。我知道小浩的母亲也陷入了对孩子性教育的"误区"，如果家长贸然地去批评孩子，孩子的秘密被戳穿，极有可能恼羞成怒，破罐子破摔。我劝导她，对于这种情况需要"冷处理"而不是"热处理"，要在生活上多关心孩子，从成人的角度正视对孩子的性教育，一点一点从侧面去科普。同时要多留意孩子的精神状态，加强与班主任的沟通。听了我的劝导后，小浩的母亲表示会尊重小浩的自尊心，用比较柔和的方式去逐步解开小浩的"困扰"。后来，我和小浩的母亲保持了经常性的联系，共同探讨对小浩的教育。

2. 转移注意力

我与小浩进行了多次谈心，从小浩以前喜欢的篮球作为切入话题，表扬了小浩在球场上的表现和篮球比赛上为班级争取到的荣誉，一点一点地勾起了小浩的"谈兴"。我采取了"激将法"，对小浩说最近看起来身体状况不太好，不知道下次体育比赛会不会表现不佳。小浩随即向我表态，立下了课后一定多加锻炼，不会在比赛上让班级失利的"军令状"。后来，我又表扬了他的数学思维和书法等天赋，一点一点将他的兴趣转移到了健康的内容上。通过几次谈话，小浩的精神状态明显有了好转，注意力更加集中了。

3. 普及生理知识

初中七年级有一节生物课，只是简略地讲解了一下生理知识。为了更进一步普及这方面知识，我请学校的生物老师，分别在班级为男女同学讲了一节生动的生理课，采取图文并茂的形式，讲解了男生和女生在心理和生理上的不同，也让同学们明白了"性"不是羞耻的，应该正视这一话题，正确地对待青春期的心理萌动。通过生理课，我明显感到小浩似乎放下了心里的包袱，整个人都阳光开朗了起来。

四、反思总结

"春天来了，花就开了"，初中生正处于身体发育的关键时期，他们的生理和心理发生了明显的变化，慢慢开始对"性"产生了浓厚的兴趣。作为班主任，要意识到"性"不是洪水猛兽，不要回避，要去疏导去引领。同时，要注意尊重同学在"性"方面敏感的自尊心，解决问题的过程中要注意柔和、委婉的方式方法，尊重人性，关注个性，引导同学们健康正确地走过人生的"花季"。

（长春市第一五三中学　李金徽）

**拓展研讨**

进入初中后，学生"青春萌动"的现象十分明显，如果班级开始出现课上暗生情愫、课下偷偷"约会"的现象，作为班主任，应该如何对学生进行青春期性教育呢？

# 青春期性别角色教育

人类的集体潜意识包括男性潜意识中的女性倾向——anima（阿尼玛）和女性潜意识中的男性倾向——allimus（阿尼姆斯）两个原型，人类天生具有双性化的生理和心理特点。

——卡尔·荣格

## 智慧导引

提到教育男孩，不免就会想到独立、勇敢、竞争等人格品质，以及男子汉的形象气质；提到教育女孩，不免就会想到温柔、文静、细腻等人格品质，以及淑女的形象气质。这其实是一种性别刻板印象，而班主任也容易陷入这种刻板印象。性别刻板印象是针对某一性别的性格特征、外貌、行为、角色的普遍看法或成见。性别刻板印象能够方便人们快速判断个体，但更多的是限制了不同性别人士的自我认同和价值追求。因此这种刻板印象对于班主任开展青春期性别角色教育工作是不利的。

## 一、性别刻板印象产生的原因

1.性别角色教育的缺失

首先，由于学校和家庭教育的过程中，忽视了不同性别角色的不同需求，导致个性化教育缺失；其次，学校和家庭教育追求升学率，心理健康教育不受重视，性别角色教育更少。

2.传统性别角色观念的影响

传统社会男耕女织、男主外女主内的分工，形成了以生物性别为依据的不同性别社会形象和标准，而这种传统的性别角色观念已经不适用于如今多元的社会文化发展。诸如"男孩适合理科，女孩适合文科""男孩适合工程师、警察类职业，女孩适合幼师、护士类职业"等性别刻板观念会限制青少年的自我价值追求。实际上男孩女孩在言语能力、视觉空间能力、算数推理能力方面的差异是非常微小的。

青春期的主要发展任务是自我同一性的建立，即"我要成为一个什么样的人"，而受性别角色教育缺失和传统性别角色观念影响形成的刻板印象，会限制青春期学生的自我认同和自我价值的实现。

## 二、双性化性别角色教育的必然性

青春期的生理巨变使青少年的性别意识急剧增强，性别角色在青春期开始迅速发展，这一时期也成为个体性别角色发展的关键时期，因此研究青春期的性别角色教育现状是极其必要的。然而我国目前青春期性别角色教育的现状是：男孩面临着更为严格的性别角色要求、更高压力的性别角色期待；女孩面临着更为压抑的性别角色要求和期待。但是随着社会经济的发展和多元文化的需求，男孩可以有更加多元的职业、价值追求，女孩也需要更广泛地参与到社会劳动中，因此传统的性别角色教育已经无法满足当下青春期学生的发展需求。

只有不受传统性别角色的束缚，进行双性化性别角色教育，学生才能在性别平等的前提下，保持自身性别角色的良好特质，汲取异性的优秀品质，实现自我性别认同，逐渐形成稳定的双性化人格品质。研究表明，具有双性化性别角色特征的个体能够更为灵活地行事，人际关系更好，适应能力更强。

作为对青春期学生具有重要引导和影响作用的班主任，必须反思当前性别角色教育存在的问题，思考如何更好地进行青春期双性化性别角色教育。

## 三、班主任如何开展双性化性别角色教育

双性化的性别角色教育是指在性别角色教育过程中，教育者持有双性化性别角色观念，引导受教育者树立性别平等意识，打破性别刻板印象，实现自我性别认同，发展双性化人格品质的过程。班主任必备的性别角色教育观念和技能是保证青春期双性化性别角色教育开展和实施的重要因素。

1.班主任开展双性化性别角色教育的观念要求

在观念上，班主任要认识到：

（1）双性化性别角色教育的本质是性别平等。双性化性别角色教育指的是每个学生都可以兼具同性和异性的兴趣、性格、能力等心理特征及人格特质。例如，男孩可以感性细腻，女孩也可以勇敢豪气。

（2）双性化性别角色教育的目标是自我认同。青春期双性化性别角色教育的目标应该是帮助学生认识自然性别的异同，促进自我性别角色认同，发

展双性化人格品质，追求自我价值的实现。

在性别角色教育中，班主任需要做到以下几点：

（1）树立健康、平等的双性化性别角色教育观，对于学生性别角色发展持有双性化的期望。班主任必须认识到，无论男孩女孩，只要是积极健康的品质都应该被鼓励。同时班主任要注意语言、行为上的性别暗示对学生带来的影响。

（2）掌握一定的性别角色教育理论，具备一定的正确归因和价值澄清的能力，指导学生正确的归因和价值观澄清，不能让性别刻板印象成为阻碍学生个体向异性学习的原因。例如，"女生学不好理科"的观念容易让女生对理科失去兴趣、产生怯意。班主任可以通过集体讨论、辩论赛、榜样示范等方式阻断这种归因惯性。

（3）培养自身的双性化人格品质。班主任对理想性别角色的认识不能仅停留在认同阶段，还要努力行动起来去塑造自身双性化人格品质，形成刚柔兼济的外在形象和内在品质，为学生提供双性化角色榜样。

2.班主任开展双性化性别角色教育的技能要求

在技能上，班主任必须明确：课堂教学内容、教学组织管理以及学生活动指导等，对学生性别角色的选择和认定、性别角色观念的建立以及性别角色认知的形成都会产生直接的影响。

（1）在课堂教学中，要注意教学材料的使用，不要在备课、授课的环节传递性别刻板印象和偏见。例如，"男生要学习书中男主人公坚强勇敢的品质""理科的问题女生学起来费劲"等观念都带有性别刻板印象和偏见。

（2）在班级管理中，要关注个体差异，引导学生摒除性别偏见，鼓励学生挣脱性别角色束缚；接纳同学的不同，鼓励学生均衡发展男性特质和女性特质，挖掘学生的潜能；在班干部选拔和工作分配中，鼓励学生探索自己的兴趣和发展方向，引导学生学会合作；多开展集体两性交流活动，营造尊重差异与性别平等的班级氛围。

（3）在集体活动中，鼓励自由选择活动，在活动体验中克服自身性别角色限制，挖掘异性潜能，促进身心的全面发展和人格的完善。如鼓励女生去从事具有竞争性、创造性等特点的活动，也鼓励男生去从事需要细致性、情感性等特点的活动。有意识地组织异性学习合作小组，鼓励不同性别的学生共同参加合作性活动。如指导男生做家务、引导女生踢球等。

除了必备的性别角色教育观念和技能，班主任还需要扩充自己的知识量。除了具备必要的学科素养、青春期辅导知识之外，班主任还应掌握性别教育的相关知识，具备双性化性别角色教育的能力。另外还可以涉猎文学、数理、艺术、生涯规划、积极品质培养等方面的知识，了解学科特点和学生发展特点，更全面地开展性别教育，更好地引导学生实现性别认同。

双性化性别角色教育是性别教育的理想模式，并不意味着要把每个学生都培养成双性化人格。基于智慧班主任的双性化性别角色教育，能够提升学生自我同一性水平，促进学生性别角色发展，引导学生追求自我价值，为学生创设更加自由平等的成长空间。

## 案例呈现

### 让学生像花一样绽放

#### 一、问题

2019年初，我还在一所公立学校任教，是一名中学心理教师，负责学校的心理健康教育工作。开学前几天，突然接到校长的任命，希望我能够在教学管理中将教育理论和心理育人结合在一起，让我接手一个新班级。这是一个新成立的特殊班级：学生不多，学习基础差，学习成绩不太理想，学习兴趣不浓，学生上进心、自信心不强；初始阶段纪律比较涣散，常规工作无人过问，活动懒于参加，班级氛围不佳，集体缺少凝聚力；青春期问题明显；家校合作效果不太理想。

#### 二、原因分析

经过一段时间的观察和总结，我发现了新班级问题的原因所在。在学习方面：学生学期成绩不理想，原因在于缺乏学习兴趣和学习动机，而缺乏学习兴趣和学习动机的根本原因在于他们从小学阶段起就被给予"男孩脑子笨，背不了诗""女孩逻辑思维差，学不了数学、物理"等评价。在班级活动中，男生女生各自为营，导致班级没有凝聚力，集体荣誉感不强；在青春期问题上，学生们被评价为"学习不好的男孩就是调皮、爱闯祸""学习不好的女孩就是心思没在学习上，光想着追星和早恋"等；在家庭教育方面，家长持有"男孩长大不学理科没出息""女孩从事服务行业不用学习也行"等观念。而以上这些观念和评价均和青春期性别角色教育紧密相关。

三、问题解决

1. 在学科学习中树立学习信心

在学科学习中通过激发学习兴趣来增强学习动机，制定学习计划，加强定向练习，增加展示学习成果的机会，让学生感受学习带来的乐趣。例如，男生都表示很喜欢语文学科，但是近期因为不会背诵文言文导致语文课堂效果不佳。于是采取男生之间互相竞争的方式来比赛背诵。以《小石潭记》为例，建立一个持续性的小目标，每天背诵两句，督促男生刻意练习。经过一个星期的努力，男生也可以和女生一起背诵《小石潭记》，语文老师的惊讶和鼓励更增强了男生的信心，男生们逐渐放下"男孩不会背诵"的性别刻板偏见。

2. 在班级管理中学会欣赏同学

在班级管理中，帮助学生建立双性化性别角色意识，鼓励学生积极参与班级管理，挖掘自身优秀品质，并引导学生摒除性别刻板印象，学会欣赏异性同学身上具备的优秀特质。例如，在之前的班级管理中，女生因为"管理能力弱，号召能力差"等评价导致极少参与班级管理。于是采取"一日班长制"的方法，让男生女生轮流当班长，参与班级管理，并每日进行总结，鼓励学生思考当天的收获和班级的进步。让女生学会欣赏男生的勇敢和担当，让男生也看到女生在班级管理中细心、负责任的优点。在这个过程中，还有一些同学脱颖而出，如男生中细心的小 T、耐心的小 M，女生中果敢的小 Y、大胆的小 G 等同学也逐渐让同学们刮目相看。

3. 在集体活动中促进学生合作

在集体活动中，通过鼓励男生女生的合作，让同学们看到合作带来的新鲜力量和优势。例如，在之前的集体活动中，学生只对个人赛或同性集体活动感兴趣，如单人跳绳、男生的篮球赛等活动。同时男生认为"跳绳是女孩的游戏"，女生也认为自己和足球没有关系。班级活动时男生女生各自聚堆，这也间接导致班级凝聚力不强。于是，积极鼓励具有身高优势的女生小 W 参与班级的投篮比赛，鼓励身材娇小但是耐力十足的女生小 D 和小 G 参与班级男女混合足球赛，另外利用每天中午的活动时间带领全班同学一起跳大绳等，通过这些活动促进男生女生之间的合作。一段时间后，我发现班级的男生女生都能积极踊跃参加班级各项活动，所有人都能积极出力。

4. 在个别辅导中挖掘学生潜能

在个别辅导中，对学生进行青春期双性化性别角色教育，引导学生树立性别平等意识，打破性别刻板印象，实现自我性别认同，发展双性化人格品质。例如，引导家庭有"重男轻女"观念，从而养成讨好型人格、被人欺辱不敢反抗的女生小A认识自身细心、包容的优点，挖掘自己在数学学科的潜能，鼓励小A重新肯定自己；引导小B走出从小就被评价为"男孩就是调皮捣蛋"的性别刻板标签，平时鼓励小B，通过小组活动接纳小B；启发家长多关注孩子，注重孩子的内心感受。通过家校合作，增强小B感受爱、表达爱的能力，挖掘小B谦让、勇敢、有责任心的优秀品质，帮助小B逐渐融入班级，走近父母。

5. 在家校合作中推进生涯教育

在做家长工作时，启发家长破除性别刻板偏见，鼓励家长在平时的学习生活中，走进孩子的内心世界，关注孩子的兴趣点，培养孩子该方面的品质，尽早帮助孩子进行学习和职业规划。例如，小Z是一个细心、憨厚的男生，担任班级的后勤部长，负责班级的备品和卫生。因一次骨折去家访时和家长沟通，通过讨论孩子的优点和劣势，家长逐渐开始思索孩子的兴趣和就业方向。在之后几次的电话微信沟通中，家长在尊重、理解孩子的基础上，决定带孩子去体验男护工的工作岗位。孩子对这一专业和职业也不排斥，逐渐设立了自己的学习目标，学习动机更加明显，家庭氛围也更为和谐。

四、反思总结

保持细心、耐心，同时果敢、坚持，让自己成为学生的榜样，让学生也能像花一样绽放，并且绽放出不一样的美丽。通过尊重、理解、共情、倾听的辅导技术，以及人人平等、人人皆有差异的观点接纳全体学生，引导学生树立性别平等意识；利用循序渐进、因材施教的教学方法，引导学生破除性别刻板印象，挖掘自身优秀特质，实现自我性别认同；通过树立榜样、合作互助、集体活动等方式鼓励学生欣赏异性同学，与异性合作，体会班级友爱和集体荣誉感带来的快乐，鼓励学生发展双性化人格品质。

一个学期下来，班级的学习成绩有了很大幅度的提高，激发了学生的学习兴趣；学生在学科活动中取得了较好的成绩，如"英语百词斩"大赛、"数学速算比赛"，培养了学生学科学习的信心；在学校活动中，取得了班级文化一等奖、棒垒球比赛二等奖等优异成绩，和谐友爱的班风班貌深入人心，增强了班级凝聚力；学生更加喜欢学习、热爱班级、尊重学校，家长对学校的评价也更好，家校合作越来越融洽。

（长春市南湖实验中学　李朝恒）

**拓展研讨**

在现实学习、生活中，青春期男生女生依然面临着性别刻板偏见，同时学生自身也存在性别角色刻板观念。作为班主任，该如何引导学生破除这种性别刻板印象和性别角色刻板观念，营造更加双性化的班级文化氛围呢？

# 正确对待"青春恋"

人在社会里生活，自然也不会只有自我，而无他人，孤零的自我是不可思议的。既有他人，也就不会不发生对他人的种种爱欲；反过来说，我们除非先把自我抛撇开去，否则要把他人和他人在我身上所激发的爱欲完全束诸高阁，也是不可思议的。

——霭理士《性心理学》

**智慧导引**

进入青春期后，出现异性爱慕倾向的青少年，会主动接近自己喜欢的异性，双方交往频繁，相互倾心，有些发展成了青春恋。青春恋与成人之间的恋爱有很大的不同，从班主任角度看，高中生并不适合在学校里谈恋爱。但是，许多学生并不这样认为，他们把青春恋视为正常的社交，甚至把没经历过青春恋视为缺少个人魅力的表现。青春恋有愈演愈烈之势，出现低龄化、普遍化和公开化的趋势。低龄化表现在青春恋学生的年龄越来越小，甚至小学高年级的学生也谈起了"恋爱"；普遍化表现在相当大的一部分中学生尤其是高中生正在谈 "恋爱"或者已经谈过"恋爱"；公开化表现在他们在校园里或者在大街上、公交车里旁若无人地做出亲昵的动作。

## 一、青春恋的特点

### 1.边界不清

青春恋的青少年对于恋情关系的发展结局并不明确。他们主要是渴望与异性单独接触，但是对未来如何组建家庭、如何处理恋爱关系和学业关系，如何区别友谊和爱情等都缺乏明确的认知。正如时下的流行语"只在乎曾经拥有，不在乎天长地久"。他们很少能考虑到以后会发生什么，因此，稍有不慎，往往会对一方或者双方造成伤害。

### 2. 喜忧参半

有青春恋关系的青少年内心也充满了矛盾，既想恋爱又怕影响学习成绩；既想接触又怕被老师、家长发现；既想在一起又怕同学议论……因此青春恋的过程中愉快和痛苦并存。

### 3. 片面冲动

处于青春恋中的学生是非常容易冲动的。首先，表现在开始恋爱时，更多地是由性冲动和外表吸引而产生，缺乏思想情感方面的基础；其次，表现在恋爱过程中，往往是"情人眼里出西施"，将对方身上的某一方面的优点放大并由此产生倾慕之情，缺乏对对方的客观评价；最后，表现在缺乏责任感和伦理道德观念的约束，极易发生性过失行为。这种冲动性为青春恋埋下了祸根，容易使中学生被青春恋所伤害。

### 4. 脆弱易变

青春恋是一种充满变化、极不稳定的感情关系。涉世未深的青少年对自己尚缺乏成熟的管理，他们之间的爱恋关系更缺乏持久性，一般不会持续很长时间。

## 二、青春恋的影响因素

### 1. 生理因素：机体成熟、性意识觉醒

生理成熟及性意识觉醒是青少年青春恋的基础原因。在性特征出现的动力机制作用下，青春期青少年的性意识也渐渐觉醒，对异性的好奇心及神秘感不断加强，对异性会产生有别于同学间友谊的情愫，驱使他们接近异性、追求异性。随着社会的发展，生活水平的提高，青少年的青春期也有提前的趋势。

### 2. 心理因素：爱与归属感需要

爱与归属感是青少年青春恋的深层次心理原因。按照马斯洛的需求层次理论，青少年的情爱需要是个体发展的必经阶段，在个体的生理及安全需要满足的基础上就会出现爱与归属感的需要，表现为对友情和亲情的强烈渴望，希望与异性交往，同时渴望有团体归属感。

### 3. 社会因素：传媒影响、性教育缺失

性教育缺乏及社会传媒影响是青春恋教育的社会原因。许多学校忽视对学生的性教育，多数家长也羞于与子女沟通关于性的话题，青少年从正常教育渠道接触的性教育相对缺乏，但充斥于书刊杂志、电影及网络等媒介中关

于性的内容对青少年的熏染，激发着青少年对性的神秘感及对异性的好奇心，催化了青少年的青春恋。

### 4. 家庭因素：缺少家庭关爱、寻求温暖

缺少家庭关爱是导致青春恋的家庭原因。研究表明，单亲家庭父爱或母爱缺失，父母工作太忙或家庭关系紧张缺乏对子女的关爱，父母管教方式粗暴简单缺少家庭温暖的青少年，渴望从异性那里寻求安慰，青春恋情况最多。

从以上的分析可知，引起青春恋的原因是多方面的，只有认识到这些因素，采取合理的疏导策略才能有效地解决问题。

## 三、理性智慧对待青春恋

青春恋问题的处理比较棘手，需要大智慧。作为班主任，应该疏而不堵，积极地引导，而不是一味地打压。

### 1. 尊重共情，理性选择

我们承认青春恋是青少年身心发展过程中出现的一种正常现象。人是有情感的，青春期的感情萌动是成长发育与环境因素共同作用的结果。"异性相吸"是自然界普遍存在的规律，人当然也不例外。教师把这些观点告诉学生，让他（她）知道老师是理解他（她）的，从而建立起相互信任的关系，有助于以后的坦诚交流与有效沟通。不要给青春恋的学生扣上"思想复杂"和"不求进取"的帽子。要通过适当的疏导和帮助，让他们认识到青春恋的本质和局限，从而理智做出选择。

### 2. 正面引导，施爱教育

对青春恋的学生不讽刺挖苦、不训斥责骂，要充满关爱地去诱导、点拨、启发。从助力学生成长的视角，挖掘青春恋中的积极因素，引导学生全面看待"爱"，从亲情、友情、爱情多角度全面理解"爱"，不把"爱"理解得过于狭隘，在爱的教育和体验中懂得爱，学会爱己爱人，勇于担当。

### 3. 坚持底线，安全第一

对陷入青春恋较深、难以自拔的学生，要引导家长做好家庭中的教育工作，守住"底线"，洁身自爱，防止出现性过失行为。同时，把注意力向加强学习、互相比较上引导，把青春恋作为共同进步的动力，是一个理想的疏导方向。

### 4. 家校社联手，合作育人

在处理高中生青春恋问题时，单靠教师还不够，必须与学校德育工作结合起来，才能有效地发挥它的作用。学校德育部门要注意坚持正确的价值导向，

培育良好的校风和班风，实施严明有度的校纪校规，特别是要坚持开好青春期教育的心理辅导活动课和班会课，多渠道实施防范性的教育和引导。在这样一种良好的大环境中，教师才能对某些比较特殊的个案做更为有效的专业性处理。

5. 疏胜于堵，化暗为明

修道院式的女校，固然门禁森严，学生本能的冲动大多"升华"到书本上去了，其代价恐怕是离校之后"求偶历程"倍增坎坷，由于缺乏准备，难以适应。正常的方法当是化暗为明，以疏导代替压抑，学校可以通过成人礼、毕业典礼等大型主题活动，给青少年男女生提供公开交往的机会，以符合自然法则。男女正常交往的机会多了，去除了性的神秘的外衣，当有助于常态男女友谊的建立，也有益于其未来婚姻生活的准备。

## 案例呈现

### 借你一双慧眼看清"爱"

身处花季雨季的青少年，面临诸多诱惑，这些诱惑，也正是他们从中学习成长的机会。"青春恋"即是青少年面临的一个"长盛不衰"却又"历久弥新"的话题。

一、问题

最近任课老师们一致反映：小王同学最近上课又犯迷糊了，眼神迷离，成绩有波动。我猜，这个孩子可能又"因为爱情"了。小王是个聪明、成绩好、性格和长相都受女生喜欢的男生。一年前，小王和同学兰是无话不谈的好友，在兰的主动追求下确立了恋爱关系。因为受不了兰的控制，小王提出分手。倔强的兰没有过多纠缠小王，但是学习状态明显不好了，成绩大幅下降。小王有过后悔，觉得是自己影响了兰，为此还咨询过心理老师，没有马上恢复恋爱关系。近期我注意到，小王和兰接触较多，上课活动中，偶有眼神互动。

二、原因分析

我找来小王，问他学习状态差的原因，他含糊地说自己在调整学习计划和方法，又说有点迷茫，缺少动力等，显然他在回避话题。于是我拿出潜意识卡牌，让他抽一张卡牌来看看自己的状态。看到画面上的男孩困惑的表情，小王笑了，红着脸说："老师，这就是现在的我呀！"随后，和我讲述了他和兰的故事：上次分开后，兰的不纠缠，的确让他为重拾自由开心了一阵，但是兰的倔强疏离，也让他失去了这个畅聊的对象，尤其兰的学习状态和成绩下降，让他担忧。他想以普通同学的身份帮助兰，但是又怕兰多想而不敢去打扰。进入高三，学习压力大了，更需要一个倾诉和分担的伙伴，而兰的成绩更退步了。于是他自己对之前两个人的相处进行了评估，觉得上次可能是自己过于任性，而兰现在似乎也成熟一些。最好能把两人的关系简单化又能促进学习。权衡之后，他向兰提出恢复关系的请求。然而失而复得的爱情进展得并没有那么理想。虽然都有些进步，但他无法彻底转变兰的观念带来的有些行为，他感觉自己的学习能力无法保证把兰带到理想的名次，他怕"辜负"了她，也就验证了自己不行。他想再次放弃，但是怕这样做就彻底把兰的前途毁了，他说自己现在是"骑虎难下"。

三、问题解决

我感觉小王的问题不是单纯对这份"青春恋"不会处理，而是在这份感情中遇到了他性格和成长环境中的某些因素，确切说是短板。积极心理学观点认为：心理学的功能应该在于建设而不是修补。我心里一动：跳出感情来说成长，对于他的意义应该更大。于是，我对他进行了一次不一样的感情疏导。

1. 明确思维类型，知道自己的"为什么"

我让他做了个MBTI测试，了解他的思维类型，和他一起弄清楚他这样做选择和出现困惑的性格原因。测试结果显示他的特点是关注前景、擅长把握规律，前瞻性强不愿意被常规束缚，重视事情整体推进，容易忽略细节，不擅长也不喜欢过于亲密的人际关系，喜欢独处。了解了自己的思维类型，小王如释重负："原来我这样做事，不是人品的问题，有些是我的短板，过于担忧可能是因为我对未来想得太远太空洞了……"我忍不住为他的聪明点赞。然而他又提出了自己的困惑："既然我的性格不'粘人'，那为什么我放不下她，还想'拯救'她呢？"

2. 分析成长环境，探寻行为的心理机制

人的行为，受成长环境的影响很大，尤其感情婚姻的问题，受到原生家庭的影响更明显。意象对话是比较适合的方式。我问他，你明明知道自己很难改变她，却忍不住关心她，不由自主地想帮她时，你感觉自己像什么？他沉默了很久，红着眼圈讲述了他妈妈经历过两段失败的婚姻，而他想帮助妈妈却都因为年龄小而无能为力。他说自己对高考看得清，重视学习，可兰好像永远看不明白时，他就有这种无力感。他还担心，父亲和伯父都离婚了，自己会不会也经营不好婚姻，那将很失败。于是我找到了原因，小王同学的家庭环境，让他对感情以及未来婚姻产生一种习得性无助，对亲密关系有恐惧，对感情中的责任担当缺乏信心。加之年龄小，尚不具备对感情负责的经验和能力。

3. 与未来对话，为当前行为指引方向

我引导他想象自己十年后的样子，从事的工作，婚姻感情的状况，以及对那时状态的评价等等。他认真地进行了冥想，表示对未来比较满意。然后我让他想象，十年后的他给现在的他哪些建议。他说出了很多话，包括对自己的鼓励，对自己的要求等。冥想结束，他充满信心地说："老师我想这样做：既然是我挽回的她，那我现在就不说分手，和她相处时求同存异，以爱之名，尽我所能带动她好好学习。高考之后，再确定是否真的把这份感情继续。"我表示尊重他的选择，并趁机提醒他这样选择是负责任的，那就把握好尺度，不要触碰禁区底线，这是对他的一个考验，也是一种磨炼。将来成与不成，都是对兰的负责，更是不给自己留遗憾。

4. 双向做工作，争取最理想的效应

我及时和兰谈话，了解到兰在小王主动恢复关系后，很受鼓舞，学习劲头增加了。我趁热打铁，肯定她够优秀够理性，所以能得到优秀男生的认可。又拿出现在两个人成绩存在较大差距的事实，勉励她明确目标，尽全力学，在成绩上追上小王，和他并驾齐驱，是对未来两人感情发展做出的最靠谱的行为。同时也帮兰分析了她的性格特点，引导她转变一些不当的观念，调整一些言行，以提高学习和做事效率。目前，两人的学习状态平稳，关系和谐，校园中看不到他们不得体的行为。

四、总结反思

"青春恋"是一颗烫手的山芋，成年人看来，有营养但不宜马上吃；青少年看来，有温度但未必能坚持到底。作为青少年的师长，要带着过来人的理解、接纳和智慧，借给他们一双慧眼：从成长的视角，带领他们剥茧抽丝，看清爱的真相。透过"青春恋"中的爱，发现其中包含的对亲人的爱，对朋友的爱，对自己的爱，在"恋爱"中懂得规则和边界，明确责任担当与法律底线，学会面对爱、处理爱、对爱负责，走出狭隘的爱，在爱中成长。

（长春市第七中学　张洁）

### 拓展研讨

青春恋问题，令教师和家长感到非常棘手。一方面不能放任自流，因为青少年自制力差，青春恋会分散其学习精力、影响学习成绩，还可能酿成终生苦果；另一方面也不能粗暴压制，因为青少年心理承受能力较低，粗暴干涉会引发他们的抵触情绪，会对他们身心造成不良影响。班主任和家长要怎样合作，才能妥善有效地处理好青春恋问题呢？

# 消除自卑心理的良方

人类的所有行为，都是处于"自卑感"以及对于"自卑感"的克服与超越。

——阿德勒：《自卑与超越》

### 智慧导引

每个人或多或少都有一些自卑感，心理学上所指的自卑是个体在同他人进行比较后，感到自我适应性差，某些方面不如他人，因而表现出无能、软弱、沮丧、精神不振时的心理不平衡状态。有自卑感的人做事缺乏信心，比较悲观，容易否定自己。有些特殊的个体用自负掩饰内心的自卑，在处理问题和人际交往中走极端，自我矛盾。

## 一、察言观"行"识别自卑的学生

1.自我态度消极

自卑的人，通常表现为过低地评价自己，过分自贬、自责或对自己非常不满意，并且怀疑自己的能力。

2.情绪状态不佳

自卑作为一种消极的情绪体验，常表现为畏惧、忧虑、担心、多疑、不安等。

3.行为方式异常

严重自卑的学生多会低头弯腰、萎靡不振、缺乏活力、疲惫不堪。在众人面前，他们往往矜持、淡漠，一般说话声音很小或干脆不声不响，并且害怕接触别人的目光。上课时，他们不敢举手发言，尽管也理解了老师的问题，但还是会把头埋得很低。他们总喜欢坐在不显眼的地方，如靠近墙壁、角落等较隐蔽之处。由于缺乏信心，他们做事情总是缺乏勇气，犹豫不决，甚至逃避、退缩。

4. 人际关系受阻

因为自我评价过低，自卑的学生对人际关系表现十分敏感，害怕被人看不起，不与人打交道或者极少与人打交道，排斥集体活动，孤单不合群。

## 二、追根溯源了解自卑的原因

1. 经历与性格

产生自卑感的原因与个人的受挫经历和本人的性格气质有一定的关系，最根本的是因为个体对遇到的挫折或自己的缺陷、不足的评价和态度。所以，在改变这种评价和态度时，帮助学生获取成功体验就显得很重要。由于局部的成功，学生会对自己的能力进行重新评估，并且可以获得一定程度的满足。

2. 消极的自我认知

消极的自我认知与个人成长环境密切相关，年幼时家长过于严苛的要求，以指责代替教育的互动方式，会让孩子形成一种习得性无助和习惯性自我差评，以保护自己免受苛责。这种认知很难通过师生之间的语言沟通来改变，需要通过帮助学生获得成功的体验来逐步改善，并帮助学生重建对自己积极的、正面的认识和评价，从而有效唤起自信的勇气。

3. 常见的具体原因

高中生自卑的原因比较具体，有的是因为生理缺陷，有的因为记忆力差、思维迟钝、学习成绩不好，有的因为性格内向、不善交际、一无所长，有的因为家庭环境、社会地位低下等。

## 三、科学测量明确自卑程度

下面提供一个自卑的自我测验，老师们可以把它作为一个参考依据。

请根据你的实际情况，对下列题目做出"是"或"否"的回答。

1. 你觉得自己经常会遇到麻烦。

2. 你觉得在众人面前讲话是很困难的。

3. 如果可能，你将会改变你自己的许多方面。

4. 你很难做出决定。

5. 你没有许多开心的事情可做。

6. 你常常感到心烦。

7. 你对新鲜事物的适应很慢。

8. 你与你的同学相处得不好。

9. 你的家人通常不关心你的感情。

10. 你常常会做出让步。

11. 你的父母对你期望太多。

12. 你是个很麻烦的人。

13. 你的生活一团糟。

14. 别人通常不听你的意见。

15. 你对自己的评价不高。

16. 你多次有离家出走的念头。

17. 你常常觉得学习很烦，没有意思。

18. 你认为自己不如大部分人长得漂亮。

19. 你常常在众人面前欲言又止。

20. 你觉得家人不理解你。

21. 你觉得自己不像大部分人那样讨人喜欢。

22. 你常常觉得你家里的人好像是在督促你。

23. 你常常对你所做的事情感到失望。

24. 你常常希望你是另外一个人。

25. 你是不能被人依靠的。

评分规则为：每题回答"是"记 0 分，回答"否"记 1 分。各题得分相加，然后乘上 4 即为总分。

50 分以下：说明你很自卑。可以向信任的亲人、师长或心理老师求助。

50~70 分：说明你自信程度较低，有些自卑。要有所觉察，多和积极向上的人相处。

70~80 分：说明你自信程度正常，无自卑。继续保持健康理性心态。

80 分以上：说明你自信程度较高或过于自信。在积极带动他人的同时，也要有所反思觉察。

### 四、超越自卑实现自我成长

和焦虑一样，适度的自卑，有一定的积极意义，比如可以激发个体更努力，做更充分的准备，不过分争夺个人利益，降低竞争的程度，缓和群体关系等。而过度自卑，则会降低个体的信心，阻碍前进的脚步。人的心理问题很难完全被解决，积极的办法便是接纳它，允许它存在，"带病生存"，在自我成长中用正向的力量渐渐掌控负向的力量。

老师要在了解学生自卑心理产生的原因之后，帮助学生通过心理调节来战胜自卑，完善自我。

1. 积极自我暗示，给自己正面肯定

班主任老师可以帮助学生一起来制定积极的自我暗示语，比如："我每天都在进步""我做得不错""我能行""我可以"等等。

2. 积累成功经验，发现相对优势

一个人经验越多，他的期望也就越高，自信心也就越强。教师在日常的课堂教学和班级管理工作中，要用心发现学生的相对优势，给自卑感比较强的同学创设一些利于他们发挥优势或者难度较小的成功机会，如较简单的课堂提问、适合学生个体成功的体育竞赛项目等。一旦学生取得成功，教师和家长就要及时表扬和肯定。对于成功，加强学生的内归因，通过多次成功经验的积累，可以使自信心得以增强和升华，从而激发进取精神，消除自卑感。

3. 建立平等关系，保持乐观心态

平等的师生关系，有利于提高学生的学习效率，能增大学生成功的概率，从而增加自信心，克服自卑感。要提高学生的自信心，教师本身要对学生的前途充满信心。如果我们每一位老师都能够有认真负责的工作态度、积极乐观的精神状态，能够准确无误地传授知识，那么学生不论在什么情况下，只要跟教师接触时就都能保持愉快的情绪，也能感到充满信心。

4. 理智面对挫折，在失败中学习

引导学生拓宽视角，放大格局，认识到人生当中失败和挫折在所难免，都是成长的礼物，在感情上接受学习、生活以及人际关系上所受到的挫败。同时，培养学生辩证思维，一分为二看事情，把挫折失败看作学习和成长的契机，发掘困难和挑战的价值。

### 案例呈现

### 走出泥沼，直面阳光

一、问题

A 同学入学后即表现得与其他同学格格不入。这个男生身材极其瘦小，相貌普通；平时沉默寡言，少有笑容，独来独往。有一次我进班级，闻到一股刺鼻的异味，同学们的反应也比较异常，我侧面找同学了解的情况是：始作俑者是 A 同学，这刺鼻的异味来自一种叫"防狼喷雾"的物品。之后我又了解到 A 同学不但带了"防狼喷雾"，还在书包里带了警棍、香水等特殊物品。第二天，班里又出现了比较刺鼻的香水味。同学们对这刺鼻的味道难以忍受，纷纷对 A 同学投以不解、鄙夷、厌弃的目光，但 A 同学丝毫不以为意，面带微笑，不言不语。A 同学入学时成绩尚可，但是沉迷手机，经常上课睡觉，学习成绩下降越来越快。

二、原因分析

A 同学的行为表现是因为心理发育以及客观环境等影响，没有形成成熟的自我概念而产生了自我评价不当、情绪情感障碍等问题。青春期过分注重相貌、体型、体力方面的缺陷常常使一些人感到自己低人一等，因而陷于自卑的泥潭中难以自拔，甚至会产生自怜、压抑、怨恨等心理，只能通过对他人或对周围环境的异常表现来宣泄消极情绪，以求得内心的平衡。

三、问题解决

1. 激励教育，唤起信心

与 A 同学谈话时，我没有摆出高高在上、声严厉色的批评姿态，而是像朋友聊天一样问他为什么要带这些与学习无关的东西来学校。A 同学看我没有暴风骤雨式的呵斥，他也收起了冷漠的"铠甲"，与我坦言因自己身材瘦小担心遇到危险。接下来的一段时间，只要他在课堂上回答对了一个问题，我都会投以鼓励的眼神，辅以赞赏的话语，并且让他负责班级的计算机管理工作，他意识到自己被关注了，被肯定了，被需要了。从此以后他再也没有将那些特殊物品带入学校，与同学们的沟通也多了，脸上也能见到笑容了，对老师和家长的态度也不再那么冰冷了。

2. 沟通交流，转变观念

我邀请 A 同学母亲来校沟通，了解到这个男孩的家庭生活条件不佳。父亲是货车司机，长期跑外；母亲在社区打工，与孩子沟通较少。母亲直言孩子在初中就是个问题孩子，性格孤僻，初中同学没有人愿意和他坐一张桌。我告诫家长，这个世界上根本没有问题孩子，只有带着问题成长的孩子和身上存在问题的家长。我建议家长必须转变对孩子的看法，抛弃对孩子标签化的认知。

我在谈及 A 同学的一些行为时，直言孩子出现这些问题的根本原因是他的错误认知，建议家长不仅关心孩子的学习成绩，更要了解孩子的内心世界，让其母亲认识到家庭教育的重要性和责任感。家长表示一定关注孩子自信心的提升，帮助孩子早日走出自我评价过低的误区。

3. 多元评价，准确定位

在班级开展形式多样的评比活动，用激励的方式使 A 同学扬长避短。我鼓励同学要合理的评价自我，不要以偏概全，不盲目自我否定。要降低对自己的苛求，要学会辩证地看待自己的优点和不足。

我让 A 同学设立了自己的成长档案，把每天所取得的进步记录下来，每月总评一次。在评价中，A 同学从对自我的肯定中得到了满足，获得了自信；在自我批评中，学会反省，逐步完善自己。为了调动他的自我教育意识，我每个月都给他以正确的评价，把 A 同学突出的个人事迹在班集体中、家长会上公开表扬。这样充分调动了他的积极性，使他在评价中自我激励，迸发个人力量，不断自律、自信、自强。

四、反思总结

A 同学的转变，让我更加认识到激励的作用、宽容的力量。对因自卑心理等因素造成的问题学生，更应为他们创设平等的学习、生活和人际交往的环境。学生是在不断发展的，心理还没有完全成熟，在爱与友善的环境中更容易纠正错误，使他以健康的心态正视自己，以积极的行为超越过去，向好的方面发展。因而，针对类似的学生要循循善诱，不可操之过急，教师不要把注意力集中在学生的不良表现上，要更多地关注学生的优点和特长，使之一步步放开自己的心绪，慢慢地转变看待周围事物的不正确思想，将自己融入集体中去，一点点感受大家给他的善意。通过多元评价、参与，使其自信自强，从而将自己的注意力转移到家人、老师、同伴身上来，最终消除与所有人的隔阂，正视自己，乐于学习，乐于生活。

（长春市第二实验中学　国辉）

**拓展研讨**

阿德勒的《自卑与超越》，是一本引领人超越自卑，透过自卑发掘生命力量的书，请结合教育实际，探索并整理引导学生在与自卑共舞中激发内在力量的途径。

# 自负学生的有效引导

教育者的任务是既激发学生的信心和自尊心，也要对学生心里滋长的一切错误的东西采取毫不妥协的态度。

——苏霍姆林斯基

## 智慧导引

一个人对自己的认识，多数是通过别人对他言行、态度的评价来实现的，然而人又不只是简单地通过他人的评价、态度来形成自我意识。一般来说，在接受他人的评价意见之前，个体总是要先分析评价者、评价内容和评价时持有的态度，然后有选择地接受，并形成关于自我的概念。高中生心理发展尚不完全成熟，这种"观点采择能力"还比较低，因此，别人的评价和态度容易左右他们对自己的看法。随着社会进步，家庭条件总体上更加优越，独生子女现象在很多家庭成为两三代人的常态，家族对孩子娇惯明显，赏赏和肯定过度，导致有些孩子的自我优越感超过实际情况，形成唯我独尊的心态，在群体生活中呈现出自负心理。

### 一、自负学生常态像

1.不关心别人，与人关系冷漠

自负的孩子做事从自己的角度出发，不顾及别人的感受；对人缺乏热情，把别人对自己的帮助视为理所当然。

2.固执己见，无视集体规则

常常以自我为中心，习惯于将自己的观点强加于他人，个人意愿和利益至上，无视集体规则，受不得委屈，对他人缺少发自内心的尊重。

3.嫉妒心重，难容他人成功

自负的学生同时又有很强的自尊心，他们不能接受别人比自己出色；又对别人取得好的成绩或获得成功非常嫉妒，对别人的失败则表现出幸灾乐祸。

### 二、他的骄傲从哪里来

从心理学上讲，高中生的自负心理除了家庭因素之外，还有如下常见成因。

1.认知上缺乏辩证

自卑的人一般是夸大自己的缺点，而缩小自己的优点；而自负的人则正好相反，他们是缩小自己的缺点，夸大自己的优点。沉浸在超强的自我优越感中，给自己的一切都带上光环，缺少一分为二的辩证思维，因此遇到问题时容易走极端。有人说，极度的自信就是自负；还有人说，自负也是自卑的一种表现。需要澄清的是，自信并不是自负与自卑的平均值。自信是建立在对自己的正确认识和合理定位上，而自负和自卑则正好相反，都是源于对自己错误的定位与认知。

2. 情感上掩饰自卑

有的学生自尊心特别强，在同伴交往遇到挫折的时候，容易产生两种自我保护心理：一种是自卑心理，把自己和周围人隔绝开来，避免自己的自尊心进一步受到伤害；另一种就是自负心理，有些极度自卑的人，为了避免被人瞧不起，把自己装得很强大，表现为自负，刻意维护自己的形象，实则用虚张声势的强大掩盖内心的自卑，在一定的情境中，这种自卑仍会暴露出来。

### 三、戳破自负的"大气球"

和自卑自负相反的状态是自信，自信的人有这样的特点：他们在自己眼中的形象与他们在别人眼中的形象非常接近，不会出现自我肯定却不被他人认可的情况；他们善于虚心地理解和接受别人的想法，并善于根据他人的反馈来改进和提高自己。而自卑者和自负者恰好相反，他们对自己的评价与别人对他们的评价总是有很大的差距，他们的自我评价是失真的。在现代社会里，每个人都生活在他人的眼睛里，每个人都会在他人的眼中留下或清晰或模糊的影像，这些影像的总和代表一个人真实的"我"。如社会心理学家库利所说："自我是一面镜子，它从别人那里反映自己的行为，自我是经历无数次他人评价而形成的社会产物。"自我概念实际是他人判断的反映。

教师要怎样引导学生放下虚幻自负，遇见真实的自己呢？

1. 引导学生要学会听得进批评

善于接受他人的批评是根治自负的最佳办法。自负者的致命弱点是不愿意改变自己的态度或接受别人的观点，而听取他人批评即是针对这一特点提出的矫正方法。它并不是让自负者完全屈从于他人，而只是要求他们在批评面前能够坐得住、听得进，并接受别人的正确观点，改变自己过去固执己见、唯我独尊的形象。

所谓的批评并不一定就是要让自负的学生服从老师，也并不一定要他完全认错，而是要让学生养成一种"兼听"的意识。教师要学会使用同理心，先从学生的自负中发现自信的因素，予以适当肯定，同时觉察学生自负表现的深层原因：是环境和认知形成的惯性思维，还是自卑的掩饰。根据学生的内在需要差异性地采取应对措施做学生的"心工作"，比跟学生"硬碰硬"，把他们批驳的无话可说而口服心不服更有效，对于学生的心灵成长，也更有意义。

2. 引导学生学会与人平等相处

自负者往往以自我为中心，无论在观念上还是行动上都要求别人服从自己。而平等相处就是要求自负者以一个普通班级成员的身份与别人平等交往。要引导学生全面地认识自我和他人，同时看到自己的长短板和他人的长短板，把自己放在集体中去考察，放在他人眼中去考察，不妄自尊大，也不妄自菲薄；以发展的眼光看待自我，既要看到自己的过去，又要看到现在和将来；看得到成绩，也看得到不足，走出舒适区，进入学习区和挑战区，激发更大的活力和动力。对此，教师可以学习和运用一些团体心理辅导技术，运用心理班会等方式，引导学生在讨论中进行思维碰撞。

## 案例呈现

### "小郭老师"跌下神坛记

一、问题

1. 初来乍到，崭露锋芒

郭同学是一名留级生，因为身体原因休学一年，便从高三年级来到了我们高二年级。因为已经学习过高二大部分的知识内容，加上本身基础就不错，所以在最初的几次考试中，郭同学成绩遥遥领先，班级排名几乎次次第一。他也因为经常给同学们讲题，所以被亲切地称为"郭老师"。

2. 一次讨论，引发大乱

然而大约过了半个学期，我发现找"郭老师"求教的人越来越少，"郭老师"的人际关系也越来越差，同学们似乎都不愿意和他打交道了，而且"郭老师"的成绩也在一点点的下降。一日，"郭老师"和班级的一名男同学因为在一道题上产生了分歧，发生了口角，后来竟然厮打到了一起。

3. 情绪失控，崩溃大哭

在处理打架事件的时候，我把郭同学和那名男同学叫到了办公室，刚说了一句："怎么回事？"，郭同学就激动地大吼道："他竟然敢质疑我，说我的解题思路是错的，他算老几敢质疑我！就他打那点分，还跟我讨论问题，他配吗！"郭同学越说越激动，那名男同学也克制不住自己的情绪想要表达，然而郭同学立刻摔门而去，并没有再给我和那位男同学说话的机会。我赶紧追了上去，郭同学大哭着说："老师，我请假回家，我受不了了。"为了暂时让他稳定下来，我也只好让他妈妈把他接回了家。

4. 多方调查，发现问题

在郭同学回家后，我在班级里展开了广泛的调查。意外地发现同学们对"郭老师"意见特别大，认为他经常自以为是，从不听取别人的建议，而且总是以藐视一切的眼光打量着同学们，给同学们讲题的时候也常常带有一些侮辱性的词汇，并且认为自己应该享有特权，老师同学们都应该是为他服务的……同学们的话让我大吃一惊，他们眼中的郭同学狂傲又自负，哪里是我认识的那个成绩好、有进取心、爱帮助同学的"小郭老师"呀！

二、原因分析

1. 家庭捧杀式教育

在后续和郭同学妈妈的交流中，我发现郭同学的妈妈是一个非常信奉"赏识教育"的人，她认为好孩子是夸出来的，要多赞美孩子。的确，赞美是非常有效的亲子沟通手段。但是郭妈妈过多的赞美与肯定，就有些捧杀的嫌疑了。郭妈妈经常挂在嘴边的话就是："儿子，你真棒！"郭同学本就是独生子，享受着家里的全部宠爱，郭妈妈过度的"赏识教育"让郭同学更加想当然的认为自己没有缺点，自己无所不能，自然而然地就会产生自负心理。

2. 自我认识片面

郭同学对自己的认识是欠缺的，他经常夸大自己的长处且只看重自己所具有的优点。比如他数学比较好，但是英语一般，每一次考试反思的时候，他都只会分析数学为什么打了这么多分，却对勉强及格的英语分数只字不提。当一个人只看到自己的优点，看不到自己的缺点时，往往会形成自大的个性。在之前的谈话中，我向郭同学询问为什么英语分数不理想时，他给出的回答是："英语老师上课不认真，我觉得她需要有更加严谨的态度。"他总是在失败时完全归咎于客观条件的不利，过分的自恋和以自我为中心。

3. 用自负掩饰自卑

郭同学不允许别人挑战他的观点，一半是自负、一半是自卑。自负是为了掩盖自卑，害怕被看穿、不敢直面现实。事实上，郭同学在到班级初期时，成绩确实可以遥遥领先，但是后来他可以吃的老本少了，而同学们开始逐渐追赶上来了，他慢慢地有一种不敢面对现实的自卑心理。为了依然保持心理上的优越感，他选择用讽刺挖苦别人的方式来掩饰自卑的内心。

三、问题解决

1. 家长配合，给孩子正确的定位

我进行了一次家访，与郭同学的父母进行了深入的沟通交流，让他们深刻意识到家庭教育存在的问题。如果孩子做任何事都不管过程与结果的好坏，一味地表扬，只会让孩子缺少抗挫折能力，愈加自负。但是表扬还是要有的，具体问题具体分析，不但要注重表扬结果，更要关注和重视努力的过程。要客观地看待孩子的成绩和不足，加强挫折教育。

2. 启发引导，帮孩子纠正不良认知

冰冻三尺，非一日之寒。郭同学自负的行为不是一天两天造成的，因此，我在处理问题时，也不能急于求成。耐心的引导和启发，循循善诱，换位思考，帮助孩子树立正确的认知，是解决问题最直接最有效的方式。

为此，我多次以朋友的身份单独找郭同学谈心，让他说说学习生活中的烦恼，帮他分析这些烦恼产生的原因，找到症结所在，使他对自己的问题能有一个初步的认识。在这个基础上先肯定他的优点，再明确提出他存在的问题。最后师生形成共识。当然，这不是一次两次谈话就能解决的，这更需要老师的耐心和爱心，让他感觉到暖心和放心，心敞开了，心结才能慢慢打开。

3. 集体力量，让心灵收获感动

友情是治愈学生心灵的灵丹妙药。为了不让同学们孤立郭同学，让他体会到同学们的善意，我多次做同学们的思想工作，让他们充分认识到"小郭老师"对大家的无私帮助，是应该给予肯定的。虽然他的方式方法让大家很不理解，伤害了一些同学的自尊，让大家慢慢地孤立了他。但是，作为集体的一员，郭同学的优点也是很多的，大家要"求大同，存小异"，一起努力，帮助他改掉自负的毛病。

一个学期之后，郭同学又成了大家喜欢的"小郭老师"。少了自负、傲娇，多了谦和、礼貌，他的成长和蜕变让我由衷感到惊喜。

四、反思总结

"小郭老师"虽然跌下了神坛，可是成了能正确认识自己、敢于直面困难的人。

从这件事中，我深刻认识到，一名好老师必须因材施教，循循善诱。常言道："一把钥匙开一把锁"，每个学生的实际情况是不同的，教师务必深入了解、细心观察，弄清学生行为背后的原因，因材施教，因人而异，正确引导，为学生健康幸福的成长保驾护航！

（长春市第一五〇中学　朴莹）

## 拓展研讨

隔代抚养是现在社会的一个重要现象，部分青少年自负的原因来源于父母和祖父母教育理念的差异。祖父母的过度宠溺造成孩子的自负，父母想改变孩子的状态，要从改变教育方式入手，也要做好处理关系的工作，作为班主任，应该怎样指导父母做好这项工作？

# 引导学生走出自我迷失

在我们观察世界和自身的时候，我们是通过一组过滤器来完成的。我所谈论的过滤器本质上并非真的是视觉上的东西；它们实质上是内在的、精神的、情感的、言语的、可知的。通过它们，我们给生活中的每一件事情都指派、赋予了价值与意义。某些物质流入，某些物质被筛选出，但是全都受到了影响。我们的过滤器不仅能够作用于我们"所见"的东西，还包括我们的"所听"和"所想"。

——菲力普·C·麦格劳：《重塑自我》

## 智慧导引

网络信息时代，社会发展速度空前加快，打破了教育"慢成长"的节奏，各种关系织就成一张网，把青少年网住无法快跑，又不能完全保护好。学生面临的压力不止来自学业，更来自家庭关系和社会环境。青少年的心理问题，呈现高发态势。

## 一、中学生通常会在哪里迷失

1.学校适应不良

情绪方面：抑郁、焦虑、强迫、恐怖、厌烦、退缩等表现常见。行为方面：常见能力抑制；社会性退缩；品行紊乱；行为倒退。生理功能方面：表现在上课头昏、脑涨、入睡困难，以及腰酸背痛、心悸、乏力等，身体检查则没有特定的躯体问题。

2.强迫

以强迫观念、强迫冲动或强迫动作为主要表现。学生自己能意识到这些表现不合理、不必要，但不能控制和摆脱，深为焦虑和不安。它对学生的学习、生活和在校适应有很大的不良影响。

### 3. 抑郁

以由社会、心理因素引起的一种以持久的情绪低落状态为特征，常伴有焦虑、沮丧、压抑、苦闷、躯体不适感和睡眠障碍。有这类心理问题的学生一般能基本适应学校生活，但心理压抑、情绪苦闷，而且持续时间较长。对学生的身心健康危害较大。具体表现为兴趣衰退、缺乏自信、精力衰退、封闭退缩、躯体不适、悲观失望。

### 4. 焦虑

个体处于一定的应激状态便会感到焦虑，这是正常的。焦虑型的心理问题是指一种无明确对象、无法摆脱的焦虑状态，可分为急性焦虑（惊恐发作）和慢性焦虑（广泛性焦虑）两种形式。

### 5. 恐惧

这种心理问题指对某些特定的事物、情境，或在人际交往时产生异常恐惧并主动回避以消除不安。中学生中较常见的为社交恐惧和特异性恐惧，而且前者有增长的趋势。

## 二、中学生自我迷失的心理因素

自我意识简单说就是自己对自己的认识，包括认识自己的生理状况（如身高、体重、形态等）、心理特征（如兴趣爱好、能力、性格、气质等）以及自己与他人的关系（如自己与周围人们相处的关系、自己在集体中的位置与作用等）。自我意识是自我概念、自我评价和自我理想的辩证统一。自我意识的混乱，是指个体无法形成正确的自我概念和适宜的自我态度，以致不能达到自我同一性的确立，因而不能获得安定、平衡的心理状态。自我意识混乱的人，心理体验常伴随较多的自卑感、盲目性、自信心丧失和情绪消沉、意志薄弱、孤僻、抑郁等现象。

## 三、高中学生自我意识发展的特点

高中阶段是自我意识飞速发展的时期，具有与其他年龄所不同的特点，主要有六方面。

### 1. 自我意识中独立意向的发展

高中生已能完全意识到自己是一个独立的个体，因此要求独立的愿望日趋强烈。但是，这种独立性要求是建立在与成人和睦相处基础上的，与初中时期的反抗性特点有所区别。多数高中生基本上能与其父母或其他成人保持一种肯定的尊重关系，反抗性成分逐渐减少，但仍有反抗性。

2. 自我意识成分的分化

高中生在心理上把自我分成了"理想的自我"和"现实的自我"两个部分。正是由于这种分化，才形成了他们思维或行为上的主体性，产生了按照自己的想法去判断和控制自己言行的要求和体验，同时也出现了自我矛盾。

3. 自我评价的成熟

高中生能独立地评价自己的内心品质、行为的动机及效果的一致性情况等，其自我评价在一定程度上达到了主客观的辩证统一，在对人对己的评价时，也将个性是否完善放在首要位置。高中生在其言行受到肯定和赞赏时，会产生强烈的满足感；反之，易产生强烈的挫折感。

4. 道德意识的高度发展

不少高中生的道德意识已经开始进入内化的水平了。高中生自我意识的确立，是在自我明显分化的基础上完成的。在这一阶段，出现了两个"我"，一个是作为观察者的"我"（I），另一个则是作为被观察者的"我"（me），这也就是"主体我"与"客体我"的分化。这种分化意味着高中生自我矛盾冲突的加剧，而"主体我"与"客体我"的矛盾一旦激化，当事人将难以确立自我形象，也就无法形成正确的自我概念，从而引起情感急剧波动，导致当事人可能一时难以自我接纳。高中生许多心理上的不适应基本上都是由此而来的。

### 三、用智慧引领学生走出自我迷失

自我评价是与个体认识能力发展相关的一种自我意识的表现，是一种包含社会行为准则的知识和主观经验的复杂心理行为。具体指个体对自身的思想、能力、水平等方面所做的评价，它是自我调节机制的主要成分。自我评价的能力，只有在青年初期——高中阶段才开始成熟。虽然个体在童年时就开始产生了一些简单的自我评价，但那时的自我评价多是由别人的态度和反应折射到自身而产生的，缺少其内在性。到了高中阶段，由于抽象逻辑思维的进一步发展，知识经验的日益丰富，高中生逐渐学会了较为全面、客观、辩证地看待自己和分析自己，自我评价的能力才变得全面、主动，而且日趋深刻。比如他们能经常对自己的整个心理面貌进行估量，从而认识到自己较稳定的个性心理品质。这样一种以认知发展水平为前提的自我评价意识和能力，是逐渐走向理性化的。不恰当的自我评价容易与现实产生碰撞，从而造成内心激烈的矛盾冲突，因此，形成正确自我意识的前提就是有恰当的自我评价。

1. 引导学生学会自我剖析，全面正确地进行自我评价

自我评价对人的个性发展具有重要影响，它对人的各种活动和行为起着调节作用。正确的自我评价也是人们健康心理的重要组成部分，是人们自我认识与自我态度的统一。教师可以通过活动、榜样、举例等多种手段，帮助学生正确分析自我，对成功与失败做出正确的归因，合理地把这些原因归于内部的或外部的、稳定或不稳定的、可控的或不可控的因素等，纠正自我知觉的归因偏向，防止不健康心理的形成。

2. 指导学生进行良性互动，客观积极地开展同伴评价

在自我意识的建立过程中，与自我评价相结合的还有积极采用"同伴评价"，可以帮助学生从他人态度中认识自己。学生会在与他人的交往过程中，一方面看到他人的一些特点，然后将这些特点迁移到自己身上，从而认识了自身与他人的一些共同的东西；另一方面通过他人对自己的态度和评价认识自己，并改进自己的不足之处。

3. 整合学校家庭资源，发挥外部评价对学生的宏观引领

学校的评价体系对学生的健康成长发挥着重要引领作用，教师的评价对学生在学习生涯中的成长至关重要，家长的评价将相伴孩子终生，这些外部的评价正确理性，将特别有利于学生健康自我意识的形成，无论是学校也好，家庭也好，教师也好，评价高中生应该力求实事求是、中肯、客观，这才有助于学生自我完善、积极向上。在此，教师尤其是学校心理教师和班主任，有一个重要的任务，就是要帮助学生整合各种评价，理性辨识各种评价的出发点和成因，对其进行合理解读，因人而异地指导学生正确看待这些评价，以合理评价为鞭策，摆脱不良评价的消极影响，甚至尝试带动家长加快成长，转变不理性的评价，为学生营造有利于身心成长的评价体系。

4. 创设多方面活动的机会，让学生能够借助活动认识自己

在活动当中，人能展示自己各方面的能力。通过分析自己的活动情况，可以对自己有更多的了解。要正确地认识和评价自己，必须从多角度、多层次来了解自己，人对自己活动结果的分析，也是其自我意识确立的一个基本

途径。无论是教学活动，还是教育活动，教师都要尊重和突出学生的活动主体地位，关注学生核心素养的培育。创设适合学生参与、展示、交流、感悟、提升的活动，营造开心参与、用心体验、安心交付、走心感悟的班集体氛围，让学生在活动中遇见未知的、卓越的自己。

教师要注意到：正确的自我意识建立的一个重要标志，是人能够理性地认识自己的不足。每个人都有优点和缺点，长处和不足。一个人既不能夸大自己的长处，也不能把注意力仅局限在自己的不足上，特别是不能让"概括性挫折"这类不健康心理广泛出现。

## 案例呈现

### "爱心"建桥梁，"智慧"引成长

教育是雕塑心灵的艺术，真正的教育必然是从心与心的对话开始的。如果学生对于我们的教育反应漠然，无动于衷，那一定是我们还没有找到打开学生心灵之门的钥匙，而这把钥匙往往是学生出现的问题。教育的艺术就在于我们能将学生出现的问题转化为教育帮助学生的良机。当然这需要我们在内心深处埋有一颗爱心的种子，当学生出现问题时，我们才能从爱出发，冷静客观地分析问题，帮助学生在改正问题的过程中成长。

一、问题

2014年秋，我中途接高二七班，刚接班的第一节课，小雨同学就给我上了"难忘的一课"。刚上课十几分钟，突然不同方向的几个同学相继起立跑向班级的一名女同学，一边一个同学抓住这名同学的手，其余同学有拿纱布的，有负责包扎的，被抓的女同学一边挣扎，一遍哭喊，"你们别管我！""老师，小雨又用小刀划胳膊了，老师您继续上课，我们给她送到医务室。"说完几名同学把小雨从班级架出去，其他学生也从短暂的惊慌中恢复过来，前后不过几分钟的时间，一切又恢复了平静。反倒是我被这突如其来的事件惊得目瞪口呆。事后了解到小雨同学每隔几天就得上演一幕"自杀自残的情景剧"。

二、原因分析

当天我给家长打电话反映孩子情绪不稳有轻生念头的情况，没想到她的妈妈在电话里说，"老师您别怕，她从小就这样，总是拿死威胁人，她就是吓唬人，她没这个胆。"

一个问题孩子的背后一定有一个问题家庭，经了解，她父母离异，她跟妈妈在一起生活，她妈妈经常在她面前表现出"一切都是为了她"，她妈妈才吃了很多的苦，使孩子很有内疚感，家庭经济条件差，使得正值青春期的她有一种不如人的自卑感，又无力改变现状，想要在班级找到存在感，又没有特别出众的地方，导致她极度不自信。家长文化水平不高，对孩子的现状缺乏正确的认知，导致孩子的问题越来越严重。

三、问题解决

1. 运用专业的心理学知识，帮助孩子卸下"抑郁症"的盔甲

最初小雨对于我的关心警惕性非常高，她找到我，递给我一张吉大一院的医院诊断：轻度抑郁症，轻度躁狂症。告诉我说："老师我有病。"我看了看她说："没事孩子，你有病，我有药哇。"说完我递给她我的心理咨询师证，她愣了一下强调说："老师我真有病。"我也强调了一句："没事，我这证也是真的。"小雨这个孩子特别聪明，脑袋反应快，她马上就说："老师那你给我看看我这病是不是又严重了？我得咋办啊！"我目光直视着她的眼睛，看了她一会说："要我说，你没病。"她愣了一下神，眼神就不怎么直视我了，嘟囔着说："医院都说我有病了，"我说："孩子你看过醉汉吗？喝酒喝多的有几个说我喝多了，都说'我没喝多'。你的病就是你逃避问题的方式和借口。"这是我们真正面对面正视她问题的第一次，也就是通过这次的谈话，我确定了我的猜测，小雨的心理问题并没有像她表现得那么严重。而孩子的外在表象恰恰是她无力解决生活中的实际问题而采取的一种逃避问题、自我保护的方式。接下来的日子，我和她经常在一起聊天，聊学习，聊生活，聊她感兴趣的歌星，聊我学习心理学的经历，聊心理学上对抑郁症的定义等等，帮助她从抑郁症的表象中走出来。

2. 创造健康的学习生活氛围，帮助小雨了解自我，树立正确的认知

在校外利用所学到的心理学专业知识对家长进行指导，让其认识到小雨问题的严重性，让家长从改变自我做起，为小雨营造一个轻松和谐的家庭氛围；在班级内帮助其他同学树立正确的认知，明确什么是真正的关心同学、小雨需要什么样的关心，从而切断了小雨以自残手段吸引别人的注意，获得别人关注的错误途径。然后在和小雨本人不断地"较量"过程中，让她认识到自己的问题，学会正当的表达自我，学会获得别人关注和认可的正确方式。

3. 寻找帮助学生树立自信的机会

利用学校组织班歌大赛、纪念"一二九"红歌大赛等活动，鼓励小雨积

极参与，发挥她的特长，让她负责节目的策划，组织，并担任领唱。在活动中我看到了孩子眼中的光，帮助其树立起自信。

四、总结反思

真诚的付出最后换来的是 2016 年她以 460 多分的成绩被吉林农业大学录取，我们现在仍保持联系，她的大事小情仍然找我商量。我很高兴在学生毕业离开学校后，我仍能够被学生信任，在学生需要帮助的时候我仍能够给学生以支撑。

班主任工作需要我们树立终身学习的信念，给自己不断地充电，学会用"爱心"搭建与学生沟通的桥梁，学会运用"智慧"引领学生心灵的成长。

（长春市第七中学　徐长春）

**拓展研讨**

青少年的自我迷失，包括很多方面的具体表现，较为严重的后果是自伤自杀，并且这种现象在当代中学生中日益增多，作为班主任，你怎样做好这类问题的预防与处理，做好生命安全教育？

# 有效缓解学生的压力

当你把压力看成一件好事，压力就会失去它的力量；当你把压力看成一件坏事，你就会陷入困境；但是当你把压力看成是改善自己的感受而采取行动的一个暗示，那么它就成为你获取机会的一个晋升台阶。

——杰弗·戴维森：《应对压力》

**智慧导引**

高中阶段是儿童发育到成人的重要转折时期，此时的心理健康对于培养独立健全的人格、形成自信自强的精神品质、树立理想信念和生活目标都至关重要。要做好学生的心理健康教育，引导青少年的心理朝着健康方向发展，为他们健康成长打下坚实基础。

现在的高中生确实面临着各方面的压力，包括来自家庭的、学校的和自己的压力，而他们本身又缺乏自我减压的能力，一部分学生便会因此而产生情绪障碍。概括来说，学生的压力主要来自于学习、人际关系以及自身环境三个方面。北京大学的王极盛教授通过调查得出的结论认为，心理压力，尤其是学习方面的压力是学生面临的最主要的心理问题，而学习压力则主要包括频繁的考试、学习效率和排名次。由人际关系造成学生压力的原因有两个因素，一个是亲子关系，另一个则是同伴关系。家庭里的亲子关系紧张，学校里同学、朋友关系不和谐，对学生都会形成压力。

## 一、高中生心理压力的来源

心理压力的形成既有外因，也有内因。外因如社会竞争氛围的影响，父母、老师对升学的期望，学习成绩的压力以及同学之间的攀比等，这些都足以对青少年学生产生一定的影响，形成相应的心理压力。内因主要是自身心理发展水平与外界的实际要求之间的矛盾，如急于做好某件事，以显示成人感，但结果事与愿违，带来很大的心理压力。

1. 心理的不成熟性

高中生尚处于青春期中后期，思想的独立性和心理的稳定性日益增强，但是社会经验相对较少，三观正在形成中，在处理事情上还容易感情用事，易冲动，失败后又经受不起挫折等。学生自己的不合理认知也是形成压力的一个重要原因，有的学生总是以负面的态度来看待事物，也容易无形当中给自己造成很大的压力。

2. 不良的外部环境

家庭环境和家庭教育方式，会影响孩子终生。良好的家庭环境和科学合理的家庭教育方式，是孩子步入社会之后奋力打拼的坚强铠甲；而分崩离析的家庭环境、貌合神离的父母、简单粗暴的教养方式，无疑会导致孩子在成长中多走无数弯路，原生家庭给人造成的心灵创伤，有些人终其一生也难以修复，甚至代代相传。

学校规章制度的制定，是着眼学生群体的共性需求，服务于学校整体稳定规范运行，为学生掌握社会生活规则做铺垫。学生从家庭生活到学校生活的过渡过程中，因人而异地会出现适应程度的差异，适应性越差的学生，感受到的束缚和压力会越大。

3. 对压力的认知程度

适当的压力并没有坏处，但是压力过大，超过了一个学生的承受能力，那么对人的学习、生活的负面影响就显现出来了。比如在情绪上会表现出焦虑、烦躁、郁闷、愤怒、沮丧等等，而学生的一些问题行为像逃学、校园暴力、迷恋网络、自我伤害，甚至于自杀行为，其实也都是在这种超负荷压力之下所产生的后果。

然而，压力的负面影响因人而异。同样的压力源在不同的人身上所产生的感受是不同的。这里有三个因素是值得注意的：一是压力源的性质，新的压力源通常比经历过的压力源会产生更大的冲击力；二是压力对个人的意义，高考的压力总比会考的压力要大；三是当事人的人格特性，坚强的、耐挫力高的学生在压力之下总比性格脆弱者、悲观主义者更容易维持身心的平衡。由此可见，增强抗压能力，培养把压力转化为动力的思维和能力，对学生健康成长来说，至关重要。

## 二、积极视角引领化压力为动力

教师要坚持积极心理学的视角，发现并引导学生发掘压力的价值，化压力为动力。

1.有效帮助学生缓解来自家庭的压力

首先，班主任对学生要有及时的关注，能够发现学生的问题是否来自家庭；其次，与家庭要有良好的沟通，在分析学生情况的基础上与家庭形成教育合力；最后才是一些有针对性的措施，比如教给学生一些缓解情绪的方法，以及帮助学生促进与父母之间的沟通交流等。

一般说来，当家庭给孩子造成较大压力时，强势的一方往往是父母，而孩子既是弱势一方，又是压力的承受方。所以，解决问题的关键在于调整家长对孩子过高的期望值和不切实际的学习指标。教师要充分了解学生的心声和实际的困难，以帮助家长从盲目和一厢情愿的主观愿望中摆脱出来，面对孩子的现实状况。同时，教师做好家长的成长指导也是为了有效教育孩子争取"同盟军"。孩子是家长的镜子，孩子问题是家长问题和家庭问题的折射，家长改变了，孩子才会改变，学校和班主任教师要尽力引导家长加强学习、积极转变，跟得上孩子成长的节奏，做孩子一起成长的"伙伴型"和"导师型"家长，而不要只当负责孩子衣食住行的"保姆型"家长。

2.科学帮助学生处理压力问题

（1）帮助学生认清自身压力的来源和压力所产生的影响

学生的压力究竟是因为学习问题，还是因为人际关系，或者是因为本身的不合理认知，又或是对于自身个性特征的不了解等等，老师首先应该帮助学生理清问题的头绪。

（2）掌握一些释放压力的方法

压力释放是一种必要的行为。学会有效的压力释放是掌握身心健康技巧的标志。压力释放有很多方法，比如深呼吸法、倾诉法、睡眠法、音乐放松法、旅游法、改善饮食法、大喊大叫法、有限破坏法、适当哭泣法、写日记法、注意转移法等。所有这些方法有一个必要的前提，就是应该在不伤害自己和他人身心的前提下实施。通过这些方式与途径，可以让压力得到一定程度的释放，消极情绪得到缓解。要引导学生提高处理问题的能力和效率，减少压力的累积度。比如说，作业量大是学生感受压力最真切的一件事，在同时面对多科作业的时候，要列出先后次序，分清轻重缓急，尽快加以完成。能去掉一个压力源，就会减少一分压力感。如果一拖再拖，压力就会变得越来越大，而这恰恰是高中生很容易犯的一种错误。教师的压力管理指导，要注意适用性，做到对症下药，药到病除。

（3）对压力状态进行评估

这个小小的压力自我测验，可供老师们参考使用。

①经常显得不耐烦、暴躁、易怒。

②睡眠的质量较差，经常失眠。

③食量突增或食欲不振。

④经常感到不舒服，容易生病。

⑤总是焦虑不安，总感到紧张，总担心会有不好的事情发生。

⑥总感到肌肉紧张，经常腰酸背痛。

⑦情绪容易沮丧低落，时常感到空虚。

⑧已经有3个多月不曾参加自己喜爱的休闲活动。

⑨很容易和同学、家人等发生冲突。

⑩说话冷言冷语，对自己、他人的评价以及对事情的描述都倾向于消极。

在上述题目中，如果你的答案有6个以上为"是"，那么你的压力很可能已经"超标"了。需要找信任的长辈或者老师们进行沟通疏导。

## 案例呈现

### 逆风翻盘，向阳而生

一、问题

A同学最近表现不佳，注意力分散，经常走神，心事重重，严重时会突然扔掉画笔，撕扯自己的画纸，情绪失控时也经常与同学发生争执。A同学，从小家境优越，家中父母也希望能给予她好的艺术熏陶，于是让她在三岁时开始接触绘画，但是那时的她因为贪玩并没有全身心的投入绘画学习，虽然有多年的绘画学习经历，但能力上也没有显著的提升。高中阶段父母为她选择了艺术生这条路。父母的厚望，专业课的不突出，文化课的缺失，使得她心理上遭受着多重压力，也对自己人生感到迷茫和无所适从。

二、原因分析

1.欲望与压力相伴而生

首先，A同学不想让父母失望，不想让老师失望，不想让别人看不起……特别想成功的欲望面对高中学习负担加重，科目增加，课程加深，对学生的自学能力要求更高。一些学生从一开始没有很好地加以调整，以适应这一"急转弯"时期，感到压力很大。尤其是底子薄的A同学，接受能力较差，心理压力就更大。

其次，美术生在高考中要兼顾专业课和文化课。学习阶段，作业量大、急需提高绘画和文化课水平，给自己太大压力，每天过度压榨自己的脑力和体力，导致用脑过度、每天心情烦躁、学习效率低下等等不好的现象。

2.越想摆脱越焦虑

A同学具有考试焦虑的症状，表现为考前紧张，心神不定，考试时大脑一片空白，知识提取失败，甚至考试后仍然存在心情久久不能平复的现象。

3.绘画中灵感的枯竭

绘画灵感的缺失使A同学对自我产生怀疑，文化课的不达标使A同学长时间焦虑，二者相互影响造成恶性循环。

4.逆商教育的缺失

学业、考试等方面对学习固然造成了很大的压力，但是在同样的压力下，个人所感受到的压力程度却不同，有的甚至产生截然不同的效果，这与个人的个性特质有关。

首先，A 同学家境优渥，经济水平较高，家长支持度高，在教育中父母从未施加过多压力，生活中对 A 同学的照顾非常周到，几乎不用他处理任何事情。

其次，A 同学自我概念不清晰，对自己的能力认识不清，过低或者过高评估自己的能力都会带来巨大的压力。

三、问题解决

1. 个人层面

我带领 A 同学明确人生理想，将明确的目标作为学生前进的动力，同时促进 A 同学充分发挥自己的主观能动性，让学生为了自己奋斗和努力，准确地分析自身条件，帮助调节学生的过高目标，以避免压力过大、欲望过高带来不必要的压力。其次，作为教师，我需要正确的帮助 A 同学做好自己的前景规划，比如以一周为一周期的短期规划和以学期为一周期的长期规划，循序渐进，按部就班，避免专业课和文化课等课业压力的堆积。教学生学会课后适当放松，劳逸结合，怡情怡景，便于学生创造，在生活中寻找灵感，而不是纠结于对自己的怀疑，引导学生适当地进行自我欣赏，提高学生的自信心。

2. 家长层面

首先，我将联系 A 同学的家长进行适时的家访工作，更深入地了解学生的家庭环境，结合学生的家庭环境和学生自身的发展状况更好地为学生提出建议和帮助。同时劝导家长作为学生重要的支持者，应该避免将其有力的支持变成学生的压力，给予他们新事物作为他们坚持好一件事情的鼓励和激励。其次，也要促进家长做好 A 同学的倾听者，学会倾听，在力所能及的范围内帮学生分担心理压力，而不是一味地灌输自己所谓"过来人"的思想，做好学生的情感疏导和精神建设。最后我会向家长介绍灵感和创作热情对于 A 同学的重要性，鼓励家长时常带学生出门游玩，比如春游等等，不仅可以放松学生的身心，也能为学生提供更多的灵感来源。

3. 师生层面

我先从班级的同学关系入手，提前与其他同学达成一致，共同帮助 A 同学。让她在班级有安心、暖心的感觉。接下来班级召开了"筑青春之基，圆强国之梦"主题班会。希望通过班会让大家认清自己肩负的使命，通过"说梦想"明确自己奋斗的方向。我调整了美术课程并联系了其他科任教师，希望通过我们的耐心指导和有针对性的教育，让 A 同学缓解焦虑。让 A 同学在课堂中感受到获得感和成就感，以增强她的信心和激发她的学习热情，我也会调整课堂教学的环境，比如安排室外写生等课程，让 A 同学及全体学生更直接地接触自然这个灵感的丰富来源，在陶冶情操、放松压力的同时又可以获得学习热情和绘画灵感。

我抓住各种机会与 A 同学聊天，通过听她倾诉的方式拉近我与学生的心理距离，改变以往教师一味教导的方式，以朋友的角度出发给予学生值得信赖的关怀，倾听 A 学生的内心感受，为她提供更有效的帮助和引导。

四、反思总结

高中的学生压力较大，艺考生更是需要"两头抓"，难免会出现焦虑、压抑的情绪，因此在与学生交流时要保持耐心，并且，由于学生容易钻牛角尖，教师应理性分析问题，引导学生找准自己的定位，认清自己当下的任务，并让学生尝试接受失败，吸取经验，始终保持向上的步伐。教师要时刻关注学生的心理状态，有问题要及时解决，有压力要及时疏通，可以联系家长了解学生的性格特点和生活状态，从而有针对性的与学生沟通，形成双方合力，共同推动学生发展。

（长春市第一五一中学　常玲艳）

**拓展研讨**

缓解压力的有效方法，不仅仅在于转变认知，同样需要一些适用性的技术手段。班主任通常使用哪些具体技术层面的方法，来带领和训练学生学会减压赋能？

# 学生应激情绪的疏导

应激是有机体在生理或心理上受到威胁时出现的一种非特异性的身心紧张状态。

——汉斯·塞里

**智慧导引**

"应激"是指在意外的紧急情况下所引起的情绪紧张状态，即由情绪所造成的机体应激反应过程。人们在日常生活中经历的各种生活事件、突然的创伤性体验、慢性紧张（学习或工作压力、家庭关系紧张）等称为"应激源"。

作为"应激源"来说，并不一定非得是重大事件才会引起严重后果，有时可能是一件微小的诱因事件，也会导致个体情绪失控、行为失常。

## 一、中学生常见的应激事件

中学生面临的应激事件主要是和学习、人际交往、意外事件等有关。具体来说有下列情况：考试失败、成绩不理想、被人误会、受到老师批评、与同学关系不融洽、调座位不如意、与好友发生矛盾、受到纪律处分、青春期的失恋等，都可能导致应激情绪的出现。

心理学认为应激事件会导致个体形成情境性习惯反应的心理模式：外界刺激——内心体验——暗示强化——习惯反应。其形成过程通常具备以下几个条件：首次遭遇此类应激事件，没有心理准备或存在片面认知；伴随强烈的负面情绪和生理体验；消极暗示，快速盲目归因；通过自我心理泛化、强化与放大，形成情境性习惯反应。

## 二、应激状态对个体的影响

当个体处于应激状态时，会产生一系列的身心变化。当然这些变化是暂时的，当应激因素消失后，身心会恢复正常。但如果应激状态长期存在，或强度过大，对个体的影响就会比较大。这类影响主要包括三个方面。

1. 身体方面

心跳加速、心悸、磨牙、食欲障碍、消化不良、嗜睡、失眠、肌肉痛、无明显原因的躯体疼痛、腹泻、恶心、头痛、倦怠等。

2. 情绪方面

恐惧、焦虑、敏感、烦躁不安、易激怒、抑郁、悲观、失望、敌意、生气等。

3. 行为方面

旷课、注意力不集中、不合群、爱哭、冲动等。

实际上，应激对个体的影响并不完全是负面的。对于我们不同的个体来说，生活中都需要有应激的成分，这才能够避免生活的枯燥与单调。适度的应激对大多数人都有积极的作用，即对个体的成长与发展有促进作用，它能够帮助我们获取自我调整与提高的能力，同时培养我们对挫折的耐受力，丰富我们的生活经验。

如果应激强度过大，心智尚未发育成熟的中学生就会无力应对，出现情绪失控的状况。因此，作为班主任，在应激事件出现以前，要学会预防"应激源"，提高学生对应激事件的认知能力，让学生始终保持轻松积极的情绪状态；一旦出现应激事件，学生情绪失控，要学会运用一定的心理辅导技术，引导学生进行情绪宣泄和疏导，帮助学生缓解压力，积极应对挫折。

### 三、如何预防"应激源"

1. 制定应激事件应对方案

应激事件是无法避免的，最好的方式就是能够学会面对，但这种面对也有其相应的策略与程序。面对应激事件，基本的应对程序应该包括：

（1）明确中学生活中可能出现的应激事件；

（2）制定与衡量各种应激事件的应对方案；

（3）明确班级负责人员（包括班主任和班干部）和职责；

（4）一旦出现应激事件，立即实施行动方案。

2. 提高学生对应激事件的认知能力

引导学生了解生活中的"应激源"，班主任要帮助学生分析可能或者已经遇到的"应激源"，使学生能够掌握一定的知识经验，在面对应激事件时不至于不知所措，引导学生学会面对生活中的压力，保持良好的心态。

3. 引导学生灵活处理应激事件

在平时的班级管理和集体活动中，可以通过主题班会、小组讨论等方式引导学生掌握缓解压力的方法，也可以通过团体比赛、游戏辅导、体育锻炼等方式疏导学生的学业和人际压力。另外，在平时的学习生活中，一定要传递给学生"积极求助""求助是强者的表现"等心理观念，引导学生在遇到问题时学会求助。

4. 创设良好的班级环境和氛围

有计划地创设形式多样、和谐民主的班级管理方式，建立团结友爱、互助合作的班级氛围，使学生能在班级尽情表达自己的真实想法，克服胆怯、自卑等心理，增强自信心，培养坚强勇敢和独立解决问题的勇气。

### 四、班主任如何疏导学生的应激情绪

1. 建立友善信任的师生关系

帮助学生确认和表达感受，宣泄负面情绪，鼓励学生敞开心扉，引导学生对自己情绪的恢复保持信心和耐心。

### 2. 引导学生放松和减压

个别会谈时，要尊重学生的情绪感受，尊重学生的期望并给予鼓励，引导学生进行适当的放松和减压，并给予学生一定的实际建议。如规律的作息、健康的饮食都能减轻个体生理上的压力感，还有呼吸放松法、音乐放松法和运动放松法都能帮助个体放松下来，当然最重要的还是引导学生树立积极的心态。

### 3. 制定应激应对策略

与学生建立了和谐的师生关系以后，可以适当和学生一起制定应激应对策略，从学习、生活、人际关系等各个方面进行规划，帮助学生尽早从应激事件中恢复过来。

### 4. 跟踪关注情绪变化

在制定应对策略后，班主任还需对学生进行持续的跟踪关注。注意不是刻意的"盯防"，这会加重学生的压力感。而是需要把握"关注度"，如可以通过同学评价、科任教师评价、家长反馈等方式来关注和了解学生的学习、生活和心理动态。同时，还要在一段时间（如一个星期、半个月、一个月等）后，与学生面谈，进行这一段时间的总结和反馈，及时关注学生的积极点，一旦发现学生的不合理信念及时纠正。跟踪关注直到学生情绪状态恢复为止，但是对于类似事件对学生的二次影响，班主任也需要总结经验，做到"心中有底"。

以上是在学校常态情况下，学生因不同的境遇、不同的应激事件而出现的一些应激状态及对学生应激情绪疏导的干预措施。对于特殊危机事件后出现的应激反应，则应调动各种可能的内外部资源，尽快消除危机事件可能造成的学生恐慌心理和失常行为，使危机事件对学生造成的伤害最小化。

## 案例呈现

### 生死路口

**一、问题**

小杨同学是一个性格内向且极端的男生，在班里很少与同学说话，在各位老师的关怀和引导下，性格逐渐有一些好的转变，见到老师时能正视老师的目光，有时还能向老师微笑一下，有烦心事也愿意主动和老师倾诉。但是有一天傍晚，他突然在班级微信群里连发了三句：我想死！我想死！我想死！因为对小杨同学极端的性格有所了解，所以看到这三句话，我不禁吓得手都颤抖了，我清楚地知道，这个孩子正处在"生死路口"，我的一句错话就可能把他推向"死路"。于是，我强迫自己冷静下来，和他聊了起来，得知了原因，原来他的父母经常吵架，刚才又发生了非常激烈的争吵，他吓得直哭，却劝架无效，情急之下，拿起菜刀，以死威胁。我先让他一口气把所有委屈都说了出来，让他的情绪先得到发泄，然后渐渐平复他的情绪，当他告诉我他已经把刀放下了，我才略微放心下来，又经过一番疏导，他答应我先静一静，明天到学校再接着和我聊，我这才长长地舒了一口气。

二、原因分析

小杨同学有着特殊的家庭环境，父亲曾经坐过牢，出狱后结婚生子，年近五十才有了小杨，现已年近七十，劳动能力十分有限，母亲精神状况不太好，一贫如洗，家里的房子还是政府出资盖的。由于老来得子，所以父母对小杨极其溺爱，很怕孩子因为他们的原因被别人歧视和欺负，所以从小就对小杨过度保护，但其实这是他父母自卑的一种表现。这种自卑无形中传递给了孩子，导致了小杨自信心低，不会与他人沟通，适应能力差，内心脆弱，经不起挫折，且以自我为中心。

三、问题解决

1. 正面疏导

第二天课间，我和小杨同学又进行了一次深入的谈话，主要围绕三个方面：一是任何家庭都会有矛盾，父母争吵是很平常的事情，况且他的父母之间并没有原则性的、不可调和的矛盾，作为子女，要以平常心去看待父母的争执。二是要调解父母之间的矛盾，要讲究策略，但无论怎样都不能激化矛盾，更不能以极端的方式去威胁父母。如果他们不听劝阻，可以大声告诉父母，自己很害怕，他们争吵会对自己产生不好的影响，等他们平复了情绪之后，再做劝说。三是人的一生总会遇到各种困境，伤心、忧虑、恐惧这些情绪都可能存在，要勇敢地面对困难，勇于克服不良情绪，同时，要把各种困难都看成是磨炼自我的机会。

2. 家庭疏导

家庭环境，父母不恰当的教育方式是导致小杨同学出现心理问题的直接原因，因此，与家长沟通是十分必要的。于是，我和另一位老师进行了家访，为了不让小杨同学有心理负担，我们特意选择他在校上课的时间去家访，并告诉他的父母对孩子保密。我们进一步了解了小杨平时在家的情况，他与父母的沟通很少，父母也并不了解孩子的内心，更没有意识到孩子有心理问题。

在我们耐心细致的指导下，他们对于孩子的教育问题有了新的认识。他们明确的保证，以后不再当着孩子的面吵架。我们也把小杨在学校的情况告知了家长，让他们知道，并没有同学欺负小杨，他虽然不爱说话，但是并不讨人厌，也有两个关系不错的朋友，不要把"怕孩子挨欺负"的思想灌输给孩子。最后，他们表示，会适当地放手，不再过度保护和束缚孩子。

3. 侧面疏导

小杨和他的同桌小李是关系十分要好的朋友，小李为人善良，小杨有想不通的事情经常会和小李说。于是，我找到小李，和他说明了情况，让他多开导小杨，并且多观察小杨的情绪变化，及时告知我。

4. "剧情"疏导

我和小李经过商量，策划了一场"戏"。大致内容是：小李向小杨倾诉，最近父母经常吵架，导致自己心神不宁，甚至有离家出走的想法。不知情的小杨居然真的投入到了"剧情"中，他耐心的劝解小李，而且再三强调，千万不能离家出走，不知不觉间，他把我曾经劝导他的话一点点的说给了小李。在小李想我汇报"演出"结果后，我十分欣慰，我明白通过这两天的努力，小杨已经真正在"生死路口"做出正确选择了。

四、反思总结

通过正面谈话疏导、家庭疏导、侧面疏导，小杨的极端情绪已经得到了化解。而后我策划的一场戏让小杨从被疏导者转变成了疏导者，在疏导他人的过程中，他会更加深刻的理解其中的道理，同时，他也会认识到每个家庭都有矛盾，每个人都会有走入困境的时候，但困境只是暂时的，困境并不是绝境，更不是"生死路口"，只要放平心态，勇于面对，寻找策略，就一定会走出去。这件事情过后，小杨的内心更豁达了，没有再爆发过极端情绪。

但是，这件事也让我意识到自己工作的不足，没有尽早了解小杨父母经常吵架的事情。如果早一些与小杨的父母见面，及时给他们反馈孩子的信息，和他们探讨教育孩子的思路，小杨之前的很多问题可能就不会那么严重。

教育无小事，细节定成败。作为教师，作为班主任，要时刻洞察学生的变化，运用各种方式及时、巧妙地化解学生的极端情绪，疏导学生的心理问题。

（长春市第一五七中学　崔瑶）

**拓展研讨**

青春期的学生，理智脑还没有发育完全，还不能完全控制自己的情绪。作为班主任，如果出现科任老师批评学生后，学生行为和情绪失控，该如何引导学生呢？

---

## 处理好同伴关系

大量的科学研究揭示，准确了解别人期望的最有效途径是"角色获得"，即站在别人的立场上，体验别人的角色，了解别人在特定交往情境中的期望与情感。通过"角色获得"，我们可以知道别人在特定条件下期望我们怎样行为，从而了解到此时此刻我们怎样表现是恰当的。

——金盛华等《沟通人生——心理交往学》

**智慧导引**

朝夕相处、了如指掌，是班主任不同于其他任课教师，能对学生适时进行教育的优势所在。纵观那些富有智慧的班主任，首要一点即善于"识人"，可以在众多孩子当中迅速分辨出需要"问题纠正"的那一个，而这一类孩子的共性特征往往是以自我为中心。谈不上对集体产生多大的影响危害，但他们自身会陷于学习和生活的苦恼里面，不及时疏导，其人生可能面临偏航。对此，班主任除了关爱学生，还要懂得运用一些技术方法加以引导。

### 一、自我为中心的表现

以自我为中心的人总是将精力过分集中在自己身上，过分关注自己的问题，很少主动关心别人和社会，他们没有耐心倾听别人的诉说，总爱喋喋不休地讲述自己的感受，从不想别人此时的心情或别人是否需要帮助。以自我为中心是人的一种个性特点，也是独生子女学生的常见型人格。自我中心者为人处事以自己的需要和兴趣为中心，只关心自己的利益得失，而不考虑别人的兴趣或利益；完全从自己的角度出发，以自己的经验去认识和解决问题，认为自己的认识和态度就是他人的认识和态度，而且固执己见，不容易改变自己的态度和观点。

## 二、自我为中心的缘由

自我为中心主要与小时候的成长经历、家庭教养方式以及所处的生活环境等因素有关。比如一个人从小就处于家庭中心地位，几代长辈、亲友给予过多宠爱，在这种环境中长大的孩子养成受众人关注的习惯，他们长大后就很难站在别人的角度去考虑问题，仍然习惯把同学、朋友当成自己支配的对象或无意识地依赖他们。于是，他们在人际交往中就会表现得只考虑自己的存在，而不考虑他人的存在；只对于己有利的事负责，其他人的事情或感受统统与己无关。

相反，如果一个孩子从小没有得到家庭温暖，没有得到足够的双亲的爱，没有学到成人如何关心他人的行为，那么，也有可能从小就表现出自私自利、心胸狭窄的以自我为中心的行为。

此外，一个人所处的社会环境也是非常重要的。比如一个人在社会生活中，缺乏朋友，缺乏必要的人际交往，很少获得外界信息，他的思维方式会有很大的局限，往往也会形成以自我为中心的个性。

另外，一些信奉消极、颓废价值观念，抱着"人都是自私的""人不为己天诛地灭"等狭隘利欲观的人，定会在生活中表现出以自我为中心的个性特点。

## 三、自我中心的转变方法

1.正确认识"自我为中心"

首先，要让学生认识到"以自我为中心"是一种不成熟的心理特征。一个心理健康的人随着年龄增长，总是从最初的关注自我，到逐步地关注他人，并扩展到关注整个社会。因此，要使自己成为一个真正成熟的人，必须不断主动去接触外界，了解外界，主动沟通他人，获得他人信息，丰富自己的内心世界。

其次，要让学生意识到"以自我为中心"会对自己的人际关系造成损害。以自我为中心的人一般都会不自觉地表现出"老子天下第一"的意识，希望在任何情况下别人都能听命于他，以他为中心，以便体现他在人群中的重要地位。他不会站在别人的角度考虑问题，因此没有人愿意和这种人交往。

2.“空椅子技术”的有效利用

教师要引导学生多参加团体活动，让他们在和别人接触的过程中发现自己的缺点，从而产生改变的意愿。可以利用“空椅子技术”进行角色扮演活动，让他们在这些活动中去体验别人的心理感受，以增强他们理解别人的能力。

“空椅子技术”是格式塔流派常用的一种技术，是使来访者内射外显的方式之一。这种技术常常运用两张椅子，要求学生坐在其中一张，扮演一个“胜利者”，然后再换坐到另一张椅子上，扮演一个“失败者”，以此让学生所扮演的两方持续进行对话。通过这种方法，可使学生充分地体验冲突，而由于学生在角色扮演中能从不同的角度接纳和整合“胜利者”与“失败者”，因此冲突可得到解决。通过两部分的对话，使人们内在的对立与冲突获得较高层次的整合，即学习去接纳这种对立的存在并使之并存，而不是要去消除一个人的某些人格特质。

我们将“空椅子技术”分为三种形式：

（1）“倾诉宣泄式”

这种形式一般只需要一张椅子，把这张椅子放在学生的面前，假定某人坐在这张椅子上。学生把自己内心想对他说却没机会或者没来得及说的话表达出来，从而使内心趋于平和。这种形式主要应用于三个方面：

学生因亲友的离去而感到悲伤、痛苦甚至伤痛欲绝，却无法找到合适的途径进行排遣。此时，心理辅导教师可以运用“空椅子技术”，让学生向空椅子进行倾诉，表达自己对空椅子所代表人物的情感，从而使自己强烈的情感得以舒缓。

空椅子所代表的人曾经伤害、误解或者责怪过学生，学生由于各方面的原因，又不能直接把负面情绪发泄出来，郁积在内心的情绪此时可以通过对空椅子的指责，甚至是谩骂，从而使学生获得内心的平衡。

椅子所代表的人是学生非常亲密或者值得学生信赖的人，学生由于种种原因，无法或者不便直接向其倾诉。此时，可以让他向空椅子倾诉自己的情感，从而获得某种解脱。

（2）"自我对话式"

假如学生内心有很大的冲突，又不知道如何解决时，放两张椅子在学生面前，坐在一张椅子上，就扮演自己的某一部分；坐在另外一张椅子上，就扮演自己的另一部分，依次进行对话，从而达到内心的整合。这种形式主要应用于两个方面：

由于种种原因，学生认为自己本应该做的事情，却没有做，引起了不好或者严重的后果时，产生了强烈的内疚感、罪恶感和自责心理。此时，运用"空椅子技术"，让学生自己与自己展开对话，从而降低内疚感。

面对各种各样的选择很难下定决心或者处于人生的十字路口不知何去何从时，学生会因此逃避现实，甚至通过烟酒或其他方式来麻醉自己。此时，运用"空椅子技术"，让学生自己与自己展开对话，澄清自己的价值观，分析各种选择的利弊，找到解决问题的途径。

（3）"他人对话式"

这种方式用于自己和他人之间的对话，操作时可放两张椅子在学生面前，坐到一张椅子上时，就扮演自己；坐到另外一张椅子上，就扮演别人，两者展开对话，从而可以站在别人的角度考虑问题，然后去理解别人。它主要应用于两个方面：

学生以自我为中心，无法去体谅、理解或者宽容别人，因此存在人际交往方面的困难，自己却找不到原因。此时，运用"空椅子技术"，让自己和他人之间展开对话，让学生设身处地地站在他人的角度思考问题，从而领悟，找到人际交往困难的原因。

学生存在社交恐惧，不敢或者害怕和他人交往。此时，运用"空椅子技术"，模拟人际交往的场景，让学生在这种类似真实的情境当中减轻恐惧和焦虑，学会或者掌握与人交往的技巧。

运用"空椅子技术"之前，应该深入地了解学生的问题所在，要看其是否适合用这一技术来加以处理。并不是所有的问题都适合用"空椅子技术"，比如，有的学生初次接受指导时，对辅导教师还不够信任，往往先说出一些无关紧要的问题，来试探辅导教师的"深浅"，此时如果贸然使用"空椅子技术"，就可能产生"阻抗"。只有在双方有了充分的相互了解的基础上，才可以决定是否采用"空椅子技术"；同时还应该认真思考运用哪种形式的"空椅子技术"。

除了运用技术手段让学生学习换位思考，班主任老师还要在班级生活中倡导真诚、互助、合作、共赢等团队精神，为处理好同伴关系营造氛围、树立典范。

## 案例呈现

### 做个受人欢迎的小伙伴

一、问题

2020 年，再次有幸成为一名一年级的班主任。这一年我又结识了 45 个小天使。今天想在这里跟大家聊聊一个特殊的孩子。在课堂上他经常转动着一支铅笔或摆弄一块橡皮，一边玩耍，一边学习，摇头晃脑，心神不定，还经常打扰别的同学，要么恶作剧，要么贴在其他同学的身上不愿离开。时刻用异样的举动引起别人的注意。我不止一次地告诉他，不要这样做，要保持和同学之间的社交距离，但基本上是无效的，他还是我行我素。是什么样的家庭背景才会让他变成这样呢？我不觉心生疑惑。

二、原因分析

这个孩子的行为是因为心理发育以及客观家庭环境等影响，存在思维、认知以及行为方面的一些异常。他极度缺乏安全感，时刻想引起老师及同学们的关注，无法控制自己的行为。他父母常年分居两地，孩子和姥姥还有妈妈生活在一起，老人和孩子的沟通基本都是吼叫式，对孩子极度缺乏耐心，孩子缺少爱和鼓励，缺乏安全感。

三、问题解决

1. 个别谈话

我经常利用课余时间与他进行谈心。一般从关心他的生活入手，表扬他的长处。我甚至还会主动和他聊起我的小时候，以朋友的身份和他交换小秘密，还答应他我会做好我们之间分享秘密的保密工作，让他放心。就这样谈了几次心，他终于肯向我敞开心扉，讲出他为什么要这样做。原来他的爸爸是一名工程设计师，因为担保工程问题和他人发生了债务纠纷，不得不离开当地去外地躲债，几个月或者是一年才能回来看他一次。他的妈妈是一名设计师，为了给他创造更好的生活，拼命工作赚钱养家，在家里陪伴他的时间少之又少。家里只有姥姥一人照顾他的生活起居。姥姥老家在河南，从他一出生就和姥爷分居，独自在这里照顾他。姥姥的性格比较强势，总是以命令的口吻要求他，还不愿意倾听他的感受，只要有一点不顺姥姥的意愿，姥姥就会激动地吼他。了解情况后，我跟他说我愿意做他永远的倾听者，以后有生活上或是学习上的难题随时找我，我会第一时间帮助他解决。经过几次沟通，他开始尝试改变自己，尽量控制自己的行为，恶作剧的次数也在减少。

2. 家庭参与

我与姥姥交谈时，首先肯定孩子的长处，把孩子在学校的良好表现向姥姥讲述，使我们的交谈从愉快的氛围开始。我把孩子渴望得到姥姥认可这件事和姥姥进行了沟通，并和姥姥达成共识，希望姥姥可以静下心来听听孩子的意愿，每周至少有两次和他进行谈心，周末陪同孩子看电影或是和孩子一起拼一次他喜欢的乐高玩具。用亲情和耐心守护他的成长，给孩子足够的安全感。

3. 集体协作

来自同伴之间的关怀总是能起到意想不到的效果。我安排班级里的小组长主动和他交流，当有同学发现他的行为不对时，马上耐心地和他讲解，告诉他怎样和同学之间正确沟通。分组活动时也会安排多个小组长选择与他进行活动和游戏。如果发现他情绪有波动时，我还会组织一些语文活动，让他进行表演，给他足够的展示空间。他过生日时全班同学还为他唱了生日歌。

四、反思总结

孩子的健康成长离不开爱的教育，离不开家庭和集体的温暖。如果我们肯多花一些时间和耐心和孩子来一场心灵的约会，孩子定会像阳光下的花朵一样绚丽开放。

我们要时刻用爱心去鼓励孩子，增强孩子的自信心，让他明白当他遇到困难时不是一个人孤军奋战，他的身后有亲人，有老师，有同伴！只要我们足够细心，足够耐心，一定会打开这些问题学生的心结，站在他们身后，做他们永远的那一道光！以爱育爱，一直与他们同在！

（长春市柳影中学　姜姚遥）

**拓展研讨**

思思以优异的成绩考入初中，入学后他知道自己的分数比班上大部分同学分数高，位居班级第一。因此，他沾沾自喜。在与同学的交往过程中，他总是不自觉地以居高临下的姿态与同学们交流，总觉得自己高人一等。因此，他常常在不经意时就伤害了别人，同学们也渐渐疏远了他。在这样的孤独中，思思逐渐陷入了苦闷。作为班主任的你会怎么做？

# 构建良好的师生关系

列宁曾经说过："没有人的'感情'，就从来没有也不可能有人对真理的追求。"在教育过程中，师生间的情感交流是教育活动的"催化剂"。教师热爱学生，学生亲近教师，就会使师生间产生一种依恋性的亲切感。高中学生虽然处在"心理上的断乳"时期，但师生关系对他们的情感发展和个性形成仍有着深刻的影响。

——郑和钧 邓京华等：《高中生心理学》

## 智慧导引

教师的不同行为对学生的影响是巨大的。这种影响首先表现在学生的自信心上，受到低期待的学生会感到自己能力低或品行不好，产生无能感。教师期待的影响会进一步表现在学生的各种行为与学习成绩上，受到低期待的学生会放弃努力或继续表现出一些不良行为，导致学习成绩下降。教师期待的影响还表现在师生关系上，受到低期待的学生与教师的关系逐渐疏远。由此可见，受到教师高期待的学生会得到充分的发展，而受到教师低期待的学生则不能够充分地发展所具备的潜力。

## 一、良好师生关系的特征

### 1. 尊重

相互尊重是良好的师生关系的本质特征。尊重的前提是平等相待，尤其是教师，应该把学生作为有独立人格的人来看待，不侮辱学生的人格，不伤害学生的心灵。

### 2. 真诚

在师生交往过程中，师生双方应该开诚布公地、直截了当地交流自己的态度和意见。只有在真诚、坦率的交往氛围中，双方才能完全地开放自己，真正接纳对方。

### 3. 关爱

教师应该关心学生的学习、生活、交往等，发自内心地去爱护每一位学生；

作为学生也应该积极主动地去关心教师，珍惜教师的劳动成果。

4.民主

尽管师生关系是一种教育与被教育的关系，但在教育过程中教师不应把自己的观点强加给学生；而学生在受教育过程中也难免会有不同的意见，此时应帮助学生学会用适当的沟通方法与教师进行对话，而不是采取叛逆的对抗方式表达自己的不满。

## 二、构建良好师生关系的方法

建立良好的师生关系，最重要的一点就是尊重学生，以人为本，作为班主任，更应该把尊重体现在每一个细节中。

1.学会心理换位的技巧

心理换位就是人与人之间在心理上互换位置。在人际交往中对所遇到的问题，能设身处地地从对方所处的位置、角色、情境，去思考、理解和处理，深刻体察他人潜在的行为动因，不以自己的心态简单地看待问题，对待他人。"将心比心""己所不欲，勿施于人"等词语通俗地说明了这种心理活动的特点。在教育过程中，心理换位是指在教育过程中教师把自己置于学生的心理位置去认识、体验和思考问题，从而择取有针对性的最佳方法来处理问题，以取得良好的教育效果，达到预期的目的。教育教学中很多师生关系方面的问题，都是由于师生双方不能站在对方角度看问题造成的。如果能够做到心理换位，很多师生关系问题都会迎刃而解了。

2.了解学生的需要

需要是行为积极性的内部动力，追求需要的满足也是行为的根本目标，而且每个人的需要又是多种多样，发展变化的。因此研究、了解学生的需要，并予以及时适当的满足，就会增强说服教育的效果，赢得学生的信任，树立教师的威信，从而建立起良好的师生关系。有的学生跟你闹对立，是感觉到他自己在老师心目中的地位不高，他被老师忽视了。如果不了解学生内心的想法，不满足这类学生的情感需要，光是靠老师的权威去压服学生，肯定是没有效果的。

3.实施"皮格马利翁"效应

皮格马利翁效应是心理学家借助于古希腊神话的启示，研究教师对学生的期望所产生的重大影响。有关实验和教育实践表明，如果教师表示喜欢某些学生，对他们传达出较高的期望，学生就会感受到教师对自己的关注，并同样以积极态度对待教师，从而迸发出一种积极向上的激情，这些学生就常常如教师所期望的那样进步。由此，教师和学生就会产生良好的互动，在这个基础上，就会建立起良好的师生关系；相反，如果教师不喜欢学生，对学生期望过低或经常以冷漠、歧视的态度对待学生，那么学生也就会以消极的态度对待教师，不理会教师的要求，这些学生的成绩和品质就会一天天变坏。

总的来说，学生如果感到自己与老师之间出现了矛盾、误会、隔阂，那对于他们来说会是一种很大的心理压力。因为，毕竟教师象征着教育的权威，是师生关系中强势的一方。从这个意义上说，班主任更应该"将心比心"，善于体察学生与自己关系上出现的一些微妙的变化，采取主动态度，去倾听学生的内心想法，及时驱散积聚在学生心头的阴云；引导学生掌握沟通的技巧，积极进行平等对话，摒弃采取疏远、回避、敌视的消极态度来维持自己内心的平衡。

## 案例呈现

### 犟牛变蒙牛

#### 一、问题

"乒、乓、啪、啪、扑通"这不是打乒乓球的声音，而是 A 同学在发脾气。在刚接手这个班之前，我对这个孩子有所耳闻。"他爸爸放学都不接他，得等半个多小时才能来，天亮等到天黑。""他就是全学年不写卷子那个。""他差点被老师赶出课堂……"当接手这个班级后，我发现他对待每一科的态度都是"雷打不动"，即使写了，造的句子也很消极。上课恶意接话，坐在最后排角落里，老师越督促他、教育他，他越发火。犟脾气上来，一动都不动地冷脸看老师，像斗牛场的斗牛仇视周围所有人。每天上学都迟到，不愿意参加任何活动，就连广播体操也不愿意做。联系家长反映问题，他认定老师是"告状"，家长不会教育孩子，只会拳打脚踢。再上课仍然是生气，有时自己打自己，摔桌椅、摔手边一切的东西。

#### 二、原因分析

家庭因素：他的妈妈狠心抛弃他和家庭，一走了之，还对孩子说："我不要你了，我不回来了，别再来找我。"

自身心理因素：因为基础差，成绩低，不喜欢学习，拒绝学习，他不是真正的讨厌老师，他是反抗老师布置的任务，认为自己不能完成，抱着"破罐子破摔"的想法。

学校因素：换了新老师，他更是不抱希望，认为新老师只教一学期。被安排在最后一排，他就更把自己缩进角落里。

三、问题解决

1. 善于观察

生活上：通过观察发现，换了新老师，他不敢靠近我，班级发生的事，表面上冷眼旁观、与他无关，其实他会用小眼睛悄悄瞟向参加活动的孩子，他需要有人主动"拉"他。我观察到孩子校服裤子开线了，为了保护他的自尊心，联系学过的课文《胡萝卜先生的长胡子》，跳线的裤子就是胡须，这句话逗乐了他。那被剪断的长长黑线，缩短了我们之间的距离。

课堂上：课上写字的时候，他像雕刻印章一样，用力刻字，写出的字工整但是很慢，导致他不能及时完成练习。基本每一节课都会因为速度慢生闷气，发脾气，老师要是提醒他，督促他，他就会更生气。

2. 勤于沟通

利用说：我和他说悄悄话，谈自己的家庭，说自己爸妈的故事，讲发生在自己身上的囧事，拉近和他的距离。通过聊天了解到，他并不是真的讨厌老师，而是总把情绪带到学校来。在学校里由于基础差，作业质量不高，练习题做得慢错的多，自尊心强的他受不了自己这么差，不愿意去问老师，导致冲着周围人发泄情绪。我给他承诺：只要有一点进步，多会一个字，就印"能人章"可以换愿望，我会教到他毕业，到毕业前都可以换愿望。通过聊天消除对老师的戒备。

借助写：语文课上写给xxx一封信，我建议他写给妈妈。不让他压抑对妈妈的情感，让他有地方抒发。利用午间休息，对他一对一听写字词，重拾学习自信心，手拉手教他做小组长，早自习按时收发作业，从那时开始他不再迟到了。

依托画：综合实践课上的"我爱我家"主题版块，小组合作完成了手抄报连环画，A同学在组长的带领下，画了一颗大大的红心标注在爸爸身上。

3. 走近家庭

家庭是人生的第一所学校，但A的家庭是支离破碎的，他的成长让人心疼。家长是孩子的第一任老师，爸爸没有把他第一粒扣子扣好。他爸爸特别严厉凶狠，不会表达对儿子的爱，通过电话家访、和父亲面对面谈话，我给的建议是父亲说话时语气放缓、语调降低；每天再忙，也要抽出时间陪孩子聊一聊开心的事；A有进步的时候，父亲要具体的称赞、鼓劲；A有错误的时候，先说道理，再改错，耐心地纠正，父子俩互相鼓励加油。

4. 转变角色

我不再只是老师，而是当他的妈妈，温柔怜爱他，多一些耐心。告诉他如何用拉锁、系鞋带的方法，帮他准备水果，告诉他关注个人卫生清洁，当着全班同学的面表扬他的进步，及时奖励"能人章"。委婉地指出他的不足，用心理暗示的评价方法帮他改进。

5. 给予温暖

给他安排一个家里有弟弟的同桌。作为家里老大，他的同桌B很会照顾人，告诉A记笔记、改错字，分享带的水果。温柔可爱的班长C帮助他，一点点温暖，一点点进步，让他感受到班里同学的爱，让他忘记家里不愉快的事。

经过一段时间的努力，A同学的进步有目共睹。他感恩班里的每一位老师，喜欢班里的同学，每天放学隔着校门栅栏翘首期盼着爸爸，他从一个要被赶出课堂的孩子变成有情有义的男子汉。

6. 拉近距离

建议父子俩多进行亲子活动，A参与爸爸的工作，体验快递驿站忙碌的一天，体会爸爸的艰辛。他对我说"一件快递，爸爸就赚一块钱，要是丢件，爸爸还得赔好几百。"他还为爸爸写了一首诗，表达自己感恩。

班里组织掰手腕的活动、跳操活动、室内小游戏，给紧张的学习生活放松放松。转移A的注意力，消除被遗弃感、怨恨感。尽量为他在社交、学习、活动中多提供实践机会，让他在自我价值的实现中得到满足，以弥合母亲离开带来的精神创伤。

四、反思总结

问题行为的背后一定有深刻的心理动机，妈妈抛弃A，他内心充满了无助、自卑、焦虑，很渴望得到关怀。了解他内心的脆弱点，并创设一个接纳他的环境。找同学、老师一起帮助他，从各个方面去关心他，给予信心、关怀，这样不仅拉近了老师与学生的距离，改善师生关系，还能让学生基本的情感需求得到满足，他才能有动力去学习，实现自我价值，主动发现自己的错误所在。我们不仅要注意单亲家庭孩子心理变化问题，同时也应该注意到，单亲家庭的儿童可能更成熟、更有责任感，对他人更有同情心，更容易体会父亲或者母亲的艰难，愿意分担任务。可以分派班级任务给他，能激发更多的潜能，使其更积极进取，掌握一技之长。在他有所改变，出现进步行为时给予积极的鼓励，要创造并提供机会，帮助他成长。

（长春市第七十二中富城学校小学部　于跃）

### 拓展研讨

初一开学了，作为新手班主任的你内心忐忑不安，开心又紧张。学生们进入了班级，面对新学生你的脑海里浮现出了同事的叮嘱：要立好规矩，严厉一些。这时一个小男孩在你说话的时候趴桌子，你十分生气，严厉的批评了他，话音未落，男孩与你顶嘴，那么此时此刻你怎么处理？继续批评怕学生会有过激行为，但不批评又不能让其他同学引以为戒，你怎么办？

# 掌握人际交往技巧

于右任先生有两句话我很欣赏："造物所忌者巧，万类相感以诚。"这两句话讲得很概括，也很富有哲理。做人做事、交朋友，投机取巧是不行的。"万类相感以诚"，是指人与人之间的交往，只有诚才能换取对方的诚，只有诚才能交上真正的朋友。

——吴建民：《交流学十四讲》

### 智慧导引

社会交往是中学生在社会实践中必不可少的一个环节，这一环节对提高中学生社会适应能力、帮助中学生顺利走向社会具有关键的作用和价值。但我们要知道的是每一名中学生的教育背景、家庭环境、人生经历各有不同，因此在与外界交流时，每一名学生的交往心理也是有所差异的。

据调查显示，人们不能主动交往主要有两个方面的原因。第一个原因是人们自己在人际关系方面缺乏应有的自信，生怕别人不会像自己期望的那样理解、应答自己，从而使自己处于窘迫的局面，伤害自己的自尊。第二个原因，是人们在人际交往方面有许多误解，如"先同别人打招呼，在别人看来是低人一等""别人对我不会像我对他那样有兴趣""我这样去麻烦别人，别人肯定会讨厌的""我根本不认识别人，他怎么肯帮我干事呢"等等。

高中阶段是个体社会化的重要时期，而社会化的顺利完成离不开人与人之间的交往，因此，高中阶段的人际交往对中学生的成长有着非常重要的意义。但是，这个阶段高中生人际交往的技巧、方法不成熟也是年龄特征之一，这与他们对人际交往的强烈需求恰恰形成了矛盾，这一矛盾时时困扰着他们，使他们不断在人际互动中遭遇挫折。

## 一、高中时期的人际交往特点

### 1. 依赖关系发生变化

研究表明，儿童时期的个体在情感上最依恋的对象是父母，朋友则处于相对次要的地位。随着年龄的增长，这种情感依恋的重心便逐步由父母转向了朋友，并日益得以确定和加强。有一项调查表明，大多数人都认为自己结交朋友最多的是高中时期。

### 2. 小团体现象突出

由于空间上容易接近、年龄相当、兴趣相同等因素的影响，许多高中生都会加入到某一个非正式小团体中。这些小团体的成员相互间有高度的忠诚感，在行为方面也有很大的约束力。

### 3. 师生关系有所削弱

高中生不再像小学生那样将老师视为至高无上的权威；相对于初中生而言，他们对老师也有了新的认识，并有了更高的要求，对于喜欢什么样的老师也有了更明确的看法。

### 4. 易与父母产生隔阂

不少中学生都觉得与父母难以沟通，有话宁可与知心朋友讲，也不愿对父母说。无论是在价值观念、交友方式、生活习惯，乃至着装打扮等方面，都容易与父母发生摩擦，不断产生与父母的心理隔阂。

总之，由于自我意识、独立欲望、自尊心都明显增强，高中生在渴望人际交往的同时，也容易出现闭锁、防御、自卑、"骄娇二气"等交往心理障碍，应该注意加以克服。

## 二、年龄对高中生人际交往的影响

同龄人之间的友谊对高中生非常重要，但同时，同龄人之间的交往也最容易出问题，困扰着高中生，这和他们的年龄特点是分不开的。

首先，高中生随着自我意识的进一步增强，他们非常在意自己的形象，对于他人对自己的评价也非常敏感。因此，他们在讲话和做事的时候就会比较小心翼翼，自己的内心秘密也不会轻易地向他人透露，从而影响了他们的人际交往。

其次，高中生的独立性进一步增强，逆反心理更加强烈。这个时候，有些同学的行为表现得非常特立独行、非常自我，他们渴望与众不同。因此，与他们沟通起来就显得特别困难。

再次，高中生存在一定的闭锁心理，人际交往比较被动。有研究表明，高中生在交往中倾向于期待他人引导和帮助自己，期待他人主动接近自己，特别是当他们产生忧虑、恐惧、孤独、压抑等消极情绪时，这种倾向就会表现得更为强烈。

### 三、引导学生学习人际交往的技巧

1. 帮助学生确立正确的交往观念

想了解别人，最好先让别人了解你，这样才能形成良好的人际互动。高中生要想赢得别人的友谊，同别人建立良好的人际关系，就必须做交往的主动者，争取在人际互动中处于主动地位。

2. 帮助学生养成良好的交往品质

多项研究表明，高中生所能接纳的特质主要有：真诚、宽容、信任等。"真诚"是指诚实、真实、恳切。开诚布公、坦率真实能使人推心置腹，互相看到一颗纯洁的心。"宽容"意味着无私和坦荡，也意味着理智与豁达。当然宽容不是纵容，要有理智地、批判地看待问题。"信任"包括信任自己和信任他人。信任自己才有可能自然、大方地把自己的思想和情感暴露给对方；信任他人则是对他人感情和人格的尊重。只有帮助学生养成良好的交往品质，才能使他们在人际交往中取得优势。

3. 帮助学生克服交往心理障碍

中学生在交往过程中常出现如下交往心理障碍：第一，羞怯。一些学生由于害羞，过多地约束自己的言行，以致无法充分地表达自己的思想感情，阻碍了与同学、老师的交往。克服害羞，重要的是要解除思想包袱，树立信心，肯定自己的长处。第二，自卑，自卑的主要表现就是缺乏自信。克服自卑感的第一步是要学会全面客观地分析自己，增强自信；此外，要努力塑造良好的性格，摆脱他人对自己的成见，寻找新的环境重新表现自己。第三，封闭，这是指有意无意地把自己限制在最小交往圈的状态。习惯于封闭自己的学生，往往遇事固执己见，对人处处设防，难以交往。要正确分析和认识自我，不把自己看得过高，也不要把别人贬得过低，将自己放在同伴群体的恰当位置上，积极感觉自己与周围环境的关系，让自己从封闭中走出来。

4. 帮助学生学会交往的艺术

交往是一门艺术。要想同别人建立和维持良好的人际交往，仅仅拥有正确的交往观念和基本原则是不够的，成功的交往还要依靠丰富有效的交往艺术，这些艺术包括：表达的艺术、倾听的艺术、婉拒的艺术、道歉的艺术、交涉的艺术和批评的艺术等。因此，教师有必要通过班会课、心理辅导课等途径向学生传授这些交往的艺术。

## 案例呈现

### 同伴交往问题个案分析

一、问题

陈某，平日里多动淘气，对学习没有兴趣，又不合大群。与同学交往时情绪反复无常，犯错就推卸责任；自制力差，暴躁易怒，没有是非对错观念，不讲信用；卫生观念不强，安全意识淡薄。经常与同学打架，稍不如意就大嚷大叫，拍桌子、摔书本；一遇到老师批评，就咬牙切齿，一言不发；一有犯错，从不承认，谁都拿他没有办法。近期，他竟然偷拿别人东西。经查，他是为了报复平时和他发生矛盾的同学，便采用了偷拿别人东西的方式。为此，他一度成为班级同学的防备对象，处于自卑、自弃的失助状态，沦为多数学生的攻击目标。

二、形成原因

上述案例所反应的问题，其形成因素主要有以下三方面：

1. 家庭影响

父母直接抚养和监护孩子的成长，是孩子的首任老师。父母的一言一行对孩子的影响至关重要。一些家长认为，作为家长，只要管好孩子的吃和穿，至于孩子如何做人则是学校的事情，与自己无关。正是这些思想的存在，才导致孩子养成了一些不良的行为习惯。

（1）父母、长辈行为不良，举止不雅，言传身教差

部分家长文化层次低，行为粗鲁；有些家长作风不正，给子女直接树立了负面榜样，对子女无疑会产生极坏的影响。

（2）父母、长辈教育方法不当，正确引导不够

部分家长对子女过分宽容，不分是非曲直，偏袒护短，忽视对子女团结、协作、助人等意识的教育；有的家长错把粗鲁当严格，信奉"棍棒之下出孝子"的俗语，轻则训斥辱骂，重则棍棒相加，体罚折磨，把子女推到了自己的对立面，心理隔阂加深，形成子女对父母的畏惧、怨恨和反抗心理；有的父母、祖父母对子女的教育要求不统一，当着孩子面唱对台戏，孩子无所适从，矛盾重重，教育的作用互相抵消；有的父母把子女当成"小皇帝"事事相依，要物给物，要钱给钱，久而久之形成了孩子自私自利，不体谅尊敬父母的懒、馋、娇、散、狂等不良恶习。

（3）家庭结构缺损，家庭关系不和，子女得不到父母细心调教和关怀

有些家庭婚姻破裂，孩子失去家庭温暖，沐浴不到父爱、母爱；有的家庭父母长期"内战"，特别是一些家庭由于第三者插足，家庭感情淡化冷漠，造成孩子心灵的严重创伤。

2. 学校影响

学校在学生思想品德教育方面发挥着主渠道作用，但由于一些学校重智育轻德育，一些教师教育思想不端正，也会导致或助长学生的不良行为习惯的养成。

（1）一些学校思想政治教育工作流于形式，只做表面功夫。有些学校不敢对学生严加教育，害怕家长的不配合或刁难，对犯错的学生没有相应合适的惩戒方法。学校对德育认识上出现的这种严重"错位"，不利于学生的健康成长和良好行为习惯的养成。

（2）个别教师唯我至上，不关心尊重学生，对学习好的学生无原则地偏袒纵容，对学习差的或犯过错误的学生，挖苦讽刺，冷漠歧视，使学生的心灵受到严重伤害。

（3）一些教师处理问题感情用事，方法简单粗暴，容易挫伤学生的自尊心和自信心，不仅使学生得不到应有的教育，反而加重了学生的逆反心理。

3. 社会影响

社会环境的主流从整体上说是应当给予肯定的，但也存在不利于青少年学生健康成长的一些消极因素。

（1）一些不良的社会风气、生活环境、文化氛围等外界条件腐蚀、毒害着青少年学生的健康成长。社会上对学生毒害最大的一是散布盗窃、抢劫、

恐怖的录像、书刊，带有赌博色彩的舞厅、卡拉OK厅、电子游戏厅、台球室等；二是坏人教唆，不少青少年在坏人教唆下形成恶习并走上了违法犯罪道路。

（2）当代学生没有经过艰苦生活的砺炼，心理十分脆弱，承受挫折的能力、自控能力和抗诱惑能力差，甚至心理错位和行为反常。

三、问题解决

1.设法赢得社会的大力支持

即学校与家庭配合，改善他们与周围环境、人际交往等关系，特别是应注意改善他们与亲人、同学之间的关系，激励他们产生与别人交往的愿望，满足他们和谐相处的需要，让他们感到社区、家庭和班集体的温暖，心理上有安全感，消除戒备心理，能够接受别人，并能与之交往。

2.设法扩大他们的交往范围

当他们能够接受别人并与之交往时，要给予强化鼓励，并帮助他们主动与别人交往，从与亲戚交往，扩大到与亲戚的朋友交往；从与一个同学交往，扩大到与这个同学的朋友交往，逐渐扩大交往圈子，让他们走出封闭的自我。

3.设法让他们参加有益的群体活动

通过参与活动，促使他们在活动中真正体会到的快乐，在玩的过程中增强与他人交往的能力。比如可以在课堂上进行角色扮演活动，因为在现实生活中由于角色不同所以会引起角色冲突，那么，让学生扮演不同的社会角色，学会站在不同的角度分析处理问题，了解他人的需求，体验他人的感受就会有助于理解他人的处境和立场，化解怨恨、融洽相处，能宽宏大量地谅解他人的过失、冒犯、误解，可以达到改善交往的目的。还可以编排一些情景剧，从活动中培养他们良好的合作交往能力。这样，久而久之，他们就会产生和同学、老师、亲戚等自愿交往的愿望，还能在交往活动中收获意想不到的非正式教育的效果，知道什么该做，什么不该做，慢慢就会改掉一些坏毛病。积极自愿的参与到集体活动中来，成为一个合群、健康向上的孩子。对于严重孤僻不愿与人交往的学生，还可以先让他们同比自己年龄小或低年级的学生交往，以显示他们的交往能力，提高他们的自信心。特别是多与性格开朗、与他人和谐相处的人在一起活动，情绪受到感染，也会使自己变得开朗起来。

总之，让有特殊情况的孩子走向社会、走向阳光，变得活泼开朗、健康向上是一件比较困难的事，我们必须恒久的、执着的用爱心与温情去感化和引导他们剥掉裹在心灵上的茧丝，方可取得实效。未来的社会不仅需要人们竞争，同样需要人们具有合作意识，从小培养学生的合作意识与合作能力势在必行。作为基础教育工作者责无旁贷，它关系到我们的教育质量，关系到年轻一代的未来和祖国的命运。愿我们携起手来为祖国培养出具有合作意识和合作能力的新型人才！

（长春市宽城区自强小学　陈晓梅）

### 拓展研讨

小彬是初中一年级的学生，在家里排行老大，还有一个弟弟，内向的性格平时不愿意与同学接触和交谈。如果让她讲话，总是会出口伤人，话说得很重，人缘较差。家里人重男轻女的观念根深蒂固，疏于对女孩的教育，对弟弟关注较多，导致她缺乏安全感和父母的关爱。你作为她的班主任你会怎么引导她？

# 逃学学生回归校园

孩子只有在一种和善而坚定的气氛中，才能培养出自律、责任感、合作以及自己解决问题的能力，才能学会使他们受益终身的社会技能和生活技能，才能取得良好的学业成绩。

——简·尼尔森《正面管教》

### 智慧导引

逃学是中学生常见的不良行为，现国际教育界已经把逃学列为中学生三大问题之一，足以见得逃学问题的普遍性和严重性。逃学问题的出现让许多学校学生大量流失，如何有效地预防逃学现象的产生，抑制逃学问题的发展是我们当前教育不可忽视的问题。

## 一、中学生逃学现象产生原因

1.学习信心不足

中学生逃学现象的产生从根本上而言是学生自身的原因，而成绩较差是逃学现象的导火索，让学生失去了学习的自信心。尤其在目前的教育形式下，学业成绩依然是占主导地位，成绩好的学生所受到的重视和尊重是很多成绩较差的学生无法体会到的。因此这样的学生在人际交往等很多方面要付出更多的努力，且他们的心灵也会比普通学生更加敏感。他们体验不到学习的快乐，也很难融入学校的生活，只能用逃学这种方式来逃避。

2. 价值取向偏差

没有正确的人生观、价值观和世界观也是造成逃学这一现象的直接原因。我们的市场经济引导部分学生价值取向功利化，学生内存在着严重的攀比现象，学生过度追求高消费，爱慕虚荣，导致了诸多不良行为。与此同时，学生的成长需要、交往需要得不到满足时，他们也会盲目地去寻找补偿，也会产生逃学等不良行为。

3. 父母陪伴缺失

父母陪伴的缺失是促使逃学现象产生的客观原因。父母忙于事业，疏于对孩子的关爱和关心。而处于中学阶段的学生恰恰是成长的关键时期，为了让父母更加关注自己，他们往往会走向两种极端，一种是努力学习取得优异的成绩；另一种则是故意犯错的问题行为。而在成绩占主导地位的校园学习中，父母也会用成绩的优劣来判断一个孩子优秀与否。在缺乏对孩子陪伴的同时，过分要求孩子的成绩，就会产生适得其反的效果。家庭氛围紧张、学业负担加重，很多孩子会因为达不到父母的期许，自怨自艾从而日渐消沉，有的会产生相应的心理问题，有的则是用逃学来与父母对抗。

4. 学校目标导向

个别学校以成绩为指挥棒的导向成了逃学现象的催化剂。学校追求升学率，忽视学生个性发展，没有将"五育并举"落到实处，甚至是直接抛弃德智体美劳的教育，学生们得不到全面发展。学校的生活没有吸引力，每天不是上课就是上课，学习生活过于单一，活动时间较少。老师们也缺少对于学生的精神引领，课堂死气沉沉，学生的思维得不到充分发展。

## 二、解决逃学现象的基本方法

导致中学生逃学现象产生的原因是多元化的，那么，我们又该如何去预防这种现象的产生呢？问题发生后我们又该如何解决呢？

《学记》中写道：禁于未发之谓豫。这句话的意思是对于教育问题在发生之前就要采取防范措施，多用疏导的方式防患于未然。

1. 创造和谐的家庭氛围

父母之间要互相尊重，给孩子做一个好榜样。不用简单粗暴的方式教育孩子，掌握孩子身心发展的规律，有方法有策略。同时根据孩子实际情况，积极引导达到一些合理要求。

2.构建良好的师生关系

教师积极开展丰富多彩的实践活动，发现学生特长，正面引导，从而激发学生对学习的热爱，让学校成为学生收获成长的乐园。班主任要成立家长委员会，定期与家长们沟通，及时掌握学生的思想情况，发现问题及时解决。要注意与学生沟通时的方式方法、语气语调，动之以情、晓之以理地疏导好学生。不能对于出现的问题熟视无睹，放任自流，只会用体罚和各种惩罚措施，让效果适得其反。

3.树立正确的教育理念

英国教育家怀特海曾说过：教育的目的是引导学生走上自我发展之路。树立"以学生发展为本"的教育思想。在学生成长的关键时期要适当给予学生人生观、价值观的引领，给孩子更多的理解、关心和尊重，帮助孩子树立人生的目标，找到人生的方向。

作为班主任老师只要了解学生逃学行为的成因，掌握有效的教育方法，把握教育时机，就一定能及时地解决问题。当学生冲破阴霾，再次找寻到了生命中的光芒时，一定会变得阳光自信，逃学问题也会迎刃而解。

**案例呈现**

### 点亮梦想，教育才有希望

一、问题

我所任教的班级，生源大多来自学校周围菜农或小商小贩，有一部分孩子的家庭境况不太好。一天早自习之前，学生小丹突然对我说，他不想念书了，家里条件不好，他的成绩不理想，觉得念书没出路，还不如早点走出校园去打工挣钱。另外几个孩子一听说小丹想走，都动摇了，想辍学。我的脑袋嗡的一声响，最担心的事情还是来了，如果这几个孩子都不上学了，他们以后可怎么办。

二、原因分析

两方面原因：一是学生缺少学习内动力，没有梦想，片面认为读书没用；二是对世界认识具有局限性，对生活没有热爱，美育教育缺失。

三、问题解决

1. 聊天摸底

我常与小丹进行轻松谈心。一般从小丹最感兴趣的话题入手，聊到他的小秘密。我也会主动谈自己的经历，以朋友的身份答应他谈话内容绝对保密，让他放心。小丹逐渐敞开心扉，我也慢慢了解到，他心底也有属于自己的梦想，只是学习基础太弱，没有信心，缺乏底气。

2. 家庭配合

那天放学，我赶紧走访小丹家。小丹的爸爸妈妈在外打工，他和奶奶生活在一起。交谈后了解到，奶奶也知道现在社会的发展和进步，也懂得家长要把目光放长远，但是孩子成绩不好，家里条件也不好，这样混下去也没什么用，还不如早点挣钱。我不断跟她保证，我尽最大力量让孩子成绩提上来，学会更多的知识和道理，我会对孩子负责到底，慢慢说服了小丹奶奶。

之后，我挨家挨户做工作，和家长们达成一致。此后，我每个月都坚持家访，不断和家长保持联系。

3. 点亮梦想

那段时间我跟这几个要辍学的孩子谈得最多的就是梦想。我说，梦想就像我们学校林间的花朵，只要坚强生长，也能开出蓬勃的春天。希望大家好好学习，梦想一定能够实现。

为了帮他们把成绩赶起来，我每天午休给他们义务补习，坚持至今。这几年，我和孩子们一起学习，一起生活，我们在生活中体验，在体验中学习，在学习中实践。春天，我带着他们顶着小水桶一起去采摘野花，一起感受"野火烧不尽，春风吹又生"的蓬勃；夏天，我们一起去看草甸，一起想象"接天莲叶无穷碧，映日荷花别样红"的鲜艳；秋天，我们一起收集落叶，一起唱"长亭外，古道边，芳草碧连天"；冬天，我们一起去滚雪球堆雪人，一起诵读"鹅毛柳絮满天飞，大雪小雪又一年"。

大雪小雪又一年，一晃过了两年。目前，几个孩子考试成绩均在班级名列前茅。

四、反思总结

每一个孩子，背后都是一个家庭。师者，需要兼爱班级所有学生。教师的爱，是点亮学生梦想的烛火。点亮一名学生的梦想，就是点亮一个家庭的希望。点亮梦想，教育才有希望。

（长春市第七十二中学　杨瑞）

### 拓展研讨

初三的文博父母离异，跟着爷爷奶奶一起生活。小小年纪的他在外学会了喝酒抽烟，还经常逃课不上学，两位老人也拿他没办法。作为班主任老师你怎么做？

# 对待学生犯错的秘诀

玉不琢，不成器。

——《礼记·学记》

### 智慧导引

面对学生犯错几乎是班主任日常工作中最为普通的一个组成部分，也是班主任管理智慧的集中体现。那些成功的班主任有哪些共同的做法呢？

## 一、给予学生诉说权——解释说明的权利

绝大多数学生犯错误都不是有意为之，有的学生虽然犯了错误，但可能已尽了最大的努力来降低错误的程度，仅此一点就该肯定。假如老师只看到错误的结果，而不了解事情发生的过程，就不分青红皂白，任自己宣泄情绪，不给学生说话的权利，若学生诉说一下"苦衷"，便斥责学生强词夺理，态度不好，不服管教等，这种简单粗暴的做法往往会造成学生的抵触情绪，加大工作的难度。

给学生诉说权，有几点好处：其一，教师在倾听学生诉说中明白真相，便于找到教育的切入点；其二，学生在诉说中表现或沮丧或害怕或不在乎等情绪，老师可以准确判断其心态，以便对症下药；其三，学生叙述错误的过程，本身就是认识、承认错误的开始，有时就是良心发现的具体表现。这样教育的效果应该是可见的。

## 二、给予学生商讨权——提出要求的权利

教师不能因为抓住了学生的"小辫子"就得理不饶人。学生有错，在正常情况下往往不敢与老师"讨价还价"，只是被动地接受批评。这时，如果老师能俯下身子征求一下学生的处理要求，就已经让学生感到惊讶了，若能

够满足学生提出的恰当要求,打消他们的种种顾虑,学生必定感激老师——错,岂有不改之理!

学生与老师商讨处理的办法,有时甚至是哀求,说明学生有自尊心,有改过的愿望,老师应该抓住这个教育的契机满足他们提出的类似"保密"的要求,不让他们在家长面前不好交代、在同学面前丢面子。否则,如果老师在气愤之下采取过激的处理办法,不给学生台阶下,学生势必会产生压抑情绪,干脆一不做二不休或"破罐子破摔",教育的效果可想而知。给学生商讨权,对于维护学生的尊严,提升学生对老师的信任,改善师生关系,更好地让学生改错,作用十分显著。

### 三、给予学生弥补权——弥补过失的权利

学生有了过失,最好让其"将功补过"。这样不至于让其放纵或内疚下去。魏书生老师让犯错学生唱歌或做好事,根据错误情节的轻重而采取不同的方法。如某生迟到,本不是多大的"过",可以让他选取合适的时间为大家唱歌,这样既活跃了气氛,给大家带来了快乐,又让学生知道有错必究。如情节稍重些,可让其打扫教室、清洗窗帘等。这样过失学生乐于接受,又为集体做了事,何乐而不为?

### 四、给予学生反省权——冷静思考的权利

不要希望过失学生能一下子改掉缺点错误,要给他们台阶,一步一步地让他们下来,使他们的心理状态有个调整的过程。因为有时过失学生一时还没有走出刚发生纠纷的情境,情绪仍不能平静下来,如果老师此时处理过于急躁,劈头盖脸将其训斥一通,只会将事情办糟。

给学生反省权,让学生走出暴躁冲动,摆脱情绪的左右,冷静理智地思考,自我解悟,自我反省,并心悦诚服地接受批评,进而认错改错。

### 案例呈现

#### 独辟蹊径,欲擒故纵

一、问题

一个有方法的班主任,就好像一位高明的魔术师,在他富有艺术性的指导下,班级的运转就会风生水起,秩序井然,从而焕发出无穷的活力。班主任的工作方式要有技巧,要贴地气,要能化腐朽为神奇。

担任班主任工作至今已有八年，遇到的每一个孩子都是一个独特的存在。他们身上发生过许许多多让我记忆犹新的事情。刚接手班级时，有一个男同学着实让我费了些心思。语文课上，我正在给同学们讲《林教头风雪山神庙》，孩子们一个个听得全神贯注，聚精会神，只有小A冲着左邻右舍挤眉弄眼，露出一口雪白的小牙，甚至是手舞足蹈，丝毫没有将站在讲台上讲课的我放在眼里。

对于小A，在接手班级之前，我便早有耳闻。这是班级里的"刺头"，面色黝黑，人高马大，而且性格急躁，喜欢惹是生非，常称自己是水泊梁山好汉之一"黑旋风李逵"。同学们要么惧怕他，要么不愿意理睬他，时间一久，他反而更加得意，隐隐有在班级里"占山为王""称王称霸"的念头。

遇到这样一块"硬骨头"，我并没有感到气馁，甚至有越战越勇，以此为契机，重建班风的念头。

二、原因分析

孩子在成长过程中，难免会犯错，面对班级一些品行不端正的学生，班主任不应该把他们视为洪水猛兽，更不能觉得这些孩子不可救药。孩子不听话，将班主任的"命令"或者"面子"抛诸脑后，这是新一代"00后"孩子给予我们班主任新的挑战。

班级里的小捣蛋，时而会制造出一些我们意想不到的麻烦，搞出一些小小的恶作剧，对于这些孩子，班主任决不能一味地训斥，甚至是放弃，置之不理。伟大的教育家苏霍姆林斯基曾经感叹："从我手里经过的学生成千上万，奇怪的是，留给我印象最深刻的并不是无可挑剔的模范生，而是别具特色，与众不同的孩子。"淘气捣乱的孩子，往往是缺乏自信，甚至是自卑，想用过激的方式获得老师和同学们的关注。借助恶作剧、游戏嬉闹，甚至是挑战老师的权威，不断滋事以寻求刺激，获得更多乐趣。

三、问题解决

对于这样的学生，班主任首先要在情感上亲近他，而不是疏离，要争取让这个孩子成为班主任的同盟者，而不是学习与生活中的敌对者。

陶行知先生曾经说过："你的教鞭下有瓦特，你的冷眼里有牛顿，你的讥笑里有爱迪生。"尊重每一个学生，欣赏每一个学生，努力去挖掘每一个学生身上的闪光点，特别是那些学习基础差，纪律松散的学生，反而要将他们身上的闪光点放大，让他们在班级里有展现自己才华的机会，让每一个学生都在展示自我中产生自信。

面对"恨铁不成钢"的学生，老师一定要冷静，把班主任的指责、批评、抱怨换成启发、表扬、鼓励。同时，适时地将他们的小错误进行正向引导。

后来，小 A 在我的鼓励下，参加了学校组织的武术操比赛，平常四肢粗壮的小 A，打起拳来竟是一招一式虎虎生风。当天，我们班全体同学都是观众，小家伙们一个个先是看得目瞪口呆，后来便是阵阵叫好。从那以后，小 A 慢慢成了我的忠实"铁粉"。

四、反思总结

1. 异材尤须三分春水

每一个学生就是一个特立独行的"小世界"，没有完全相同的复制。事实上，每一个学生都有自己的位置，班主任的任务就是引导他们，找到自己最合适的位置。学生的一生不容疏忽，作为班主任，要用自己的爱心和善良，真诚和热情，以人为本，因材施教。

2. 心有桃源爱洒人间

教育如果没有情感，没有爱，就如同池塘里没有了清水，山林失去了生命。热爱孩子，与孩子进行情感的交流，尤其是那些特别淘气的孩子，你会发现，关注他们的心灵成长是一种莫大的幸福。用自己的真心一定能换来孩子们的真爱。

3. 春风化雨静待花开

班主任需要对学生付出满腔的热爱，需要持之以恒的耐心和细心，需要用班主任特殊的智慧去理解学生的内心世界，需要班主任老师多理解，多宽容。这样的教育才是有效的教育，才是真实的教育。春风化雨，不负静待花开。

（长春市宽城区南京小学　刘佳）

**拓展研讨**

近日新闻报道，在甘肃酒泉，有学生家长反映，酒泉市某中学一班主任对学生迟到等在校的错误行为进行罚款，一学期罚款高达七万。对待学生在学校犯错的事情，你认为罚款是否可行？你会如何做？

# 引导学生戒掉网瘾

你是否觉得松了口气，把因特网当作了焦虑不安的解毒剂？你是否觉得兴奋和快乐，不再像上网前那样厌烦和沮丧？认识这两种感受——上网前的感受和上网时的感受——使你看到你逃避的是什么？以及希望从网上得到的又是什么？当你达到这一点时，你可以观察这些情感上的诱因，并从中做出选择，要么转向一个更积极的活动，要么屈服于你的因特网过度使用模式，寄望赶走坏感觉而重新获得好感觉。

—— 金伯利·S·扬：《网络心魔》

### 智慧导引

关于网络成瘾有不少的说法，但至今在国际学术界并没有定论。总的来说，网络成瘾一般是指不健康的、病态的、强迫性的网络使用行为。我们可以依据一些标准来判断学生是不是有网络成瘾的倾向。比如：每月上网超过144小时，也就是一天4小时以上；脑中一直浮现和网络有关的事或游戏情景；无法克制上网的冲动；上网是为了逃避现实，解除焦虑；不敢和亲友表明上网的时间；可能因上网造成课业及人际关系的问题；上网时间比自己预期还长；花太多钱在网络设备或上网上面；愈到后来就愈要花更多的时间上网才能满足等等。以上这几条标准只要符合5项，就可以说明这个学生已经网络成瘾了。

## 一、沉迷于网络的危害

1.浪费时间

沉迷于网络特别是网络聊天和游戏的学生往往长时间坐在电脑前，甚至通宵达旦，废寝忘食。

2.浪费金钱

上网不是免费的，特别是不少学生愿意去网吧上网。学生沉迷于网络无疑会增加家庭的经济压力。

3.危害健康

如果沉迷于网络，会更加缺乏人际交流，产生自闭倾向。学生长期沉迷于网络游戏，左前脑发育受到伤害后，会进一步影响右脑发育，使个体处于亚健康状态或直接导致身心障碍。

4.人格异常

因为上网是"人机交流"，人若是只和机器长期交流，那么人与人之间的正常交往就难免"萎缩"，学生就会变得冷漠，不善于与人交际，不合作、不合群，特别是与父母相对抗，这是第一阶段的发展变化；第二阶段表现为出现两个自我，一个是现实中的自我，一个是虚拟世界的自我，到了这个地步，学生往往会用虚拟的理念处理现实的问题；到第三阶段，长期上网还会产生人格异常，比如变得自闭、说脏话、爱发脾气、行为怪异、孤僻、内向、多疑、敏感等等。

当今社会与家庭都比较关注网络成瘾问题，却较少去挖掘孩子上网的真正原因。很多家长面对上网成瘾的学生，选择采取强制措施，如限制零用钱、限制行动自由、限制作息时间等，但却没有什么效果。"打也打了，骂也骂了"，为什么就达不到理想的效果呢？其实，网络成瘾本质上是一种表象，反映的往往是学生潜在的心理问题。比如学生实际上是通过网络的虚拟世界满足其在现实生活中缺失的心理需求，家长往往只看到了这个结果，并把这个结果当成了原因，因此对孩子的上网行为采取强制措施，而不是从源头上去帮助孩子解决问题，从而造成孩子的逆反和对抗心理，甚至于促使他对网络更加迷恋。面对这个棘手的教育问题，有智慧的班主任善于客观地站在学生的立场，接纳学生的行为，找到导致他迷恋网络的根本原因，引导家长改变态度和方法。这也是正确处理网络成瘾问题的成功做法之一。

## 二、沉迷网络的原因

### 1. 学习压力无法排解

一些家长的高期望值更令孩子倍感压力，特别向往自由的孩子最终找到虚拟的网络世界，网络游戏中既无拘无束，又可将成长的烦恼暂时抛之脑后，加上青少年自控力差的心理特点，就使得一上网就成了"网虫"。

### 2. 社会交往关系不顺畅

由于现在独生子女普遍遇到的问题是缺少玩伴、孤独、寂寞，而网上交往的虚拟化往往能使缺乏社会阅历的学生得到心灵上的满足和安慰。

### 3. 安全感缺失

有些离婚、再婚家庭的孩子对感情有不安全感，容易对网络产生依赖，如果遇到网上别有用心的人，得到虚假的被关爱的感觉，就很容易上当受骗。特别是有些涉世不深的女孩子还容易被骗，为了生存走向团伙犯罪。

### 4. 心理需求无法满足

青春期的孩子有较强的被认可、重视、尊重的需求，在现实生活中无法满足。在网络游戏中，谁厉害谁就是英雄，容易满足孩子亟须被他人肯定的心理，使其产生一种被大众认可的满足感。

## 三、戒掉网瘾的方法

有许多学生实际上并没有网络成瘾，但是却有网络痴迷的倾向，如果不能够及时干预，可能就会滑向网络成瘾的深渊。对于这样的学生，首要一点是老师要对网络有一定的了解，最好能够具备基本的网络知识，能够与学生进行沟通和交流。利用班会课和他们聊网络方面的东西，他们就比较愿意接受，也能够说出自己的想法。老师的介入和指导对学生来说非常重要，只有这样才能了解和接纳学生的上网行为。合理地使用网络对学生的学习和生活都会有比较大的帮助，所以老师对于学生的上网行为不要一味地禁止。同时，要了解学生的上网动机。学生上网的动机是多种多样的，一般来说可以分为这样几种情况：为了满足自我探索、寻求独立与自主、建立自尊心与自信心的需要，为了学习网络知识或者为了纯粹的娱乐等。老师们要对学生的具体情况有所把握，区别对待。对于有网络痴迷倾向的学生要尽早发现，在了解学生上网的原因之后，有的放矢地控制学生的上网行为，配合家长对学生的上网行为包括上网时间和次数等进行监督。如果学生情况比较严重，已经属于网络成瘾，则需要寻求专业的心理辅导老师和心理咨询机构来帮助。

总的说来，基本原则就是两条：一是"网开一面"，二是"自控"与"他控"相结合。另外一点就是有网络成瘾倾向的青少年学生，大多数个性内向，且人际关系方面也有社交障碍。若能运用团体辅导增加他们的社交兴趣，转移他们对网络的注意力，或许可帮助他们改善网络成瘾的症状。班主任老师可以利用班会活动课，组织一些丰富多彩的集体活动，比如：促进班集体成员之间交往的游戏活动、探讨网络世界的辩论比赛、中学生健康生活知识讨论活动等等，这些都将起到非常有益的辅助作用。

### 案例呈现

#### 网瘾吗？其实你丢了自己！

一、问题

英雄联盟、绝地求生等等多种多样的游戏；抖音、快手各种各样的平台、网站，开始填满了人们的生活，当然也包括学生们。学生子强（化名）上课时常常无精打采，有时还会趴在桌子上睡觉。对于学业和课程内容子强有明显的不耐烦和抗拒。下课后有时会神采飞扬的和同学聊游戏相关的话题，但更多的时候，子强是沉默的，是不合群的。子强在学校变得越来越没有精神，家长在家长会后多次说，孩子常常熬夜打游戏，放学后基本不写作业，把家里给的零用钱都花在了游戏上，整天和网上的人聊游戏榜单。爸爸打过他，妈妈也和孩子谈过了几次，但是子强完全听不进去，而且感觉以前很听话的孩子，怎么一上初中，就进入了叛逆期，完全不听话了。子强变得冷漠，似乎对于游戏以外的事情都变得漠不关心。子强在小学时的成绩一直是十分优秀的，也很听话，但是小学时朋友就很少，多数时间都是在做功课和补习。七年级开始，孩子的成绩开始下降，主要集中在语文和英语这类需要长期积累的学科。初期的成绩只是波动，但是下学期开始成绩出现了大幅度下滑。

二、形成原因

经过多方了解情况和长期的观察得知，孩子在小学开始就存在一定的社交障碍。他比较内向，表达不是十分清楚，同时大量的课业和补习以及"兴趣班"将孩子的课余时间几乎填满，家长为了孩子"不输在起跑线"花费了大量的金钱和时间。孩子其实是十分渴望与同龄人的交往的，但是见识的差异，误解他人的话语，敏感的内心及不准确的表达，使得孩子在同龄人的交往中一直比较边缘化。家长的关注点只是在成绩上，对于孩子的了解多数来源于学校老师和补习老师的描述。由于孩子的成绩一直很优秀，所以家长并没有意识到孩子的问题其实已经很严重了。随着进入七年级，课业与补习的负担越来越重，与同学交流的障碍越发明显，过大的心理压力伴随青春期的心理变化使得孩子开始否定自己现实中的存在意义，对于和同学的交流开始回避，并且从怀疑不信任家长到否定怨怼，甚至是抗拒和逃避。现实的痛苦促使很多人逃进网络的世界躲避和发泄，孩子也不例外。子强通过玩绝地求生等竞技射击类游戏找到了网络避难所。

三、问题解决

1.建立正向交流

首先进入孩子所躲避的游戏中，以虚拟平等的角色与孩子建立可沟通渠道。通过一起玩游戏，我发现子强和一般的少年一样，喜欢争胜炫耀，本质上确实是为了追求认同。所以我以请教如何通关取胜为由请他教我游戏技巧，条件是我会说服孩子的家长将课后补习的时间及项目做出调整和减少。通过游戏建立初步信任，并尝试交流，初期以倾听为主，了解孩子的主观意愿和诉求。

2. 重拾进取自信

我发现孩子其实对射击和攀岩类的体育项目有向往，所以便说服家长将原来的语文补习和毛笔字练习取消，转而换成弓箭射击和攀岩训练。通过体能训练和射击训练，让孩子发泄负面情绪，伴随着强烈的目标感及一次次目标的达成，孩子的自信心和成就感不断累积，进一步增加对现实生活的美好感受，同时建立更加稳固的师生间的信任，以此为契机，让他在学习上也学会设立目标、练习、完成、总结，获得成就。享受慢慢积累所带来的自身能力的提升的快感，从而替代网络和游戏中得到的极易空虚的快感。

3. 拓宽沟通渠道

当孩子逐步走上正轨之后，通过班会和家长会的分享，让家长之间、同学之间、家长与子女之间建立良性正向的沟通渠道，减少错误的情绪表达，并将关系引导向积极正面的路上。孩子也通过分享，正视自己的同时，也学会接受他人不同，理解他人异样，尊重他人选择。这样不仅能增进同学间的感情和交流，同时也能凝聚整个班级集体。让孩子在学习上找到正确的方法的同时，也能增强为了生活中面对困难时解决问题的能力。

四、反思总结

摆脱所谓的"网瘾"关键在于回归现实，建立与真实世界的联系，找到自己在现实生活中的位置，认可自己，尊重自己，并能够通过学习和努力武装强大自己。作为老师，首先要找到和学生交流的途径和方式，建立信任，让学生觉得老师是和他们在同一边的，不是敌对的。同时耐心了解学生，尊重学生，并发现学生身上的闪光点。通过交流传授给孩子正确的学习方法和独立思考的能力。让孩子能够真正了解自己，找到生活中适合自己的位置。

（长春市星恒实验学校　李炎）

**拓展研讨**

据日本《每日新闻》2021年12月6日报道，日本横滨市教育委员会以市内中小学生为对象进行的关于"游戏沉迷"和网络依赖的调查显示，近10%的学生有游戏和网络依赖倾向。市教委认为，如果中小学生沉迷于游戏和网络，有可能给其日常生活造成严重影响。横滨市教委今后将在跨部门的项目组中讨论预防对策。

2019年世界卫生组织把沉迷于网络游戏而影响日常生活的情况认定为依

赖症，此次调查的目的是为了掌握横滨市内的实际情况。

调查报告指出，调查设置了"这一年中是否有过只想着玩游戏的时期？"等9个问题，对超过5个问题回答"是"的学生被认为存在"游戏依赖倾向"。做出回答的中小学生中，有8.9%属于这种情况。关于"网络依赖倾向"，在"你觉得自己沉迷于网络吗？"等8个问题中，对超过5个问题回答"是"的学生占9.4%。无论男女，初中二年级学生在其中的占比都是最高的。有抑郁症状的学生与没有抑郁症状的学生相比，前者存在网络依赖倾向的比例是后者的4.65倍。

智能手机可以成为玩游戏和上网的工具，小学六年级学生中约有40%、初中三年级学生中约有80%拥有自己的手机。关于限制连接有害网站的"过滤链接"，大约三成学生回答"不知道"或"没有接入"。调查显示，越是就寝和起床时间晚、不愿学习和参加社团活动的学生，越存在游戏和网络依赖倾向，据悉这与不良生活习惯有很深的关系。

正所谓"凡事预则立，不预则废。"作为班主任的你怎样将学生沉迷手机这一现象扼杀在萌芽中，转变学生思想？

# 抽烟喝酒行为的"矫正"

一个人如果每年根除一种恶习，那么，用不了多久，他就会成为一个十全十美的人。

——坎普腾的托马斯

## 智慧导引

"烟是毁身利器，酒是穿肠毒药"，抽烟喝酒的危害，人人皆知，可是沉溺其中，却又人人装作不知。现在，抽烟、喝酒已经不仅仅是个人的爱好、习惯问题，而是成了一项危害民生的社会问题。

令人痛心的是，这一社会问题，在未成年的青少年学生群体中，有着愈演愈烈的趋势。据研究显示，青少年抽烟喝酒行为的比例在近几年有逐年上升的趋势。

## 一、抽烟喝酒的现状与危害

在2013年—2014年，我国开展了涵盖北京、上海、广州、成都、济南、哈尔滨等六个城市，针对喝酒状况的自填式调查问卷，结果显示，12岁以上中学生喝酒率高达51%。青少年学生抽烟的现象也不容乐观。据权威部门调查显示，2018年我国青少年吸烟率由2013年的12.5%上升到18%。

而抽烟喝酒行为对青少年的身心危害也是极其严重的。由于青少年学生正处于生长发育期，尼古丁和酒精会危害人体器官，会导致一些生理、心理疾病的出现。如肝硬化、心力衰竭、躁狂症、多动症等。

据调查，在男性青少年学生中，抽烟者饮酒的比例和饮酒者抽烟的比例均较高，抽烟和喝酒互相作用，危害更大。且更令人忧心的是，伴随抽烟喝酒行为，会不断产生如赌博、盗窃、打架、斗殴、抢劫、吸毒这样的丑恶想象，这些丑恶现象的存在，是危害社会安全的极不稳定因素。

而只有合理"矫正"，坚决杜绝青少年抽烟喝酒行为的出现，才能使他们专心凝神，投入到紧张而有意义的学习生活中，健康快乐地成长。

为此，作为教育工作者，我们必须探究青少年学生抽烟喝酒行为产生的原因，然后采取行之有效的措施，帮助青少年学生矫正抽烟喝酒的恶习。

## 二、抽烟喝酒行为产生的原因

### 1. 好奇心驱使

青少年学生对世界充满新鲜感，拥有强烈的好奇心，他们对一切未知的，未曾尝试的新鲜事物充满了无限的兴趣。在生活或人际交往中，由于经常接触一些吸烟或喝酒的人，在好奇心的驱使下，他们极力想去探索实践一番，从而走向了抽烟喝酒的道路，最终难以自拔，上瘾成习惯。

### 2. 逆反心理作祟

青少年心理研究是一项常抓不懈的心理工程。因为，青少年学生在这个人生中的敏感时期里，他们的一些想法真的是让人无法猜测。在家庭教育和学校教育中，家长和老师对未成年的青少年学生多次进行抽烟、喝酒有害健康的思想教育，可总是会有一些青少年学生逆反心理作祟，反其道而行之，偏要去体验抽烟喝酒的感觉，他们觉得违逆家长和老师的行为是充满乐趣的，是潇洒的，最终，尝试过后愈演愈烈。

### 3. 模仿行为成习

青少年学生因为年龄小，分辨是非的能力弱，自制力差。好与坏，对与错，有时他们也不知道。但是，他们的模仿能力超强，一些青少年学生在生活和影视作品中看到有抽烟喝酒的人，会觉得很酷，很有气质，于是他们开始效仿，久而久之便养成了吸烟喝酒的恶习。

4.消极情绪所致

少年心事当拏云，在成长的道路上，他们总会遇到一些困惑和挫折，当这些困惑和挫折无法排解时，青少年学生就会产生抑郁、悲伤等消极情绪，为了逃避现实，消解悲伤情绪，他们就会抽烟解郁，喝酒消愁，最终染上了抽烟喝酒的坏习惯。

在青少年学生中，抽烟喝酒行为的出现，不仅会对他们的身心健康产生影响，而且极其容易使他们产生不正确的心理问题，最终走向犯罪的道路。

### 三、抽烟喝酒行为的矫正

1.宣传抽烟喝酒的危害

青少年学生往往有这样错误的认识，认为抽烟能提神，消除疲劳；喝酒能排解忧愁，提高行为魅力。作为教育者，我们要大力宣传吸烟的危害，以科学事实做依据，让青少年学生明确吸烟对人的身心有哪些危害，转变青少年对吸烟的不正确认识。

我们可以通过邀请专家讲座讲解，观看抽烟喝酒危害身体的视频，或者采取辩论的形式，让学生多方面了解烟酒对人身体的危害，从而认清事实，主动去矫正对抽烟喝酒的错误认识。

2.丰富学生课余生活

通过开展一些喜闻乐见的文体活动，例如知识竞赛、科技活动、演唱会、报告会等活动，来增加学生的生活乐趣，增强学生的竞争意识，把他们的兴趣点转移到各种有益的活动、比赛和各种科学知识的学习上去。这样，青少年学生就不会对抽烟喝酒产生猎奇心理，反而对知识产生兴趣。

3.加强对学生的教育引导

对抽烟喝酒的青少年学生，我们不能简单地对其进行处罚、批评，而要查清这些青少年学生抽烟喝酒的原因，探知他们抽烟喝酒的动因，然后积极引导，采取行之有效的措施，帮助他们杜绝抽烟喝酒的恶习。

总之，对青少年学生抽烟喝酒行为的矫正，是一个严峻、复杂而繁重的社会问题和教育任务，必须想办法有效制止，才能杜绝这一令人担忧的社会现象。

**案例呈现**

## 烟酒无情 校园有爱

### 一、问题

A同学学习成绩虽然不好，但是为人热情，班级人缘基础好，维护同学和老师，对班集体尤其上心，也是老师不可多得的帮手。在老师不在班级的情况下，总能把班级的纪律管理得井井有条，同学们也乐于接受，仿佛是个"江湖市井大哥"，讲哥们义气，有江湖豪情，因为他有些"江湖"之气，协助管理班级纪律倒是不成问题。但因为A同学的学习成绩太低，安排他引领班级的学习风尚的是不可以的。所以作为老师我安排他为班级的班长小助理，主管纪律，并没有委以太重要的任务。但因为要向我汇报纪律，所以我们的接触要比普通同学多一些。最近我发现A同学身上有烟味出现，我就问了A同学，他告诉我是爷爷在家里抽烟，所以自己的衣服上也沾染了烟味。但因为我对烟味特别敏感，有几次A同学在递给我东西的时候我闻到A同学的手上有烟味，我确定是他自己抽了烟。有一天，A同学早上没有来上学，给我打电话，说在上学的路上碰到了已经辍学的小学同学，两个人要喝点酒，告诉我不要惦记他，因为怕给老师惹麻烦，醒醒酒再回学校。这真是学习不咋样，烟酒都在行呀！

### 二、原因分析

A同学的行为是因为心理发育以及客观环境等影响，本身身上有"江湖"之气，学习抽烟、喝酒，认为自己很帅；而且平时成绩不好，所以身边接触的人都是一些"小混混"，或者是不学习或不打算继续学业的人，"近朱者赤，近墨者黑"；青少年学生认为抽烟喝酒是很帅很成熟的表现，争相效仿、崇拜；青少年本身自控能力较差，接触了烟酒往往容易沉醉其中，更无心学习。

### 三、问题解决

1. 频频约谈A同学

机缘巧合，A同学和B同学在放学后在铁北被一个劫匪（辍学的青少年学生）拿刀劫持，被抢走二十几元钱。A同学反应机敏，劫匪走后A同学迅速电话报警，由于B同学父母都在韩国打工，所以警察在调查写笔录的时候，我作为B的监护人一起到孟家桥派出所配合调查。我忙前忙后，陪他们一起接受问话，这也是一次拉近我和A同学关系的机会。因为这次事件，我和A同学交流方便多了，我们也成了无话不谈的好朋友，再问他抽烟喝酒的问题孩子坦诚相待，直言不讳。之后我们多次谈论人生，畅谈未来的美好前程，也许我们不一定在学习上名列前茅，但无论做什么都得有个好身体，因为我们成了无话不谈的好朋友，所以对于我的劝解孩子也是乐于接受的，A同学答应我会慢慢改掉抽烟喝酒的坏习惯。

2. 争取家庭积极配合

我找到了家长，告诉他们孩子的现状和种种表现。家长惭愧地说，这孩子让老师见笑了，他们家的门风真的不是这样，爸爸妈妈都是正经人，孩子的这些不良习惯都是由于爸爸妈妈的疏于管教疏于关心，接触了一些不良的少年所导致。找到了原因就得"对症下药"，多关心，多陪伴，多正确的引导，多教育。

3. 利用班会进行心理辅导

校园是有爱的地方，是可以培养理想的地方。青少年是祖国的明天，同学之间也应该是互帮互助的。我们班级多次召开班会，大家在一起畅谈理想，憧憬明天，思考当下青少年喜闻乐见的元素，这些积极健康，多彩时尚的内容，可比抽烟喝酒适合青少年多了，在正确价值观的树立、健康方向的引领下，A同学也愿意参与其中来。校园有大爱，敞开胸怀接纳所有迷途的小孩！

四、反思总结

通过以尊重、理解、关爱、引导等方法进行辅导以及家长的积极配合，A同学的行为有了很大的改变，不喝酒同样可以谈心，不吸烟同样可以很帅。青少年的身体还没有长成，青少年的情怀可以打开，也许将来长大后的A同学同样吸烟喝酒，但是那是成年人的选择而不是青少年时期的误入歧途。在行为矫正过程中注意方法，用大爱感染每一个青少年；注意关爱，用真心打开每一个拒绝关爱的心扉；抓住细节，不要放弃每一种方法，每一个可能，每一份期待。在爱的关怀下，指引每一个学生，向着月亮奔跑吧，即使成为不了月亮，也一定能成为繁星之一。行走在有爱的校园，加油！

（长春市第七十二中学　姚百玲）

**拓展研讨**

某校初三学生王某，因多次被发现躲在学校厕所抽烟，被学校通报批评，但其屡教不改，甚至结交社会闲散人员，聚众喝酒。一次，因喝酒过量，与外校初二学生张某打架斗殴，被派出所拘留。回到学校后，班主任决定对其进行教育，帮助他改变抽烟喝酒的恶习，请你为他的班主任想一些行之有效的办法。

# 远离不良场所的有效引领

只有抗拒诱惑，你才有更多的机会做出高尚的行为来。

——车尔尼雪夫斯基

## 智慧导引

现今社会，随着经济的高速发展，人民生活水平的日益提高，一些供人消费娱乐的场所如雨后春笋般地出现，这些场所极大地丰富了业余文化生活，是人民生活不可或缺的一部分。可由于这些娱乐场所人员比较复杂，如果监管不到位，就会有不良现象出现。

而青少年学生正处于心理和生理上的发展期，对一些新鲜事物有着极大的好奇心，这些娱乐场所对他们有着极大的吸引力。当他们涉足这些带有不良现象的娱乐场所时，由于他们还没有形成成熟的思维能力和判断能力，且缺乏社会经验，在这些不良现象的影响下，他们就可能误入歧途，为人所用。

存在不良因素的游戏厅、舞厅、酒吧、茶艺吧等娱乐场所，往往是一些不良行为的滋生地。场所中所充斥的色情、暴力等现象，是腐蚀青少年学生思想的毒药，使青少年学生的生活和学业受到影响，身心健康受到危害。

## 一、涉足不良场所对青少年的危害

### 1. 影响学生身心发育

青少年时期是一个人的身体和心理发育的关键时期，是塑造人的个性、品质的重要阶段，只有对青少年学生的行为习惯给予正确的鼓励、疏导、矫正与引领，才能使他们的身心健康成长，最终使他们的思想、行为符合社会行为规范和道德行为准则。

不良场所极易使青少年学生产生不良的行为习惯。因为，这些地方大多环境恶劣，乌烟瘴气，加上狭小的活动空间是细菌滋生的地方，长期处于这样的环境中，会导致正在发育中的青少年学生出现听力受损，视力模糊，行为失序，心思烦躁等现象。同时，这些场所的声响效果嘈杂无序，噪音分贝很高，学生处在这种环境中几个小时，很容易产生暴躁情绪，进而影响学生的身心发育。

2.影响学生的学业成绩

青少年时期是一个人汲取知识、培养能力、提升素养的黄金时期。可以说，青少年时期的每一分、每一秒都很珍贵，而涉足这些不良场所，会大量地占用青少年学生有限的学习时间，长时间的激烈刺激的活动，也极易使青少年学生产生疲劳感，影响正常的学习生活。

如果学生涉足这些不良场所，在感官刺激下，青少年学生极可能禁受不住诱惑，长期逗留，流连不回，这样就耽误了正常的学习时间。如果是夜晚在这些不良场所玩耍，第二天学生在上课的时候就会精神恍惚，注意力极度不集中，最终导致学习效率低下，学习成绩下滑。

经常会见到这样的事情发生：一个曾经成绩优异的学生，在老师和家长的眼中很乖、很听话，偶然涉足了不良场所，禁受不住诱惑，思想一点点地沦陷，最后无法自拔，荒废了学业，成了不良少年。

3.诱发学生坏习惯形成

这些不良场所，经常有大量的社会闲散人员聚集，如果青少年学生经常涉足这些不良场所，会使他们接触到这些人员，与之相识后，这些人员会为了谋取私利，变相采取各种办法教唆青少年学生去偷窃、抢劫等，渐渐地使青少年学生沾染上恶习。

当他们在生活中的一些物质需求无法实现时，这些未成年的青少年学生就会依仗法律对他们的保护，铤而走险，做出一些违法乱纪的事情，最终，触犯法律，走上犯罪的道路，给社会带来危害。

## 二、远离不良场所的正确引导

不良场所对青少年学生的危害是极其严重的。我们必须群策群力，采取有效的措施，对涉足不良场所的青少年学生进行有效引导，杜绝他们涉入这些不良场所，我们不妨从以下几方面开展工作：

1.禁止未成年人进入不良场所

为了禁止青少年学生进入歌厅、舞厅、酒吧等娱乐场所，全国各地都相继出台了一些保护措施，但是，这些措施落实的不够彻底，在一些学校密集地、居民居住区附近的娱乐场所里，仍然会见到一些稚嫩的学生面孔出现。为何如此？利益使然。一些娱乐场所的经营者，为了多赚取利润，盲目经营，既容纳大量的不良人员，也放任一些未成年的青少年学生进入。

为了更好地落实政策，加强对未成年人的保护，相关部门必须加大惩戒力度，面对容纳未成年学生进入娱乐场所的现象，绝不姑息，严惩到底。管理部门应经常开展巡查工作，让巡查成为常态，防患于未然。

2. 提高学生自我防范意识

青少年学生作为未成年人，有时对自己的行为缺乏正确的认识。青少年学生的教育，也从来都不是学校单方面的任务，而是社会、家庭和学校共同作用的结果。而家庭和学校的教育是最直接的教育，也是最让学生受益、最无私的教育。在教育中，学校和家长要密切配合，让学生清醒地认识到涉足不良场所的危害。

只有家庭和学校密切配合，家长和老师勤沟通，我们才能时时了解学生动态，有针对性地开展教育工作，潜移默化，在润物细无声的常态教育中，提高学生的自我防范意识，杜绝不良场所的涉入。

3. 塑造学生健康生活理念

青少年学生是一个思想和行为极其活跃的群体，接受新鲜事物快，同样，也容易受不良环境影响。学校和家庭要根据青少年学生这样的心理特点，有效引导，塑造学生健康生活理念。

学校要组织丰富多彩的课余活动，定期举办各种文体活动，成立活动社团和兴趣小组，使学生课余生活丰富而有意义。

家长也要在学生完成学习任务后，引导孩子开展一些有意义的周末娱乐项目，例如阅读、健身、拓展训练等，丰富学生的课余生活，让学生不会因为无聊而误入不良场所。

4. 加强思想道德教育

为了让青少年学生健康成长，必须采取多种形式对青少年学生进行思想道德教育，通过开展一些学生喜闻乐见的活动，引导学生树立正确的世界观、人生观和价值观。只有青少年学生的思想得以净化，精神得以提升，才能有效杜绝他们涉足不良场所。

## 案例呈现

### 照进心底的那束光

**一、问题**

B同学是一个性格相对内向，学习非常上进的男生。平时在班级里面虽然是默默无闻的，但和同学相处也算融洽，上课时间表现良好，经常积极回答问题。最近一段时间，我发现B同学在学习上非常懈怠，上课也不再积极回答问题了。有几次我发现他竟然公然在课堂上睡觉，并且通过观察，我发现他最近总是浑浑噩噩的，整天一幅精神萎靡不振的样子。在我的再三追问下，才从同学的口中得知，原来B同学最近经常去网吧通宵玩游戏。

经过调查我了解到，这个学生的父亲在不久前因病去世了，母亲也改嫁了，留下了他和爷爷奶奶一起生活。爷爷奶奶年岁已高，很多时候对于孩子疏于管教。当我去到这个学生的家里进行家访时，爷爷奶奶表示对孩子去网吧玩游戏一事并不知情，还认为孩子在校学习状态很好。

而且据了解，B同学最近也与同学发生了一些矛盾，导致他的心情极其糟糕，所以他就去网吧玩游戏消遣。在网吧里，B同学认识了网吧老板和一些社会人员。老板对孩子态度十分亲切，让孩子找到了强烈的归属感，他觉得自己仿佛又看到了自己的父亲，而这种情感是他在学校和家庭当中无法体会到的。因此，他喜欢上了去网吧，与此同时他也交到了一些年龄相仿的社会朋友。渐渐地他融入了他们的圈子，由于经常和那些社会人员混在一起，他们的言行当中又总是透露出对学校的不屑，对学习的厌倦，这种思想腐蚀着B同学，他逐渐觉得上学没用，产生了将来也要去混社会的想法。

**二、原因分析**

B同学之所以有这样的行为，主要是因为这几个因素。首先是家庭方面的原因。父亲的离世本来就给孩子的心灵造成了重大的创伤，然而母亲却改嫁了，并且家中老人没有好的办法疏导孩子，甚至没有察觉孩子心理上的变化。实际上，这对于一个孩子来说，影响是很大的。其次是性格方面的原因。B同学因为性格内向，所以很多事情都憋在自己心里，家庭原因导致情绪不好，又和同学发生了矛盾，过后矛盾又没有得到一个很好的调节，而是积压在了自己的心里，这对于他来说也是非常不利的。最后就是社会方面的原因。社会对于青少年缺少一定的关心，网吧老板在明确B同学是学生后，也并没有对其进行规劝和引导，而是放任自流。

三、问题解决

1. 心灵碰撞明事理

首先，我和B同学进行了沟通，大致了解了他的一些想法。青春期的孩子本来在身体和心理方面都有很大的变化，再加上家庭的原因，导致了他心里的郁闷。所以我在了解了情况后，对其进行了正确的引导，帮助他进行心理调节，同时也帮助他稳定情绪。让他能够慢慢地从失去亲人失去家庭的痛苦当中走出来，让他明白自己要更加努力学习，要带给爷爷奶奶更好的生活，这样才能让爸爸放心。与此同时也告诉他玩游戏是一种消极的处理问题的方式，是一种对问题的逃避，让他能够发自心底认识到学习的重要性，从而将注意力重新投入到学习当中。

2. 加强沟通促关心

其次，对于家庭方面，我也进行了一定的沟通。我找到了B同学的爷爷奶奶以及亲生母亲。和他们说了B同学最近的一些行为，以及B同学所受到的创伤，尤其是孩子的母亲，告诉她要给孩子充分地关心，要时常探望孩子。一方面是希望家人能够给予B同学更多的关心和爱护，经常和孩子谈谈心，及时掌握孩子的在思想和心理上的一些变化，并与老师沟通；另一方面，希望家里的人能够关注到孩子的心灵，不要忽视孩子的心理问题，不要以为孩子还小什么都不懂。作为家长，应该给予孩子更多的关注和尊重。

3. 日常调节多引导

最后，我和班级里面的其他同学也进行了沟通，大致了解了大家的所思所想，并趁势召开以友情为主题的班会。引导他们知道同学之间要相亲相爱，并且对班级里面互相有矛盾的同学进行了调解，让同学之间重归于好。同时，我还请来了以往的优秀毕业生和升学就业指导老师，在班级开展了一个小型的讲座。让B同学及其他同学认识到学习的重要，学习是较为公平的竞争方式，更是改变命运的一条捷径，因为一分耕耘一分收获，让他们树立目标，能够将更多的精力投入到学习当中，而不是进入不良场所。

四、反思总结

最终，在老师、家庭、同学的共同配合和帮助下，B同学发生了改变，渐渐意识到自己是被关心的，知道了自己这个年纪应该以学业为重，不再去网吧玩游戏了。这段时间，他基本上能够将注意力投入到学习当中了，上课的时候也更加积极了，和同学的关系更加融洽了，班级的凝聚力向心力更强了，学习氛围更足了。其实青春期的孩子存在着很多的变化，尤其是心理方面，而行为变化就是心理变化的外显。在这一时期他们可能会迷茫、可能会渴望被关心和关注。作为一名班主任，不只是 B 同学这一个学生，其他的学生的行为变化我们也应该及时注意到。

老师就像是一颗火种，他能点燃孩子的心灵。在日常的教育教学当中，我们也应该多给孩子传递一些正能量，对其进行正面的引导，培养其树立正确的"三观"。并且，要将学校教育和家庭教育相结合形成教育合力，及时了解孩子的动态，让其能够在一个健康的环境中幸福成长。

（长春市第二十五中学　高小雅）

### 拓展研讨

小明的哥哥是一名社区工作者，在小明哥哥服务的社区，有一些待业在家的青少年，他们常常成群结队的出入一些歌厅、酒吧等不良场所。小明的哥哥准备对他们进行教育引导。如果你是小明，想为哥哥出谋划策，你怎样给哥哥提出一些参考建议？

## 抑郁倾向的预防与干预

谁要是能够把悲哀一笑置之，悲哀也会减弱它的咬人的力量。

——〔英〕莎士比亚

### 智慧导引

青少年时期的学生正处于个体身心迅速发展的关键时期，这一时期的学生，虽然自我意识和独立意识已经逐渐觉醒，但他们的心智尚未成熟，在成长的过程中，一方面渴求外界的认可，期待自我设定目标的实现，另一方面，也存在着知识和能力、见识和经验的不足，这样，就难免会出现过高的自我意识和尚未发展完善的自我能力之间的矛盾。当矛盾无法解决的时候，青少年学生就会在情绪上出现焦虑、抑郁等消极情绪。而抑郁虽然是一种心理情绪的波动，但是，如果愈演愈烈，就会成为一种病态，影响青少年学生的正常生活、学习。

据中国国民心理健康发展报告显示：2020 年中国青少年的抑郁检出率是 24.6%，重度抑郁检出率是 7.4%，从数据来看不容乐观，我们也能看到青少年学生因抑郁而产生厌学，甚至自伤自杀的新闻热搜频频出现。所以，作为教育者，我们必须高度重视青少年学生群体中的抑郁倾向，加强预防与干预。

## 一、抑郁倾向的表现形式

### 1. 身体上

主要表现为睡眠障碍，食欲低下，体重减轻，疲乏无力，胸闷心悸，头痛胃痛，恶心，呕吐，腹泻等。

### 2. 情绪上

主要表现为呆滞无神，表情冷漠，易激怒，敏感，哭闹，好发脾气，焦躁不安，厌倦，胆小，羞怯，孤独，注意力不集中，自暴自弃，唉声叹气，对周围的人和事不感兴趣、退缩、抑制、没有愉快感等。

青少年学生抑郁的这些表现形式，和成年人的抑郁基本相似，但同成年人相比，未成年学生的抑郁表现更为隐蔽，且有复发的风险。可见，青少年学生的抑郁问题，是作为教育者的我们亟待解决的问题。

## 二、抑郁倾向的产生原因

### 1. 客观因素

主要包括家庭和学校。在家庭环境中，父母的职业、教养方式、文化程度、经济状况、生活方式等，都会对学生的心理产生影响，进而使学生产生抑郁情绪。在学校环境中，学校的类型、班级环境、班级管理方式、学生的学习成绩等，也会导致学生产生抑郁情绪。

### 2. 主观因素

主要来自于人的性格、气质类型、自我调节能力等。经研究表明，内向性格的人和粘液质的人，由于性格内敛，更容易产生抑郁情绪。而外向性格的人和胆汁质的人，由于性格外放，就不容易产生抑郁情绪。但由于人的个体不同和生活的外在环境不同，不同性格和气质类型的人，都可能产生抑郁倾向。

据研究表明，生物遗传因素、依恋关系、父母教养方式、父母的心理健康状况、家庭中的应急事件、学习压力、人际关系等，是青少年学生产生抑郁倾向的主要因素。且不同性别的青少年学生，在抑郁的影响因素上，大都包含自尊、社会支持、依恋。

不管怎样，抑郁对青少年学生的危害是不言而喻的，那么，对青少年学生抑郁倾向的预防就显得至关重要了。

### 三、预防与干预抑郁倾向的方法

1. 引导学生参加各类实践活动

实践活动是一种身体各部分感官协调运动的活动，当学生专注于活动中的时候，会有效地转移、缓解抑郁情绪。同时，通过大量而形式多样的实践活动，会逐步提高青少年学生的心理承受能力，当学生的心理承受能力提高的时候，就阻断了抑郁产生的源头。

2. 引导学生阅读学习心理卫生知识

对于有抑郁倾向的青少年学生来说，书籍是最好的良药。因为，通过阅读，学生的思想会重新建构，尤其是让学生学习、阅读有关心理卫生知识的书籍，他们对抑郁倾向有了清醒而科学的认识后，就会有意识地避免抑郁倾向的产生。即使出现了抑郁倾向，他们也会有意识地想办法完善自我意识，学会自我关怀，自我悲悯，自我调节，使自己摆脱抑郁。

3. 引导学生养成良好的作息习惯

自律，是指人作为个体，在没有人现场监督的情况下，通过自己要求自己，变被动为主动，自觉地遵循法度，拿它来约束自己的一言一行。青少年抑郁倾向的产生，一个很大的原因是青少年学生缺乏自律性，没有按计划去完成自己的愿望，当愿望无法实现，生活受挫的时候，就会产生抑郁倾向。如果加强学生的自律性，让学生清醒地认识到哪些事是应该做的，哪些事是不应该做的，才能使青少年学生有效地利用时间，提高工作效率，获得更多的成就感。而制定作息计划表，养成良好的作息习惯，会让生活变得有条不紊，从而，减少失败感，避免抑郁倾向的产生。

4. 引导学生和谐处理人际关系

心理医生适时的疏导，与同学、家人、朋友间的融洽关系，都能有效地缓解抑郁。所以，在生活中，要培养青少年学生良好的沟通能力，遇到烦心事和难题，多与同学、家人、朋友交流，这样才会有效地让学生摆脱抑郁倾向的困扰。

抑郁倾向是一种心理疾病，只有从心理根源上去寻找解决办法，才能彻底改变青少年学生抑郁倾向的产生。

## 案例呈现

### 中学生抑郁倾向的预防与干预

**一、问题**

A同学是一个性格内向，偏执，沉默寡言的学生，在班级中担任物理课代表，学习成绩中等。在一次家长会中，因为A同学的成绩直线下滑，我单独与他的母亲进行沟通。她问我："老师，您发现孩子在学校有什么异常吗？"我答道："除了发现他最近课上听课注意力不集中，数学作业完成的不够理想，没看出有什么事情啊。"A同学的母亲接着说："老师，我就和您说实话吧。这孩子在家和我一句话都不说，晚上放学回家关在自己屋里玩手机，不出屋。我不敢说，说多了，他心理就会有别的想法。我别无所求，只希望他能心理健康啊。求您帮帮我们全家吧！"那一刻，我确认了A同学的内心是脆弱的，出现了轻微抑郁的倾向。

**二、原因分析**

A同学的心理变化是因为原生家庭的特殊性，自身的性格特点，加上长时间手机追剧、刷抖音，生活在真空封闭的状态；作为中学生，对自己的成绩期望值与实际有差距，内心失落；由于他们还没有形成正确的世界观、人生观和价值观，所以对于关心和关注他的人所说的话和做的事情，无法正确地理解和接受。这些都会导致青少年在面对现实困难时，心理比较脆弱，敏感多疑，缺乏信任感。长此以往，情感积郁没有发泄口，就会导致抑郁的倾向。

**三、问题解决**

1.利用微型主题班会进行思想同化

通过微型主题班会形式，传递正向思想：方向比努力更重要，成长比成绩更重要，成长比成才更重要。健康快乐成长是每个青少年努力的方向，因此青少年要具有积极阳光的心态。每个人在成长的过程中，不可避免地会遇到各种困难和挫折，学会积极面对，笑着接纳，寻找方法，逐渐解决问题，勇于前行。利用班会，对A同学起到裙带思想引导，树立正确的社会观、人生观、价值观和成长观。

2. 利用同伴互助影响进行行为同化

我的班级管理以小组学分制的形式进行，所以我特意把 A 同学组编在一个性格开朗，品学兼优的女组长的小组中。这样，在课堂进行小组合作学习时，运用组内的良好氛围来带动和影响 A 同学，使他也能参与讨论，表达自己的观点，融入微集体；同时，在调座位的时候，我也考虑到 A 同学的特殊性格和他数学科目的薄弱，选一名数学思维强并对他的成长与学习有帮助的同桌。同桌榜样的力量达到了无形的时时纠正和帮助的效果，A 同学的外在表现逐渐有了正向的转变。

3. 利用课下师生私聊进行情感深化

我在了解 A 同学的心理状况后，对他格外关注。在班级，遇到他的一个小亮点，我就无限放大，给予表扬，让他感觉到老师特别欣赏他，使他的内心多一些自信，也对我多一份信任；在他情绪出现波动的时候，课下我常找一个独立的空间，坐下来与其面对面平等交流，相互尊重，彼此理解。这样保证聊天内容的私密性，让 A 同学心理不设防，更加信任我。我不断对他进行肯定，鼓励和指导，告诉他手机应是助力学习的工具，而不能成为阻碍健康成长的玩具。每个人应生活在现实里，而不是虚拟空间中。慢慢地，由我找他聊，变为他主动找我聊，从兴趣聊到同学，从同学聊到母亲，从数学成绩聊到未来理想。终于，A 同学主动地去了包裹在自己身上的束缚，展现出了真实的自我。值得一提的是，他还参加了学校的篮球社团，准备竞选班级的体育委员。

4. 利用微信与家长保持有效沟通

我始终在微信平台上和 A 同学的母亲保持联系。一是为了解 A 同学在家的真实情况，二是为了获得家长的信赖，三是为了更好地进行家校共育帮助 A 同学健康快乐成长。

四、反思总结

通过思想引导、同伴互助、老师关心、家校共育等多种方式，A 同学从思想上有了很大的转变，认识到以前封闭自己是不对的。目前能主动表达自我，在班级朋友多了，并和父母交流，家庭关系和谐了，不仅成绩有所提升，也积极参加学校活动。那么，老师在平时的教育教学过程中，要更加注重学生的心理健康，引导学生积极阳光，增加心理韧性，接受挫折教育，并帮助他们健康快乐成长。老师遇到学生出现的敏感问题，棘手问题，不逃避，主动面对。但是也不应该一味地说教，而要在契合的时机，采用恰当的方法，寻找到最佳的切入口，慢进快出，反复进反复出，运用具有时代特色以及学生喜欢的方式进行有效预防与干预，这样能达到防微杜渐的效果，将问题遏制在萌芽中。

（长春市第四十八中学　王玉静）

### 拓展研讨

童童的好朋友娇娇是一个内向的女孩，在一次期中考试之后，娇娇考得不理想，在被妈妈批评了一顿后，她总是精神恍惚，萎靡不振。童童很是着急，决定帮助好朋友走出心理困扰期。如果你是童童，你会采取哪些办法，帮助娇娇呢？

# 参考文献

[1] 陈宇. 班主任工作思维导图 [M]. 北京：教育科学出版社，2019.

[2] 钟杰. 做个能说会做善写的班主任 [M]. 上海：华东师范大学出版社，2020.

[3] 胡向荣. 师爱论 [M]. 长沙：湖南大学出版社，2004.

[4] 苏霍姆林斯基. 给教师的建议 [M]. 北京：教育科学出版社，1984.

[5] 夸美纽斯. 大教学论 [M]. 北京：中国轻工业出版社，2018.

[6] 夏丽影. 新课程理念下的师生关系刍议 [J]. 吉林教育，2006（10）.

[7] 夏学伟. 谈班主任魅力品质对学生的作用 [J]. 素质教育论坛（下半月），2010，（10）.

[8] 王艳艳. 新课程理念下班主任角色的转变 [J]. 内蒙古师范大学学报（教育科学版），2005，18（6）.

[9] 魏书生. 班主任工作漫谈：献给青年班主任 [M]. 桂林：漓江出版社，1993.

[10] 博多・舍费尔. 小狗钱钱 [M]. 成都：四川少儿出版社，2014.

[11] 俞桂婷. 巧用"弹丸之地"发挥魔力——浅谈在试卷上写温馨评语 [J]. 考试，2009（2）.

[12] 岳秋芳. 教师应把握好批评的尺度 [J]. 宁夏教育科研，2011（2）.

[13] 马志国，张贵芝. 心理换位——班级管理中的一个策略 [J]. 天津教育，1996（6）.

[14] 张素芳. 热问题冷处理，冷问题热处理——浅谈班级管理的"冷热"处理法 [J]. 教育科学，2016（007）.

[15] 洪容. 试论大学生思想政治工作中"抗药性"的产生原因及解决办法 [J]. 苏州丝绸工学院学报，2001（6）.

[16] 刘畅. 浅谈小学教师的批评教育艺术 [J]. 新一代，2018（21）.

[17] 任兴华. 依"事"择"时"巧施惩戒 [J]. 班主任之友（中学版），2013（11）.

[18] 殷娟. 宽容也是教育 [J]. 好家长，2018（22）.

[19] 王海文. 育人，更多的是一种关爱 [J]. 小学教学研究，2012（12）.

[20] 金凤娟. 浅谈班主任与家长沟通的艺术 [J]. 中国校外教育，2013.

[21] 杜彦水 . 浅谈与溺爱型家长谈话的技巧 [J]. 基础教育研究，2006（005）.

[22] 张聪满 . 帮助家长管理孩子学习的几点建议 [J]. 都市家教，2014（5）.

[23] 罗绍珍 . 与"问题家长"相遇——面对冷漠的家长 [J]. 北京教育，2012（11）.

[24] 朱智贤 . 心理学大辞典 [M]. 北京：北京师范大学出版社，1999.

[25] 黄清春 . 新时代 新高考——山东省新高考综合改革方案概析 [M]. 山东：中国海洋大学出版社，2020.

[26] 刘宣文，赵晶，蔡雪，王彬 . 学校心理健康教育课程设计与教法 [M]. 北京：中国人民大学出版社，2020.

[27] 夏卉芳 . 贵州地区特殊儿童性教育需求现状与性教育干预研究 [J]. 中国性科学，2021（11）.

[28] 吴增强 . 基于人格健康发展的儿童性教育课程 [J]. 江苏教育，2021（68）.

[29] 张家珍 . 试论班主任如何做好学生性教育工作 [J]. 小学教学参考，2020（36）.

[30] 黎志辉 . 让每一个生命都绽放光彩——"儿童性健康教育"专题设计与实践 [J]. 现代教学，2019（S2）.

[31] 陈晨，刘晓静 . 青春期性心理特点与性教育分析 [J]. 农村经济与科技，2017（24）.

[32] 向志莉 . 初一年级性别教育实施现状、问题及对策研究——以重庆市 N 中学为例 [D]. 重庆：西南大学，2021.

[33] 庄子运 . 双性化视角下的家庭性别教育 [J]. 中小学心理健康教育，2021（6）.

[34] 李博冉，彭鹏 . 初中生性别角色与成就动机的关系研究 [J]. 心理月刊，2020（15）.

[35] 颜士梅，吴轶珂 . 性别身份的内涵及测量 [J]. 心理学探新，2020（5）.

[36] 陈璐璐 . 青少年性别角色错位的矫正 [J]. 现代职业教育，2019（12）.

[37] 郭清龙，吴明霞，张筱筱 .8 周团体辅导对儿童建立性别平等概念的

效果 [J]. 中国心理卫生杂志，2014（2）.

[38] 盖笑松，王晓宁，张婵. 走向双性化的性别角色教育 [J]. 东北师大学报（哲学社会科学版），2009（5）.

[39] 芦巧惠. 当前中学生早恋现状分析与教育对策 [J]. 天津师范大学学报（基础教育版），2010（3）.

[40] 刘志群. 高中生青春期恋爱心理调查报告 [J]. 校园心理，2010（6）.

[41] 张朝琼. 析"早恋"的心理特征及疏导对策 [J]. 贵州师范大学学报（社会科学版），2005（4）.

[42] 朱克万. 初中生早恋问题分析及策略研究 [A]. 国家教师科研专项基金科研成果（一），2016.

[43] 詹姆士·杜布森. 预备青春期：导读之二——关于自卑感 [J]. 青春期健康，2009（6）.

[44] 刘桂兰. 谈帮助学生消除自卑感的几点做法 [A]. 基础教育理论研究成果荟萃（上卷一），2005.

[45] 董丽娜. 中学生自卑心理障碍及其疏导对策研究 [J]. 课程教育研究，2019（14）.

[46] 陈丽莉，李海平. 中学生自卑心理的成因及解决措施 [J]. 职业，2010（2）.

[47] 孙晓明，常雪雁. 如何纠正学生自负心理 [J]. 新课程（小学版），2009（9）.

[48] 丁贤. 如何克服学生的自负心理 [J]. 基础教育研究，2012（16）.

[49] 王飞. 用爱的阳光温暖学生的心灵 [J]. 现代教育科学（中学教师），2010（3）.

[50] 彭以松，聂衍刚，蒋佩. 中学生自我意识发展特点及与心理健康关系的研究 [J]. 内蒙古师范大学学报（教育科学版），2007（10）.

[51] 肖亚歌. 中学生主体性与心理健康的相关研究 [J]. 教育与教学研究，2011（3）.

[52] 罗元珊. 中学生自残行为及其心理辅导对策 [J]. 中小学心理健康教育，2018（14）.

[53] 杨雪燕，罗丞. 国际视野中的青少年自残行为研究述评与展望 [J]. 中国青年研究，2013（7）.

[54] 冯英子. 在校青少年压力影响因子及其应对方式 [J]. 青少年研究与实践，2019（2）.

[55] 张利萍.13–22岁青少年压力应对及社会支持调查研究 [J]. 教育现代化，2019（83）.

[56] 徐畅，韩其敏. 青少年压力源分析及应对策略 [J]. 现代交际，2015（7）.

[57] 王海蕴. 心理因素左右孩子学习成绩 [N]. 中国消费者报，2001.

[58] 熊庆秋. 自我调节对日常压力与应对策略关系的预测研究 [D]. 北京：首都师范大学，2008.

[59] 罗艳红，钟毅平. 应激源对中学生抑郁情绪的影响：基于心理需求和负性信息注意的中介作用 [J]. 中国健康心理学杂志，2021（4）.

[60] 赵凤. 初中班主任班级情绪管理策略 [D]. 哈尔滨：黑龙江大学，2021.

[61] 顾秋花. 高中生负面情绪疏导研究 [J]. 文理导航（中旬），2019（6）.

[62] 魏青，曹云飞，廖彩芝. 汶川地震后灾区学生创伤性应激障碍及情绪症状 [J]. 中国学校卫生，2016（10）.

[63] 王明奇. 班主任如何应对学生的应激情绪 [J]. 科技创新导报，2013（34）.

[64] 李祚，张开荆. 心理危机干预 [M]. 大连：大连理工大学出版社，2012.

[65] 简·尼尔森. 正面管教 [M]. 北京：京华出版社，2009.

[66] 陈美丽. 青少年抑郁倾向的预防与干预：基于应变力辅导计划（RAP）的探索 [D]. 上海：华东师范大学，2014.

[67] 徐恭斌. 初中生社会交往心理与引导策略研究 [A]. 社会交往心理，2021.

[68] 吕雅龙. 中学生逃学心理成因与矫正 [N]. 中小学心理健康教育，2011–3.